Ex oriente
Isaak und der weiße Elefant

Bagdad – Jerusalem – Aachen
Eine Reise durch drei Kulturen
um 800 und heute

Herausgegeben von
Wolfgang Dreßen, Georg Minkenberg
und Adam C. Oellers

W0074259

Domkapitel Aachen

Fachhochschule   Düsseldorf
University of Applied Sciences

stadt aachen

Ex oriente
Isaak und
der weiße Elefant

Bagdad – Jerusalem – Aachen
Eine Reise durch drei
Kulturen um 800
und heute

VERLAG PHILIPP VON ZABERN
MAINZ AM RHEIN

Ex oriente
Isaak und der weiße Elefant
Bagdad – Jerusalem – Aachen
Eine Reise durch drei Kulturen
um 800 und heute

Eine Ausstellung im Rathaus, Dom und Domschatzkammer Aachen
vom 30. 6. – 28. 9. 2003

 Bezirksregierung Köln (Land NRW)
Ministerium für Städtebau und Wohnen,
Kultur und Sport des Landes Nordrhein-
Westfalen

 Stiftung Kunst und Kultur des Landes NRW

 Landschaftsverband Rheinland

 Auswärtiges Amt der Bundesrepublik
Deutschland

Sparkassenkulturstiftung Rheinland

Gefördert durch:

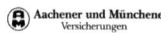   

adessa.Moden, Würselen; Aixtron AG, Aachen; Anton-Betz-
Stiftung der Rheinischen Post e.V.; Aquis-Grana-Hotel Aachen;
ASEAG; BFT Planungsbüro für Bauwesen und fachübergreifende
Technologien GmbH; Daimler Chrysler AG Niederlassung Aachen;
Deutsche Lufthansa AG, Köln; EBV AG, Herzogenrath; HACO
Industrieanlagen, Aachen; HAUGG Kühlerfabrik GmbH, Aachen;
Krantz GmbH; Prof. Dr. h. c. mult. Irene Ludwig, Aachen; Märkte-
und Aktionskreis City e.V.; Mayersche Buchhandlung, Aachen;
Mercure Accor Hotel Aachen; Soptim IT-Lösungen, Aachen;
Synaix-Gesellschaft für angewandte Informationstechnologien;
Talbot Bombardier Transportation; T-Systems, Aachen

Der Präsident des Deutschen Bundestages
Wolfgang Thierse
und der Generalsekretär des Europarates
Dr. Walter Schwimmer
gewähren der Ausstellung
Ex oriente
ihre Schirmherrschaft

Die Ausstellung steht unter dem Patronat der
UNESCO

Träger der Ausstellung
Domkapitel Aachen
Fachhochschule Düsseldorf
Stadt Aachen

Leihgeber

Anthropologisches Institut der Universität Gießen, Gießen
Aquincumi Muzeum, Budapest, H
Archäologisches Landesmuseum und Landesamt für Denkmalpflege, Lübstorf
Ashmolean Museum of Art and Archaeology, Oxford, GB
ADEVA Akademische Druck- und Verlagsanstalt, Graz, A
Basilica Museum Schatkamer van de Onze-Lieve-Vrouw-Basiliek, Tongeren, B
Bayerische Staatsbibliothek, München
Bayerisches Nationalmuseum, München
Benaki Museum, Athen, Gr
Biblioteca Communale Degli Intronati Istituzione del Comune di Siena, Siena, I
Biblioteca Nazionale Marciana, Venedig, I
Bibliotheque Municipale, Laon, F
Bibliothèque Municipale, Valenciennes, F
Bibliothèque Nationale de France, Paris, F
Bijbels Museum, Amsterdam, NL
Burgerbibliothek Bern, Bern, CH
Christ Church Guesthouse, Jerusalem, Il
Det Kongelige Bibliotek, Kopenhagen, DK
Deutscher Verein vom Heiligen Lande, Köln
Domschatzkammer Aachen
Domschatzkammer und Diözesanmuseum, Osnabrück
Erzbischöfliche Diözesan- und Dombibliothek, Köln
Frau Genevieve Duggan, Göttingen
Frau Lisa Lukas, Düsseldorf
Frau Mahbuba Maqsoodi, München
Frau Marianne und Herr Hans Krieger, Großhansdorf
Frau Doris Auf'm Wasser, Düsseldorf
Frau Karin Plessing, Hamburg
Frau Parastou Farohar, Frankfurt a. M.
Frau Rula Halawani, Jerusalem, Il
Frau Emily Jacir, New York, USA
Galerie Cora Hölzl, Düsseldorf
Galerie Gmurzynska, Köln
Galerie Kaess-Weiss, Stuttgart
German Protestant Institut of Archaeology, Jerusalem, Il
Galerie Reinhard Hauff, Stuttgart
Länsmuseet på Gotland, The Country Museum of Gotland, Visby, S
Glasgow University Library, Glasgow, GB
Hebrew University Institute of Archaeology, Jerusalem, Il
Heinrich-Heine-Institut, Düsseldorf
Herr Arnulf Rainer, Enzenkirchen, A
Herr Axel Peiß, Bonn
Herr Beni Efrat, Antwerpen, B
Herr Burkhard Steinauer, Friedberg
Herr David Reeb, Jerusalem, Il
Herr Dr. Karl Schmitt-Korte, Offenbach
Herr Eyal Sivan, Paris, F
Herr Felix Droese, Mettmann
Herr Harun Farocki, Berlin
Herr Ingo Günther, New York, USA
Herr Johannes Brus, Essen
Herr Lothar Schmid, Bamberg
Herr Manfred A. J. Eder, Kelkheim

Herr Prof. Dr. Dr. Thomas Olbricht, Essen
Herr Werner Kessel, Köln
Herr Günther Uecker, Düsseldorf
Herr Adolf Ribbentrop, Aschau
Herr Thomas Locher Berlin
Herr Samir, Zürich, CH
Herr Yael Katz ben Shalom, Tel Aviv, Il
Herzog-August-Bibliothek, Wolfenbüttel
Hessisches Landesmuseum, Darmstadt
IFGAGE Filmproduktion GmbH, Wiesbaden
Institut du Monde Arabe, Paris, F
Israel Antiquities Authority, Jerusalem, Il
Jewish National and University Library, Jerusalem, Il
Katholische Kirchengemeinde St. Cornelius und Cyprianus,
    Metelen
Katholische Kirchengemeinde St. Servatius, Siegburg
Katholische Kirchengemeinde St. Ursula, Köln
Kerkfabriek Onze Lieve Vrouw, St.-Truiden, B
Kestner-Museum, Hannover
Kunsthistorisches Museum Wien, A
Länsmuseet Gävleborg, Gävle, S
Linden-Museum, Stuttgart
Lippisches Landesmuseum, Detmold
Mittelrheinmuseum, Koblenz
Monasterio de Santo Domingo de Silos, Santo Domingo de Silos, E
Musée des Beaux-Arts de Chartres, Chartres, F
Musée du Louvre, Paris, F
Musée Georges Labit, Toulouse, F
Musée National du Moyen Age, Thermes & Hôtel de Cluny, Paris, F
Musees Royaux d'Art et d'Histoire, Bruxelles, B
Museum Burg Frankenberg, Aachen
Museum für Angewandte Kunst, Frankfurt a. M.
Museum für Kunst und Gewerbe, Hamburg
Museum Het Catharijneconvent, Utrecht, NL
Museum of the Studium Biblicum Franciscanum, Jerusalem, Il
Museum Rietberg, Zürich, CH
Národni Muzeum, Prag, CZ
National Library of Russia, St. Petersburg, Rus
Öffentliche Bibliothek der Universität Basel, Handschriften-
    Abteilung, Basel, CH
Österreichische Nationalbibliothek, Wien, A
Österreichisches Museum für angewandte Kunst, Wien, A
Römisch-Germanisches Zentralmuseum, Mainz
Ruprecht-Karls-Universität, Institut für Papyrologie, Heidelberg
Schatkamer Catharinakerk, Maaseik, B
Schweizerisches Landesmuseum, Zürich, CH
Skulpturenmuseum Glaskasten Marl
Staatliche Museen zu Berlin, Preußischer Kulturbesitz:
    Antikensammlung,
    Hamburger Bahnhof – Museum für Gegenwartskunst,
    Kunstgewerbemuseum,
    Münzkabinett,
    Museum für Indische Kunst,
    Museum für Islamische Kunst,
    Museum für Spätantike und Byzantinische Kunst,
    Staatsbibliothek zu Berlin
Staatliches Museum für Völkerkunde, Stuttgart

Staatsbibliothek Bamberg, Bamberg
Staatsbibliothek München
Staatsgalerie, Stuttgart
Stadt Aachen
Stadtbibliothek, Trier
Städtische Kunstsammlungen, Augsburg
Statens Historika Museum, Stockholm, S
Stedelijk Museum voor Actuele Kunst, Gent, B
Stiftung Schleswig-Holsteinische Landesmuseen,
     Wikinger Museum Haithabu, Schleswig
David Collection, Kopenhagen, DK
The Fitzwilliam Museum, Cambridge, GB
The Israel Museum, Jerusalem, Il
The Keir Collection, London, GB
Trésor de la cathédrale de Liège, Liege, B
Universität Frankfurt, Institut für Geschichte der arabisch-
     islamischen Wissenschaften, Frankfurt a. M.
Universitäts- und Forschungsbibliothek Erfurt/Gotha,
     Handschriftenabteilung, Gotha
Universitätsbibliothek Düsseldorf, Düsseldorf
Westfälisches Museum für Archäologie,
     Museum in der Kaiserpfalz, Paderborn
Wetterau-Museum, Friedberg
Württembergisches Landesmuseum, Stuttgart

Autoren

Rachel Beaujean-Deschamps
Klaus J. Brandt
Hendrik Budde
Gerta K. Dohd
Wolfgang Dreßen
Manfred Eder
Deniz Erduman
Almut von Gladiss
Claus-Peter Haase
Frau Helmecke
Jens Kröger
Isabell Kutsch
Sophie Makariou
Georg Minkenberg
Heike Nelsen-Minkenberg
Walter Oberschelp
Adam C. Oellers
Monica Paredis-Vroon
Helga Rebhan
Karl Schmitt-Korte
Kerstin Springsfeld
Martina Topp
Anke Volkmer

Unser besonders herzlicher Dank gilt Dr. Hendrik Budde, Berlin.

Inhalt

* Die Ziffern im Kapitel «Themen und Objekte» bezeichnen den
  Ausstellungskomplex laut Grundplänen auf den Seiten VIII–XV.

1 Krönungssaal – Bagdad

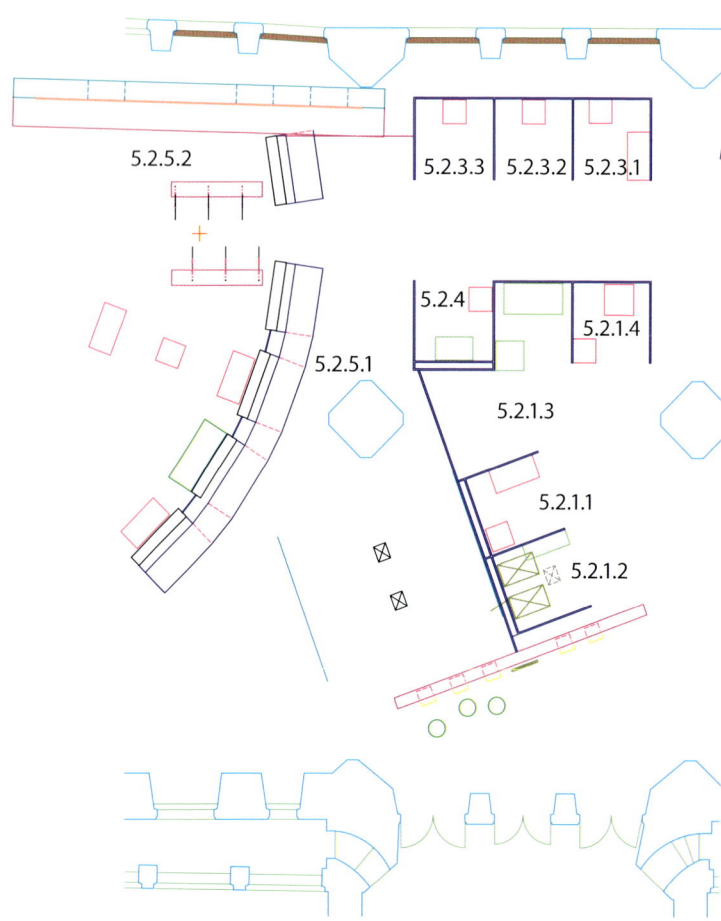

5.2.5.2

5.2.3.3 | 5.2.3.2 | 5.2.3.1

5.2.4

5.2.1.4

5.2.5.1

5.2.1.3

5.2.1.1

5.2.1.2

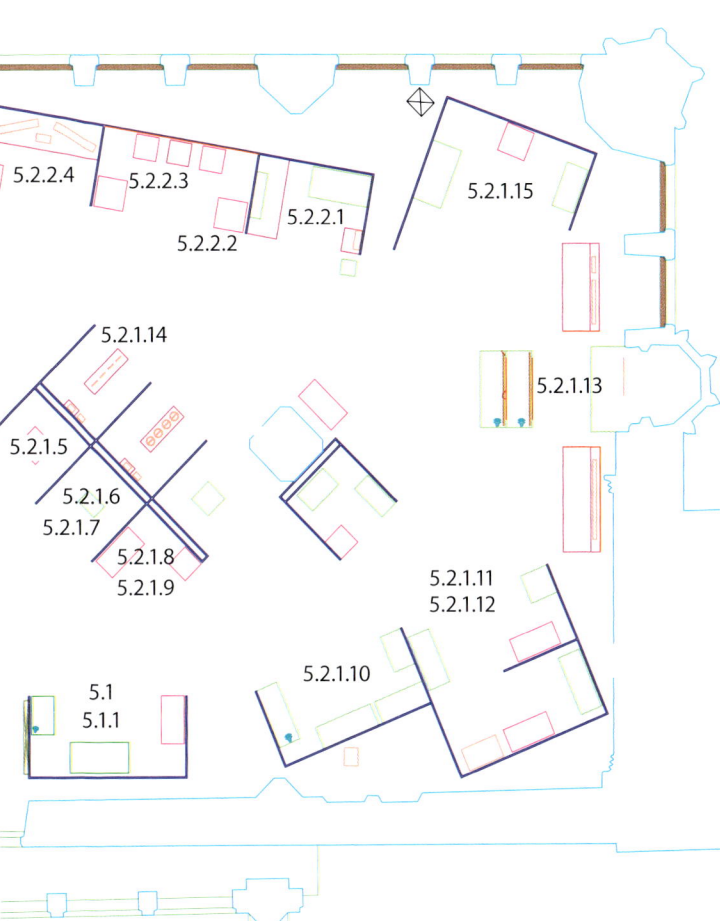

5.2.2.4   5.2.2.3   5.2.2.1
5.2.2.2
5.2.1.15
5.2.1.14
5.2.1.13
5.2.1.5
5.2.1.6
5.2.1.7
5.2.1.8
5.2.1.9
5.2.1.11
5.2.1.12
5.2.1.10
5.1
5.1.1

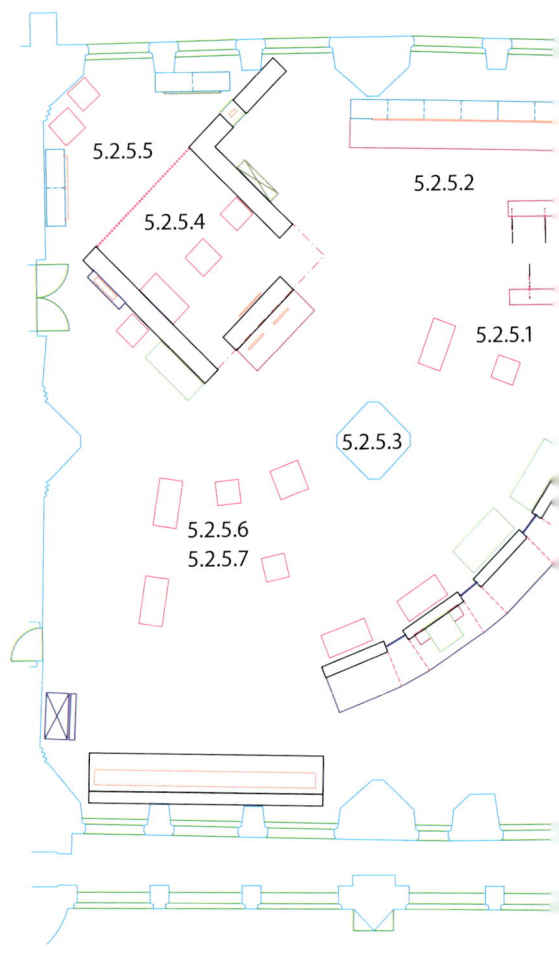

2   Schatzkammer und Kreuzgang – Jerusalem

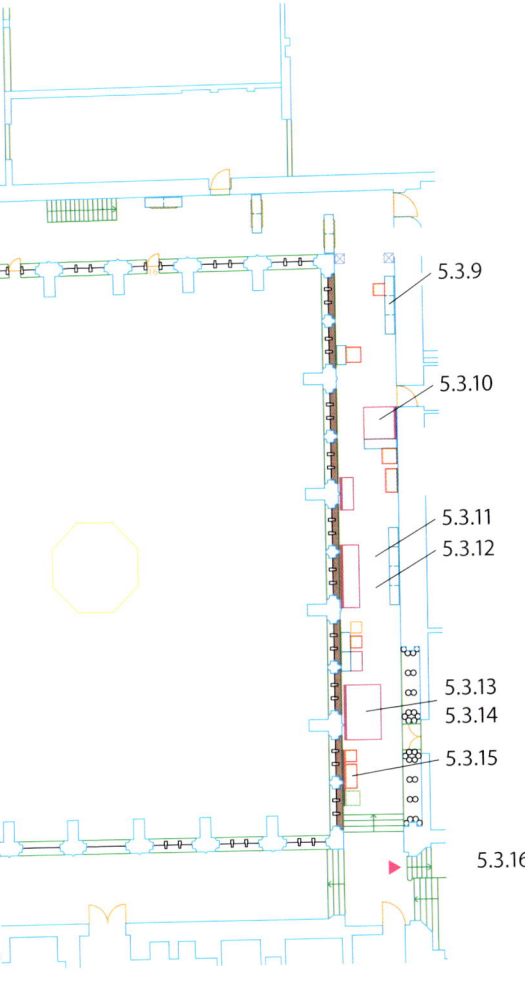

5.3.9

5.3.10

5.3.11
5.3.12

5.3.13
5.3.14

5.3.15

5.3.16

3   Dom – Aachen

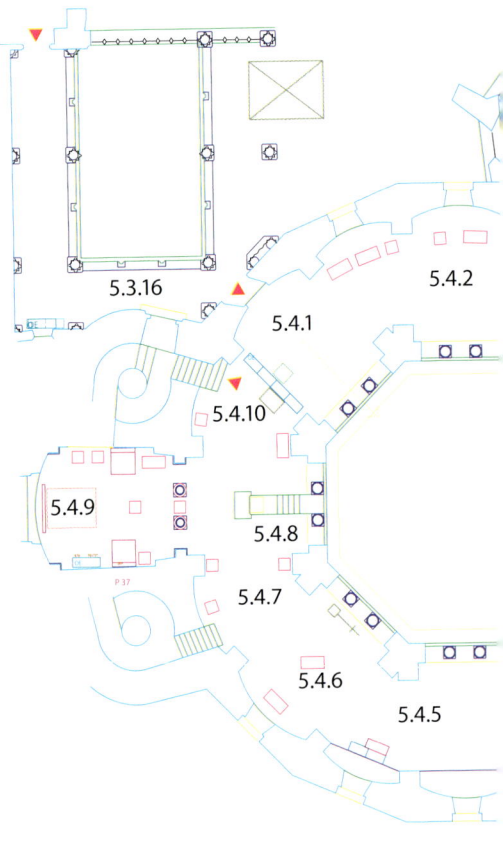

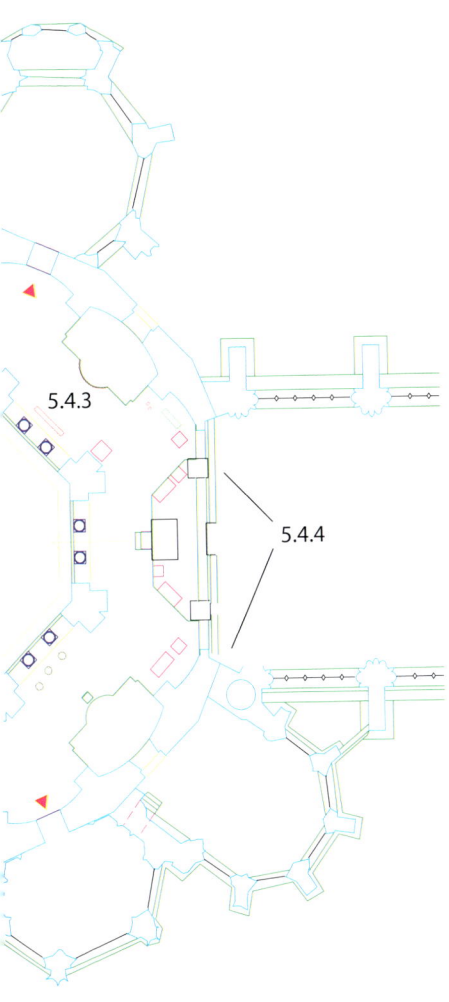

5.4.3

5.4.4

Georg Minkenberg

Ex oriente –

Isaak und
der weiße Elefant

Bagdad – Jerusalem – Aachen

Eine Reise durch drei Kulturen um 800 und heute

Eine Einführung

Die intensive Außenpolitik Karls des Großen ist breit bezeugt: sein Biograph Einhard, die Annales regni Francorum und etliche weitere Quellen der Karolingerzeit schildern den regen Gesandtschaftsverkehr am Hof des Frankenherrschers. Aufsehen aber erregte vor allem der Gesandtenaustausch zwischen Karl dem Großen und Harun ar-Raschid. Unter den Reisenden zwischen Aachen und dem Kalifenhof im fernen Bagdad tritt eine Person in den Vordergrund: der Jude Isaak.

Im Jahre 797 schickte Karl die beiden fränkischen Edelmänner Lantfried und Sigismund in diplomatischer Mission nach Bagdad, begleitet wurden sie von eben diesem jüdischen Kaufmann Isaak. Verständlich vor dem Hintergrund, daß jüdische Kaufleute um das Jahr 800 zu den wenigen Bevölkerungsgruppen gehörten, die aufgrund ihrer Sprachkompetenz und geschäftlichen Verbindungen in der Lage waren, eine solche Reise zu organisieren. Die beiden Franken überlebten die Reise nicht, 802 kehrte Isaak ohne sie nach Aachen zurück. In seiner Karawane befand sich ein ungewöhnliches Geschenk des Kalifen aus Tausendundeiner Nacht an den inzwischen zum Kaiser gekrönten Karl: Abul Abbas, ein lebendiger Elefant.

Diese märchenhaft anmutende, aber historisch verbürgte Reise Isaaks mit dem Elefanten von Bagdad über Jerusalem nach Aachen ist das Thema der Ausstellung. In ihr vollzieht der Besucher den Weg des Isaak mit dem Elefanten selber nach. Nach einer ersten Information im Sitzungssaal des Aachener Rathauses betritt man im Krönungssaal das Bagdad Harun ar-Raschids, wandert in Kreuzgang und Schatzkammer des Aachener Domes durch das frühmittelalterliche Jerusalem, bis man im oberen Umgang des Aachener Domes am Hof Karls des Großen ankommt.

Die Inszenierung in den historischen Räumen macht den besonderen Reiz der Ausstellung aus, gehörten doch all diese Gebäude zur ehemaligen Pfalz Karls des Großen und stehen damit in unmittelbarem Bezug zur Gesandtschaft des Isaak. Das heutige Rathaus wurde auf den Fundamenten des Palastes Karls des Großen errichtet, der gemeinsam mit der karolingischen Marienkirche, dem heutigen Dom, den Katschhof bestimmt (Blick vom Erker der Treppe), wo mit hoher Wahrscheinlichkeit der Ort der Ankunft des Juden Isaak und des Elefanten Abul Abbas in Aachen zu vermuten ist.

Der Großteil der Objekte, die noch nie gemeinsam zu sehen waren, stammt aus der Zeit um 800. Nur dort, wo ein historischer Sachverhalt nicht mehr durch Objekte der Zeit zu illustrieren war, sich in der Folge aber nicht wesentlich verändert hat, wurde auf jüngere Stücke, bis in das hohe Mittelalter hinein, zurückgegriffen. Ex oriente ist eine kulturhistorische jedoch keine historische Ausstellung. Die Reise des Isaak, der Dialog zwischen Judentum, Christentum und Islam, der in einem kleinen Zeitfenster um das Jahr 800 möglich war, die Gemeinsamkeiten und Differenzen zwischen den drei großen monotheistischen Weltreligionen und den von ihnen geprägten Kulturen sind von brennender Aktualität. Daher wird der Ausstellungsbesucher an verschiedenen Punkten der Ausstellung durch die Konfrontation mit zeitgenössischen Kunstwerken auf seine eigene Zeit und Lebenswirklichkeit zurückverwiesen. Hinzu kommt als didaktische Komponente der Einsatz moderner Medien, Videoprojektionen und Computerstationen, die aber auch als Reflexe auf den aktuellen Lebensbezug wirken.

Bagdad im Krönungssaal – Macht und Vielfalt

Bagdad ist thematisch wie architektonisch in den Bereich der Macht und den Bereich der Vielfalt unterteilt. In einer basarartigen Struktur werden die unterschiedlichen Facetten des Lebens in der Stadt entfaltet: Am Anfang steht die Reise selbst, repräsentiert durch eine für «Ex oriente» erarbeitete wissenschaftliche Karte, die erstmals den historischen Weg Isaaks rekonstruiert sowie durch eine Karawane von Tang-Kamelen. Der Handel, eine der Urformen menschlicher Kommunikation, wird zur Dreh- und Angelscheibe. Der Zug der Karawanen entlang der Seidenstraße, Porzellan aus China oder abbasidische Münzen, die bis in Wikingerschätze nach Oslo oder Haithabu gelangt sind, zeigen die weit ausgreifende Handelstätigkeit des Kalifats. Entsprechend vielfältig sind die auf dem Basar zu erstehenden Handelsgüter. Sogar wissenschaftliche Texte sind hier zu erstehen – in Bagdad alltäglich, im Europa der Zeit undenkbar. Dem Thema der Wissenschaft ist ein großer Bereich gewidmet, Medizin aber auch Mechanik, Astronomie und Komputistik werden ausführlich beleuchtet, um den Wissensvorsprung im Orient und den Wissenstransfer in den Okzident zu illustrieren. Im Bereich der

Vielfalt entfalten sich auch die Lebenswirklichkeiten der religiösen Gemeinschaften. Es mag überraschen, daß der jüdische Exilarch im frühen Mittelalter in Bagdad residierte, die höchste Instanz für jüdische Rechtsentscheidungen auch in Europa.

Mit dieser thematischen Veränderung nähert man sich langsam dem Bereich der Macht, dem Palast Harun ar-Raschids, der als Reminiszenz an die von ihm ausgebaute Rundstadt wie ein Kreissegment im Krönungssaal liegt. Gestaltet ist die Fassade durch Stuckplatten von den Palästen Haruns in Raqqa und al-Mu Tasims in Samarra, integriert Alabasterkapitelle von diesen Orten (Museum für Islamische Kunst, Berlin). Auch Holztüren des Palastes, Leihgaben des Benaki-Museums Athen, sind vertreten. Anknüpfend an diese Inszenierung werden Palastkonzeption, Gärten und Architektur der Abbasidenzeit behandelt, überleitend in die Kultur des Hofes, bis im «Zentrum der Macht» wieder abstraktere Themen wie die Diplomatie um 800 oder die Macht des Kalifen stehen.

Jerusalem im Kreuzgang – eine Stadt, drei Städte

Nachdem in Bagdad der Schwerpunkt auf Macht und Vielfalt lag, werden in der heiligen Stadt Jerusalem die drei Religionen fokussiert. In den verschiedenen Flügeln des Kreuzganges werden das jüdische, das christliche und das muslimische Jerusalem in seinen heiligen Stätten jeweils einzeln dargestellt, darüber hinaus aber auch Charakteristika der einzelnen Religionen, zentrale Stichworte sind hier die jeweilige Liturgie, die räumliche Gestaltung von Synagoge, Kirche und Moschee, die Rolle des Buches, das Verhältnis zu Bild und Schrift, aber auch spezifische Fragen wie: Was ist der babylonische Talmud? Wie wird die muslimische Gebetsrichtung festgelegt?

Die Räume der Domschatzkammer sind dem Vergleich zwischen den Religionen und der Frage des Bilderstreites vorbehalten. Alle drei sind Religionen des Wortes und des Buches, so daß hier insgesamt den Handschriften eine zentrale Bedeutung zukommt. Eine Seite aus dem Pentateuch des Salomo Halevi Barbuja, heute aufbewahrt in St. Petersburg, neben dem karolingischen Aachener Schatzkammerevangeliar mit seinen Evangelistendarstellungen und einem in Gold kalligraphierten Koran der Zeit um 800 aus dem Museum für Islamische Kunst Berlin stehen im Mittelpunkt. Den heiligen Schriften und Bildern sind die heiligen Stätten in Jerusalem in Form historischer Holzmodelle des 18. und 19. Jahrhunderts zugeordnet.

Über die Treppe der Nikolauskapelle gelangt der Besucher schließlich aus dem Kreuzgang zur letzten Station seiner Reise, dem oberen Umgang des Aachener Domes.

Aachen im Dom – der Hof Karls des Großen

Zum ersten Mal in seiner 1200jährigen Geschichte wird der obere Umgang des Aachener Domes zum Ort einer Ausstellung; nicht um die Kirche zu musealisieren, sondern um für die begrenzte Zeit der Ausstellung oft vergessene Bedeutungsaspekte dieses einzigartigen Gebäudes vor Augen zu führen. Die Wirkung des Raumes, der selber das bedeutsamste Exponat ist, wird durch eine behutsame Ausstellungsarchitektur unterstrichen. Schon das erste Thema hier nimmt auf die besondere Situation Bezug: die Marienkirche Karls des Großen als Abbild des Himmlischen Jerusalem, sozusagen Jerusalem in Aachen. Bis hin zum Thron entfaltet sich der karolingische Hof, doch sind die Themen auf die Reise des Isaak bezogen. So liegt ein besonderer Schwerpunkt auf den Geschenken «ex oriente»: Eine muslimische Gesandtschaft überreichte 807, berichten die Reichsannalen, ein mechanisches Wunderwerk als Geschenk des Kalifen an Karl den Großen: «Auch ein höchst kunstvoll aus Messing gearbeitetes Uhrwerk war dabei, in dem der Lauf der zwölf Stunden nach einer Wasseruhr sich bewegte mit ebensoviel ehernen Kügelchen, die nach Ablauf der Stunden herunterfielen und dadurch ein darunter liegendes Becken erklingen ließen, ferner waren darin zwölf Reiter, die am Ende der Stunden aus zwölf Fenstern herauskamen und durch ihre Bewegung ebenso viele zuvor offenstehende Fenster schlossen.» Diese Wasseruhr wurde für die Ausstellung durch Dr. Ulrich Alertz anhand der Ingenieurhandschrift des Al-Gazarî als 3D-Modell in CAD rekonstruiert. Inmitten der anderen Gaben «Ex oriente» wird des spektakulärsten Geschenkes, des Elefanten, selbstverständlich in einer Vielzahl kostbarer Exponate gedacht. Das Wissen der Zeit, zum größten Teil eben «Ex oriente», findet in einer karolingischen Bibliothek in zahlreichen exemplarischen Handschriften seine Darstellung; in ihrer Mitte die Gregortafel aus dem Kunsthistorischen Museum Wien. Während die Situation der Juden unter der Herrschaft Karls des Großen weitaus günstiger war als in den vorausgegangenen oder folgenden Jahrhunderten, zeigt die Ausstellung unmittelbar anschließend an diese Thematik die Konflikte im Karolingerreich, um mit der Frage nach dem Verhältnis Karls zum realen irdischen Jerusalem den Karlsthron in das Blickfeld zu rücken. Antike, Judentum, Christentum, Rom, Jerusalem, Byzanz, Aachen sind die Stichworte für die Auswahl der Exponate im letzten Bereich der Ausstellung – stellvertretend mag der karolingische elfenbeinerne Lebuinuskelch (Museum Het Catharijneconvent Utrecht) genannt werden –, bevor man, vorbei an einem zeitgenössischen Memento Mori für Abul Abbas, den weißen Elefanten Karls des Großen, die Ausstellung verläßt.

Durchschritten hat man drei Städte, drei Kulturen, drei Religionen, verbunden durch eine Reise vor 1200 Jahren.

5 Themen und Objekte

5.1 Die Reise des Isaak

Die Reise Isaaks von Aachen über Jerusalem nach Bagdad und zurück dauerte fünf Jahre. Aus den karolingischen Reichsannalen sind uns nur wenige Punkte der Reise bekannt. Dennoch ist es – unter Zuhilfenahme einer Aufstellung damals aktueller Verkehrswege und Handelsrouten, die sich zum großen Teil an den noch existenten Römerstraßen orientierten – möglich, den Reiseweg des Isaak weitestgehend zu rekonstruieren.

Heike Nelsen-Minkenberg

Karin Plessing

Die Hamburger Fotografin hat Menschen «Ex oriente» fotografiert, ruhig, «en face» blicken sie uns an, Menschen aus christlichen, jüdischen und muslimischen Kulturen. Gekleidet in ihre traditionellen Gewänder, vermitteln diese Farbfotografien den Eindruck von Gegenwart: «andere» Menschen, die ganz nah sind.

Wolfgang Dreßen

Michael Buthe – Ersöl do tuarec, 1970   846
Collage, Wasserfarbe, Goldbronze, Farbpigmente, 75,5 x 108 cm
Privatbesitz Düsseldorf

Buthe gehörte zu den ersten westlichen Künstlern, die seit den 70er Jahren in die arabischen Länder zogen, um sich dort mit der orientalischen Kultur auseinanderzusetzen; er ließ sich stark von der prächtigen, geheimnisvollen Welt Arabiens, speziell des Maghreb beeinflussen. Buthe genießt das gefühlsmäßige Eintauchen in die fremde Kultur, das Schwelgen in ihrer reichen, sinnlichen Pracht und decouvriert sein Verhalten zugleich als bewußte Überhöhung, als Pervertierung eines post-kolonialen Ethno-Folklorismus. In seinen großen Installationen oder theatralischen Performances, aber auch in manchen seiner kleinen Studienblätter ironisiert er mittels der ursprünglichen Sinnenhaftigkeit des Orients den künstlichen Pomp und die überhöhte Geschichtsbeladenheit des Westens.

Sein Bild «Ersöl do tuarec» steht am Eingang der Reise nach Bagdad in der sog. Karawanserei: Es zeigt die verschlungenen, als rote Pfade aufgezeichneten Wege eines blauen Elefanten, kombiniert mit einer Foto-Collage eines tanzenden Berberstammes. Buthes Elefant berühren die kulturellen Hierarchien, Abhängigkeiten und Hegemonien wenig, denn er wartet unbewegt darauf, in seiner Bahn weiterzuziehen, um durch ein Wanderfeld aus goldenen Farbflecken und vorbei an den tanzenden Beduinen in das unergründliche, dunkle und tiefblaue Feld am oberen Bildrand zu gelangen.

Adam C. Oellers

846

Alighiero Boetti – Ohne Titel, 1972 **845**

Stickerei, 105 x 115 cm
Galerie Kaess-Weiss, Stuttgart

Boetti lebte wie mehrere westliche Künstler lange Zeit im Orient; er fühlte sich vor allem der herben afghanischen Landschaft verbunden. Ganz unambitioniert war er in Kabul Mitinhaber eines Hotels, pflegte jenseits von Anpassung und Ausschweifung einen möglichst natürlichen Umgang mit der einheimischen Bevölkerung und widmete sich der Wahrnehmung ihrer spezifischen kulturellen Ausdrucksformen. Respekt gegenüber der fremden, jeweils eigenständigen Entäußerung führte zu einer bemerkenswerten Durchdringung.

Der konzeptionelle Bildansatz des Europäers und die auf serielle kunsthandwerkliche Produktion ausgerichtete Teppichkunst der Afghanen ließen über lange Jahre hinweg ein immenses gemeinsames Werk entstehen, welches sich motivisch gesprochen über die von afghanischen Frauen gestickten Darstellungen von Land- und Weltkarten, Patterns mit Zahlen, Schriftzeichen oder Bildsymbolen aller Art erstreckte. In starker Farbigkeit verbinden sich hier häufig lateinische Buchstaben mit arabischen Schriftzügen und stellen somit auf der Ebene des Schriftbildes neue Kommunikationen her.

Boetti verwandte die traditionelle Technik nicht im Sinne einer Reaktivierung und Modernisierung eines kulturgeschichtlichen Phänomens, sondern bediente sich ihrer als innovatives Element für seine persönliche Bildsprache, welche unsere gezeichneten, konzeptionell-geometrischen Ordnungssysteme aus Schriften, Buchstaben und Zahlen in eine von Nadel und Faden bestimmte Welt übertrug. In der Ver-

mischung von lateinischen mit arabischen Buchstaben, z. B. mit Gedichten des Sufi-Meisters Berang Ramazan, suchte Boetti aber auch eine interkulturelle Verbildlichung – was sich später sicherlich als eine Hilfestellung für die Bewahrung der afghanischen Kultur in Kriegszeiten erwies. In der Reduktion des Interesses auf die ästhetische Struktur vor allem des Ornaments bzw. die handwerklich-technische Gestalt würdigt Boetti die Einzigartigkeit des kunsthandwerklichen Produktes und legitimiert sich zugleich die Freiheit zu ihrer Übertragung auf seine eigene Arbeit.

Adam C. Oellers

Baktrisches Kamel mit Traglast   **834**
Graue Tonware mit weißer Engobe (Beguß) und Resten der kalt auf-
getragenen Farbfassung, H. 37,7 cm; L. 32,5 cm
China, vermutlich Nord-Wei-Zeit (386–534), 5./6. Jh.
Linden-Museum, Stuttgart, OA 25.160 L

An den Packtaschen des detailliert modellierten Kamels hängen beidseitig jeweils ein Fasan und ein großer Fisch, beides vermutlich Jagdbeute, die als Wegzehrung diente. Derartige Lastkamele wurden für die Karawanentransporte entlang der Seidenstraße nach China verwendet.

Klaus J. Brandt

Ausländischer Pferdeknecht 835

China, 1. Hälfte Tang-Zeit (618–907)
Figur eines ausländischen, stehenden Pferdeknechtes,
beigeweiße Tonware mit dreifarbiger Glasur (sancai), H. 58,2 cm
Linden-Museum, Stuttgart, OA 24.758 L

Die große Figur des Pferdeknechtes mit ausländischen, westlichen Gesichtszügen, Frisur und Gewand ist auf der Kleidung
mit einer beigeweißen, honigbraunen und grünen Glasur
bedeckt und diente als Grabbeigabe, die neben anderen
figürlichen Keramiknachbildungen wie Pferden, Reitern, Tieren, Gebrauchsgegenständen usw. hochgestellten Verstorbenen in das Grab mitgegeben wurden. In den beiden erhobenen Händen hielt die Figur ursprünglich die Zügel einer
dazugehörigen Pferdenachbildung aus Keramik.

Die kosmopolitische Tang-Zeit war durch eine bemerkens-
werte Aufgeschlossenheit gegenüber allem Fremden gekennzeichnet. In den großen Städten Chinas lebten damals
zahlreiche Ausländer. Die Oberschicht war geradezu von
einer Pferdebesessenheit erfaßt und ließ riesige Mengen von
Pferden aus den im Westen und Zentralasien gelegenen
Zuchtgebieten importieren. Die aus diesen Gebieten stammenden Ausländer waren berühmt für ihren geschickten
Umgang mit den Pferden und deren Pflege und deshalb in
China als Pferde- und Stallknechte besonders begehrt .

Klaus J. Brandt

Baktrisches Kamel mit Traglast 520

China, 1. Hälfte der Tang-Zeit (618–907)
beigefarbene Tonware mit Resten der kalten Bemalung, 33,8 x 33,2 cm
Linden-Museum, Stuttgart, OA 23.805 L

Das mittels zweier Formhälften geformte Modell eines Kamels trägt eine große Last, deren Oberteil in Form eines
gehörnten Fabeltier- oder Drachenkopfes modelliert ist.

Das realistisch geformte Modell eines solchen Kamels
diente als Grabbeigabe in China und belegt anschaulich die
damaligen, weitreichenden und wechselseitigen Handelsbeziehungen zwischen China und dem Vorderen Orient bzw.
dem Westen.

Pferdeknecht 523

China, Tang-Zeit (618–907), vermutlich noch 7. Jh.
beigefarbene Tonware mit Dreifarbenglasur, H. 32 cm
Linden-Museum, Stuttgart, OA 21.631

Bei der Figur des aus zwei Modeln geformten, bärtigen Pfer-
de- oder Kamelknechts (der ursprünglich mit der Faust die
Zügel eines dazugehörigen Pferde- oder Kamelmodells hielt)
ist der Mantel mit einer dreifarbigen Glasur in Honigbraun

und zwei Grüntönen bedeckt. Die Gesichtszüge, Kleidung und Kopfbedeckung weisen die kleine Figur eindeutig als die Darstellung eines Ausländers aus, die während der Tang-Zeit in großer Zahl aus Asien und dem Vorderen Orient nach China kamen und für ihren geschickten Umgang mit Pferden und Kamelen gerühmt und gesucht waren. Sie standen entweder in privaten Diensten oder betreuten die Kamele und Pferde der Handelskarawanen.

Kamelfigur   541
China, Tang-Zeit, Ende 7. Jh.
weißer Tonscherben mit Bemalungsresten, 45 x 42 cm
Museum für angewandte Kunst, Wien, KE 8897

Ostiranischer
Pferdeknecht   542
China, Tang-Zeit, 7.–8. Jh.
roter Tonscherben mit Glasur-
resten, H. 50 cm
Museum für angewandte Kunst, Wien, KE 8898

5.1.1 Geographie und Reisen

In Orient und Okzident herrscht im 8./9. Jahrhundert ein großes Interesse an Geographie, an Weltkarten und Straßenverzeichnissen so gut wie an Fachliteratur und einzelnen Reiseberichten. Grundlage ist das Wissen der Antike. Gemeinsam ist in beiden Weltgegenden die Aufgeschlossenheit für das Wunderbare und kaum zu Glaubende. Wissenschaftliche Geographie und Kartographie im modernen Sinne wird damals aber nur in Bagdad betrieben.

Weltkarte des Pseudo-Ibn al-Wardi: **506**
Kharidat al-adja' ib wa-faridat al ghara'ib
980, Papier, 27 x 19,5 cm
Forschungsbibliothek Gotha, A 1514, Bl. 1b/2a

Karte Mesopotamiens mit Bagdad des al-Isthari: **567**
Masalik al-mamalik
1606
Papier, 27,5 x 18 cm
Forschungsbibliothek Gotha, Ms. Orient. P 36, Bl. 41b/42a

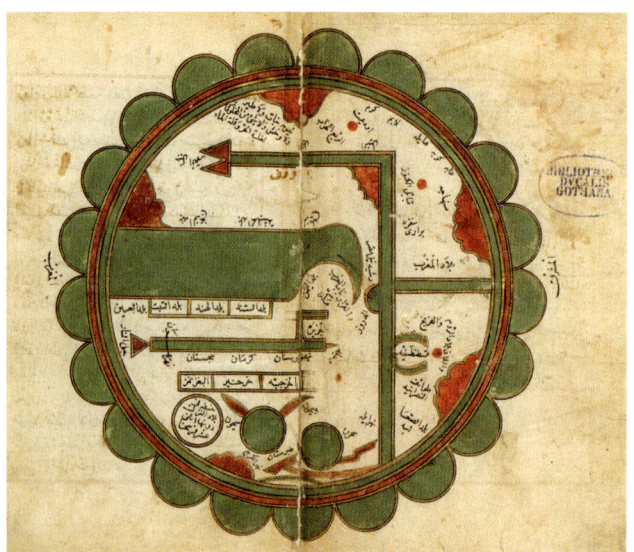

506

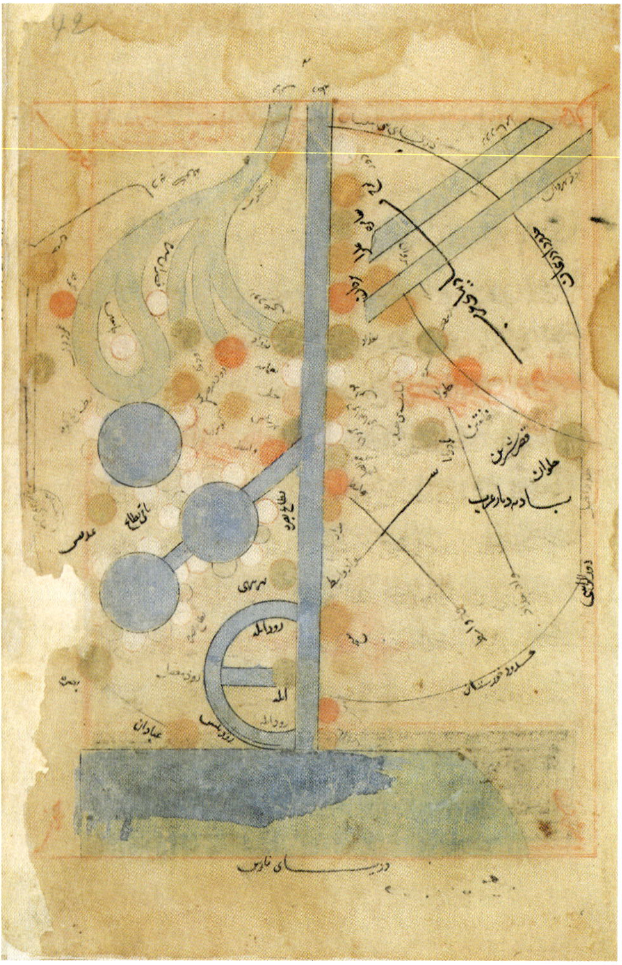

567

Al-Istakhri   447
Landkarte des Südirak mit Bagdad

Aus: Buch der Länder
1173, Papierhandschrift
Universitäts- und Forschungsbibliothek Erfurt/Gotha, Ms. Orient. P, Bl. 31r

Die Achse der streng schematisierten Karte zeigt den Tigris, der am unteren Kartenrand in den Persischen Golf mündet. Im oberen Drittel stellen die beiden gelblich ausgemalten Halbkreise Bagdad mit seinen Stadtteilen beiderseits des Tigris dar. Ein Kanal verbindet Bagdad mit dem auf der oberen rechten Seite eingezeichneten Euphrat, der sich in den Seen und Sümpfen Mesopotamiens verzweigt. Zur rechten Seite kennzeichnet ein Strich die nach Osten führende Straße nach Hamadan. Als Striche sind auch die Provinzgrenzen eingezeichnet und beschriftet. Städte erscheinen als verschiedenfarbige Kreise, die größeren Städte wie Basra und Wasit sind gelb angelegt.

Die ausgestellte Handschrift ist neben der berühmten Geographie des Muhammad Ibn Hawqal [Haukal] «Bild der Welt» (datiert 1086, Istanbul, Topkapi Sarayi) das älteste erhaltene islamische Kartenwerk.

Hendrik Budde

Lit.: Ausst. Kat. Gotha 1997, 89.

5.2   Bagdad

«Das ist der Tigris; hier gibt es keine Distanz zwischen uns und China. Alles kann auf dem Seeweg zu uns kommen»

Kalif al-Mansur (754–775) (zit. n. Tabari, gest. 923)

Der Geograph al-Muqaddasi (um 925) berichtet, daß sich der Kalif al-Mansur von seinen Ratgebern zunächst überzeugen lassen mußte, daß die Lage am Tigris ideal für die Gründung seiner neuen Hauptstadt Bagdad sei, denn «die Karawanen aus Ägypten und Syrien können sie von der Wüste her erreichen, die Waren aus China auf dem Seeweg und die Waren aus dem Land der Griechen (Byzanz) und aus Mosul auf dem Tigris». Bagdad lag an der Handelsstraße, die von Ägypten kommend an der ehemaligen sasanidischen Hauptstadt Ktesiphon vorbei über Bagdad weiter auf der «Khorasan-Straße» in das persische Hochland über Rayy , Nishapur, Merv, Bukhara nach Samarkand führte und die Verlängerung der sogenannten Seidenstraße bildete. Der Handel mit China über die Seidenstraße folgte denselben Wegen wie schon zur Zeit der Sasaniden. Der Seehandel erfolgte von Basra aus über die Handelsstadt Siraf am Persischen Golf in den Indischen Ozean. Hier führte er entweder an der Küste Arabiens und Afrikas entlang oder Richtung Indien, Ceylon, Indonesien nach China. Schriftliche chinesische und arabische Quellen belegen, daß arabische Schiffe bereits zu Anfang des 8. Jahrhunderts nach China segelten. In einem chinesischen Reisebericht von 726 ist zu lesen, daß Araber «mit großen Schiffen nach dem Land Han (China) segeln, direkt nach Kanton, um dort Seide und andere Waren zu laden» (zit. n. Flecker). Es ist anzunehmen, daß zur Zeit Harun ar-Raschids regelmäßig Schiffe aus dem Kalifat chinesische Häfen anliefen. Funde von chinesischem Porzellan in Samarra und verschiedenen Orten am Persischen Golf belegen diesen Handel, verraten aber nicht, auf welchem Wege sie dorthin kamen. 1998/99 wurde von Fischern vor der Insel Belitung, zwischen Sumatra und Borneo, ein Schiffswrack entdeckt, das mit chinesischem Porzellan beladen war. Dieser sensationelle Fund gilt als erster direkter archäologischer Nachweis für den Seehandel zwischen China und Indien bzw. dem abbasidischen Kalifat. Die Herkunft des Holzes und die Konstruktion des Schiffes weisen es als arabisches, vielleicht auch indisches Schiff aus. Das Porzellan wurde in den Öfen von Changsha (Huan Provinz) hergestellt, die in der späteren Tang-Zeit von 618–906 in Betrieb waren.

Lit.: Flecker 2001; Rougeulle 1996.

Der Handel mit Nordeuropa

Der Handelsweg nach Nordeuropa führte von Bagdad aus in das benachbarte Reich der Chazaren. Handelsverträge mit den Chazaren, die gegen Ende des 8. Jahrhunderts geschlossen wurden, ermöglichten es arabischen Händlern im Gebiet des Kaspischen- und Schwarzen Meeres zu reisen. Wie die Zusammensetzung der Münzschatzfunde im Wolgagebiet zeigt, war zur Zeit Harun ar-Raschids der Handel zwischen Osteuropa und den islamischen Ländern bereits weit entwickelt. In seinem «Buch der Wege und Länder» hat Ibn Hurradadbih zahlreiche wichtige Einzelheiten über die Händler und ihre Waren überliefert. Eine besondere Rolle spielten die jüdischen Kaufleute, die «Radaniya», die in Handelsgeschäften von Spanien und Frankreich bis nach Indien und China zogen. Als Handelsartikel werden weibliche und männliche Sklaven genannt, Brokat, Biber- und Zobelfelle und Schwerter. Der Haupthandelsweg der Radaniya führte allerdings meist über Nordafrika, nach Bagdad, seltener wählten sie den Weg «hinter Konstantinopel» (halfa Rumiya) durch das Land der Slaven in die Haupstadt der Chazaren, Atil, an der unteren Wolga und von dort über das Kaspische Meer nach Transoxanien und nach China. Wahrscheinlich war Isaak, der Gesandte Karls des Großen, ein solcher jüdischer Fernhändler. Der Handel mit den nordischen Ländern lag zunächst vornehmlich in den Händen der Rus (Normannen/Waräger, wahrscheinlich auch Slaven). Als Handelsartikel der Rus nennt Ibn Hurradadbih Felle vom Biber und Schwarzfuchs sowie Schwerter. Bei den Schwertern könnten auch fränkische Produktionen darunter gewesen sein. Obwohl Karl der Große den Waffenhandel mit nicht zum Reich gehörenden Ländern verboten hatte, zeigen archäologische Funde die offensichtliche Mißachtung dieses Gesetzes. Die Kaufleute fuhren zunächst über den Dnepr ins Schwarze Meer ein, gelangten dann über den Don und den Volok weiter über das Kaspische Meer nach Gurgan, und von dort zogen sie mit Kamelen nach Bagdad. Der Handel durch das Chazarenreich wurde hauptsächlich von muslimischen Kaufleuten getragen, die ihr Silbergeld gegen Waren der Rus an bestimmten Orten tauschten. Der arabische Chronist Ibn Fadlan berichtet über seine Begegnung mit den Wikingern an der Wolga: «Noch nie habe ich Menschen von solch perfektem Wuchs gesehen. Sie sind alle groß wie Dattelpalmen und haben eine rötliche Hautfarbe. Sie tragen kei-

nen Mantel, noch ein Kaftan, sondern einen Umhang, welcher
die Hälfte ihres Körpers bedeckt und immer eine Hand frei
läßt. Keiner würde jemals seine Axt, sein Schwert oder Messer
zur Seite legen. … Sie sind die schmutzigsten Gotteskrea-
turen … verlaust wie die Esel. Sie kommen von ihrem weit ent-
fernten Land und legen (ankern) ihre Schiffe entlang der
Flußufer der Wolga, welcher ein großer Fluß ist, und bauen
dort große Häuser …» (übers. n. Hodge/Whitehouse). Wahrscheinlich nahm der Verkauf von slavischen Gefangenen bei
den Rus, die regelrechte Sklavenjagden unternahmen, einen
noch größeren Platz ein als der der Felle und Schwerter. Von
der Wolga führte der Strom des arabischen Silbergeldes bis zu
den Handelszentren der Wikinger in Skandinavien. Der
bedeutendste Handelsplatz der Wikinger war Birka auf der
Insel Björkö im Mälarsee in Schweden. Hier endeten auch die
Handelswege aus dem Orient. In zahlreichen der über 2000 in
jener Gegend aufgefundenen Gräber fanden sich neben arabischen Münzen, die häufig zu Schmuck umgearbeitet worden waren, auch Edelsteine, Gläser, Metallgefäße und Reste
orientalischer Seidengewebe. Der größte Teil aller in Skandinavien gefundenen arabischen Münzen stammt aus dem
10. Jahrhundert und kommt aus dem iranischen Reich der
Samaniden, die in den Münzstätten von Samarkand, Tasch-
kent und Buchara geprägt wurden. Der Handel zwischen den
Wikingern und dem fränkischen Reich wurde hauptsächlich
über die Handelssiedlung Haithabu (Hedeby) an der Mündung der Schlei abgewickelt. Die Gründung dieser Siedlung
durch die Wikinger wird zum Ende der Regierungszeit Karls
des Großen datiert. Sie steht im Zusammenhang mit der
Zerstörung von obroditischen Handelsniederlassungen im
Gebiet des heutigen Hamburg und Lübeck durch den dänischen König Godfred, für die der fränkische Herrscher Vergel-
tung suchte. Auf diesen Feldzug gegen den dänischen König
nahm Karl der Große seinen Elefanten mit, der im Feldlager
am Rheinübergang Lippeham (bei Wesel) verstarb. Haithabu
übernahm die Funktionen der kleinen zerstörten obroditischen Handelsniederlassungen und entwickelte sich zum Tor
des karolingischen Ostseehandels.

Hendrik Budde

Lit.: Hodges / Whitehouse 1983; Ludwig 1982.

5.2.1 Die Vielfalt der Handelsbeziehungen –
Der Markt in Tausendundeiner Nacht

In die Vielfalt der Produkte, die der Markt in Bagdad anzubie-
ten hatte, kann die Erzählung eines Lastträgers, der eine reiche Dame beim Einkauf begleitete, einen Einblick geben. Sie
blieben stehen beim Fruchthändler «von dem sie syrische
Äpfel kaufte, osmanische Quitten und Pfirsiche aus Oman,
Jasmin und Wasserlilien aus Syrien, zarte kleine Herbstgurken,

Zitronen, Sultansorangen, duftende Myrten, Tamarinden, Chrysanthemen, rote Anemonen, Veilchen, Granatapfelblüten und weiße Heckenrosen» […] beim «Zukosthändler» […] «kaufte sie, was zum Nachtisch gehört, Pistazienkerne, arabische Rosinen und Mandeln» […] beim Zuckerbäcker kaufte sie «Waffeln, Törtchen mit Moschus zubereitet, Mandelkuchen, Zitronenfondants von mancherlei Art, Kämme der Zainab aus Zuckerwerk, Fingergebäck und Spritzkuchen» bei dem Händler von Spezereien nahm sie «zehn verschiedene Wasser, darunter Rosenwasser, Orangenblütenwasser, Lilienwasser und Weidenblütenwasser. Und sie kaufte auch zwei Zuckerlaibe, eine Flasche Rosenwasser mit Moschus, einige Stückchen Weihrauch, Aloeholz, Ambra, Moschus und alexandrinische Kerzen».

(Tausendundeine Nacht, 9. Nacht)

5.2.1.1 Chinesische Keramik

Eines der begehrtesten Handelsprodukte Chinas stellte neben der Seide die Keramik dar, die seit der Han-Zeit (206 v. Chr. – 220 n. Chr.) entweder entlang der Küsten über die See oder auf dem Landweg über die Routen der Seidenstraße bis in den Vorderen Orient und das Mittelmeergebiet transportiert wurde, wo es vielfache Versuche gab, die feinwandige Keramik mit ihren verführerischen Glasuren zu kopieren.

Georg Minkenberg

Langhalsflasche   552

China, Tang-Zeit, 7.–8. Jh.
rosa Tonscherben mit hellgrüner
Glasur, H. 23,5 cm
Museum für angewandte Kunst,
Wien, KE 8910

Flasche   553

China, Tang-Zeit, 618–907
braun-weiß marmorierter Tonscherben mit grün-gelber Glasur,
H. 15,5 cm
Museum für angewandte Kunst,
Wien, KE 8190

**Zwei Schalen-
fragmente   622, 623**

China, 9. Jh., gefunden in Samarra,
Qasr al-Ashiq
Porzellan, H. 5,8 (4,5) cm;
Dm. 19,5 (14,5) cm
Museum für Islamische Kunst, Berlin,
Inv.-Nr. Sam 426; Sam 427

552

Die beiden Schalenfragmente stammen von unterschiedlichen Typen chinesischen Porzellans. Sie sind in nordchinesischen Öfen entstanden und wurden dann über den Seeweg nach Samarra verschifft, wo der Kalifenhof große Mengen des kostbaren chinesischen Porzellans brauchte.

5.2.1.2 Waffenhandel

Waffentechnisch begründet, waren fränkische Waffen, vor allem Schwerter, im Reich des Harun ar-Raschid begehrte Handelswaren. Sasanidische Waffen, soweit sie vereinzelt in das Frankenreich gelangten, wurden hingegen wohl eher als fremdartige Curiosa bestaunt und gelegentlich von fränkischen Waffenschmieden sogar nachgestaltet.

Georg Minkenberg

Schwert mit Griffbügel   **787**
Fränkisch, Eisen
Mittelrhein-Museum, Koblenz

787

Klaus vom Bruch – Brattain & Bardeen, 1991   **848**
Videoinstallation, Hamburger Bahnhof – Museum für Gegenwart Berlin
Staatliche Museen zu Berlin – Preußischer Kulturbesitz

Die Installation von Klaus vom Bruch im Bereich der arabischen Wissenschaftsvermittlung zeigt zwei schwarze, von der

Decke hängende Röhren, in die je ein Monitor mit Videobildern über Kriegsereignisse aus der Golfregion eingestellt ist. Der Titel nimmt Bezug auf die beiden amerikanischen Erfinder der Transistoren und zeigt, wie eine wenig spektakuläre Entwicklung von zwei unbekannt gebliebenen Nobelpreis-Trägern heute als bahnbrechend für alle Bereiche moderner Technologie anzusehen ist: Sie ermöglichte nicht nur das Radio im Miniformat, sondern auch die moderne Produktion hochtechnisierter Präzisionswaffen z.B. in unbemannten Flugkörpern. Die beiden über Kopfhöhe aufgehängten, düsteren, aggregatartigen Rundkörper zeigen die heutigen Konsequenzen der Forschung – der damalige Zivilistenbunker von Bagdad im Fadenkreuz, Kriegsberichterstatter oder Raketentreffer – in der Endlosschleife «ein ‹closed circuit› von Technik und Destruktion und von Kultur und Macht».

Die Installation erinnert auch an eine Umkehrung des Wissenschaftstransfers: Während im Mittelalter der Westen vom Export der Technik aus dem Orient profitierte, wird heute ihre westliche Weiterentwicklung im sog. militärisch-industriellen Komplex u. a. dazu benutzt, die Kultur ihres Ursprungsraumes wieder zu zerstören.

Adam C. Oellers

5.2.1.3 Keramik aus Irak, Iran, Mittelasien

Der abbasidische Hof in Bagdad, Raqqa und später auch in Samarra beauftragte die Keramikwerkstätten des Landes, nicht nur Gebrauchskeramik sondern auch verzierte Produkte für die Verwendung bei Hofe herzustellen: Bevorzugt waren Schalen und Gefäße mit kobaltblauer Bemalung oder die mit Metallfarben gebrannte Lüsterkeramik. Der Dekor beschränkte sich auf geometrisch-stilisierte und florale Motive, seltener erscheinen auch Tierdarstellungen. Daneben war auch der Import der wertvollen Keramikprodukte aus China beliebt.

Adam C. Oellers

Teller 292

Irak, 9.–10. Jh.
Tonware mit Lüsterbemalung auf durchsichtiger weißer Glasur,
H. 3,6 cm; Dm. 30,5 cm
Kopenhagen, The David Collection (14/1962)

Eine Neuerung der abbasidischen Töpfer war die Entwicklung von Keramiken mit Lüsterdekoren, die je nach Lichteinfall perlmuttartig schimmern. Die Lüsterfarben, mit denen gemalt wurde, bestehen aus einer Mischung von Silber- und Kupferoxiden, die auf die bereits gebrannte Glasur aufgetragen wurden. Anschließend wurde das bemalte Werkstück 72 Stunden bei reduzierter Sauerstoffzufuhr gebrannt. Bei dieser Art des Brandes wird den Silber- und Kupferverbin-

dungen der Sauerstoff entzogen, und sie werden zu metalli-
schem Silber und Kupfer reduziert, die das Gefäß mit einer
hauchdünnen, glänzenden Metallschicht überziehen. In der
islamischen Welt finden sich erste Lüsterdekore zunächst auf
Glas, die frühesten Beispiele sind in die Jahre 772 und 779
datierbar und in Ägypten entstanden, zwei weitere Stücke
werden aufgrund einer Inschrift mit der irakischen Stadt Basra in Verbindung gebracht und in das 9. Jahrhundert datiert.

Hendrik Budde

Lit.: Müller-Wiener (Essay, Bd. 1); Folsach 2001, Abb. 105.

Teller   031

Irak, gefunden in Babylon, 9. Jh.
Glasierte Tonware, H. 3 cm; Dm. 21,7 cm
Museum für Islamische Kunst, Berlin, Inv.-Nr. Bab. 2969

Der Tellerdekor entstand durch den Abdruck einer Form. Der
mosaikartige Dekor aus Mäanderbändern und verschlungenen Kreisen sowie Halbpalmetten und mehrfachen Friesen ist
charakteristisch für die islamische Frühzeit. Wahrscheinlich
war der Teller mit Lüsterdekor versehen, so daß er wie ein Teller aus Edelmetall wirkte. Die Bodenlagerung – er wurde in
Babylon ausgegraben – hat den Lüsterauftrag zerstört.

031

Teller   293

Irak, 8.–9. Jh.
Steingut, bemalt, H. 2,2 cm; Dm. 16,8 cm
Kopenhagen, The David Collection, 50/1999

Henkelkrug 626

Irak, 10. Jh., Schriftfries in kufischem Duktus aus der zweiten Sure
Unglasierte Tonware, H. 12 cm; Dm. 11 cm
Museum für Islamische Kunst, Berlin, Inv.-Nr. I. 5313

Der Krug ist durch ein Rautenmuster dekoriert. Am Rand und über den Rücken zieht sich eine Inschrift im Kufi-Duktus mit dem Anfang des Verses 255 aus der zweiten Sure des Korans («Die Kuh» al-baqara): «Gott (ist einer allein). Es gibt keinen Gott außer ihm. Er ist der Lebendige und Beständige. Ihn überkommt weder Übermüdung noch Schlaf».

Schale 389

Iran oder Irak, 9. Jh.
H. 6,2 cm; Dm. 22,6 cm
Museum für Angewandte Kunst, Frankfurt, Inv.-Nr. 12674

Die Schale mit bauchig gewölbter Wandung und ausgestellter Lippe steht auf einem niedrigen Standring. Der gelbliche Scherben ist mit einer gräulich-weißen, opaken Glasur überzogen, in die noch vor dem Brand eine Bemalung in Kobaltblau gesetzt wurde. Zwölf Kreissegmente, begleitet von Doppelbögen und Punkten in den Zwickeln, umlaufen den inneren Schalenrand. Im Zentrum der Schale befindet sich eine stark stilisierte Schrift im Kufi-Duktus.

Sowohl die Form der Schale, als auch die Verwendung der weißen Glasur weisen auf den Einfluß chinesischer Porzellane hin, die in dieser Zeit bereits in großen Stückzahlen importiert wurden. Gleichzeitig gehört die Schale zu den frühen Bei-

spielen islamischer Keramik mit blauer Kobaltmalerei. Abgebaut wurde das Kobalterz am Berg Lagward bei Kaschan. Im 12. Jh. war es in der islamischen Welt weit verbreitet. Von dort gelangte das Erz über Handelswege in der späten Yuan-Zeit (ab dem ersten Viertel des 14. Jahrhunderts) nach China. Erstmals auf Porzellan aufgetragen entstanden die berühmten chinesischen blauweiß Porzellane, die für Jahrhunderte, sowohl im Orient als auch in Europa, im höchsten Maße geschätzt wurden und Entwicklungen in der Keramik nachhaltig beeinflußten.

Die Schale ist somit ein gutes Beispiel für den kulturübergreifenden wechselseitigen Austausch von Techniken, Formen und Dekoren.

Deniz Erduman

Henkelvase   625

Irak, 8.– 9. Jh.
Glasierte Tonware, H. 9 cm; Dm. 8 cm; Museum für Islamische Kunst, Berlin, Inv.-Nr. I. 3760

Die kleine Henkelvase hat einen Weinrankendekor. Ein Henkel ist vor dem Glasurauftrag bereits abgebrochen. Auf dem Boden sitzt ein Stern. Reliefdekorierte Gefäße sind für die frühislamische Zeit typisch.

Lüsterschale   259

Irak, vielleicht Basra, 9. Jh.
Keramik
Museum für Kunst und Gewerbe, Hamburg, 1970. 148

625

Schale mit weißer Opakglasur und Überglasurmalerei in Lüstertechnik, Fischgräten und Rankenwerk in Streifen angeordnet.

Schale mit Kamel,   758
sein Junges säugend

Irak, 9.–10. Jh.
Keramik, H. 7 cm; Dm. 23 cm
Musée du Louvre, Paris, OA 7807

Tierfigur (Rind)   619
mit eingeritzter
Zeichnung

Kinderspielzeug, 9. Jh.
Samarra, Haus VIIa
Unglasierte Tonware, H. 8,2 cm; L. 9,5 cm
Museum für Islamische Kunst, Berlin, Inv.-Nr. Sam 160

619

Bei diesem kleinen Rind dürfte es sich um eine Skulptur handeln, die als Kinderspielzeug hergestellt und benutzt wurde.

Tonschälchen mit Blütenbaum   261

Irak, vielleicht Basra, 9. Jh.
Keramik mit weißer Opakglasur
Museum für Kunst und Gewerbe, Hamburg, 1960.25

Schale mit arabischer Beschriftung   627

Iran, Nischapur, 9. Jh.
Fayence, H. 5,7 cm; Dm. 20,2 cm
Museum für Islamische Kunst, Berlin, Inv.-Nr. I. 96/63

Schalen mit Inschriften waren sowohl in Irak als auch in Iran im 9. und 10. Jahrhundert verbreitet und gelangten über den internationalen Handel bis nach China.

627

Vorratsgefäß   628

Irak, 7.–9. Jh.
Glasierte Tonware, H. 70; Dm. 55 cm
Museum für Islamische Kunst, Berlin, Inv.-Nr. I. 1387

Große glasierte Gefäße wurden zur Lagerung von Lebensmitteln, etwa für Getreide, gebraucht. Die Deckel waren wahrscheinlich aus Holz. Der Dekor dieses besonders gut erhaltenen Gefäßes besteht aus Ranken, die in stilisierten Blüten enden.

628

Schüssel   **291**

Irak, 9. Jh.
Tonware, blau bemalt auf opak-weißer Glasur
H. 5,5 cm; Dm. 20,5 cm
Kopenhagen, The David Collection, 21/1965

Die Entwicklung der opak-weißen Glasur läßt sich auf die An-
regung durch chinesische Importkeramik zurückführen. Da
die muslimischen Töpfer nicht über das Rohmaterial verfüg-
ten, das für die Herstellung des bei hohen Temperaturen
gebrannten und sehr harten chinesischen Porzellans notwendig ist, entwickelten sie eine neuartige Glasur, durch die
ihre wesentlich niedriger gebrannte Keramik im Farbton,
wenn auch nicht in ihren haptischen Qualitäten, den chinesischen Vorbildern nahe kam. Indem der üblichen Bleiglasur
Zinnoxid zugefügt wurde, erzielte man eine weiße, opake,
d. h. undurchsichtige Glasur, die den leicht gelblichen Scherben abdeckte. Häufig wurden die Keramiken mit einem spar-
samen gemalten Dekor oder einer stark stilisierten Inschrift,
wie bei dem ausgestellten Exemplar, in Kobaltblau kombiniert, der auf die rohe, d. h. noch ungebrannte Glasur aufge-

tragen wurde. Das zur Farbgebung verwendete Kobaltoxid wurde bereits im vorislamischen Iran seit ca. 2000 v. Chr., in Ägypten seit ca. 1400 v. Chr. für die Herstellung von blaugefärbtem Glas verwendet. Die Anwendung als keramische Farbe durch die irakischen Töpfer im 9. Jahrhundert stellt eine bedeutende technische Neuerung dar, die wahrscheinlich ebenfalls auf Anregungen durch chinesische Vorbilder zurückzuführen ist.

Hendrik Budde

Lit.: Müller-Wiener (Essay, Bd. I); Folsach 2001, Abb. 100.

Blütenkelchschale mit farbig glasiertem Bodenrelief   033

Iran, Nishapur, 9. Jh.
Fayence, H. 5,2 cm; Dm. 14,5 cm
Museum für Islamische Kunst, Berlin, Inv.-Nr. I. 36/59

Diese Schale imitiert chinesisches Porzellan, das überall begehrt war, das sich aber nicht alle leisten konnten. Der Reliefdekor hat ein vogelartiges Wesen zum Thema. Möglicherweise stand ein Vorbild aus Edelmetall Pate.

033

Die islamische Stadt Susa

Susa liegt im Süden Irans, zwischen zwei durch Kanäle miteinander verbundenen Flüssen, auf vier Hügeln (tepe), auf denen bereits in der Antike eine Siedlung errichtet war. Um 638 wird die Stadt ohne größeren Widerstand von den Arabern eingenommen. Bis zum Ende des 7. Jahrhunderts ist

Susa Sitz eines christlichen Bischofs; in der Stadt wohnen Nestorianer, Juden und Anhänger der jungen islamischen Gemeinde. Noch im 12. Jahrhundert zählt der jüdische Rabbiner Benjamin aus Toledo dort 14 Synagogen und trifft auf eine bedeutende jüdische Gemeinde. In der Stadt spricht man Aramäisch ebenso wie Mittelpersisch und Arabisch. Die Grabstätte des Propheten Daniel macht Susa zu einem wichtigen Pilgerort.

1895 erhält Frankreich von der persischen Regierung die Grabungskonzession für Susa. Die meisten der Fundstücke befinden sich heute im Louvre. Hauptziel der archäologischen Grabung war die Freilegung der ältesten Siedlungsebenen (aus der Zeit vom Ende des 5. bis zum 1. Jahrtausend v. Chr.). Da in Folge dieser Grabungen die jüngsten – islamischen – Spuren zu schnell abgebaut wurden, sind die Kenntnisse über die islamische Stadt sehr beeinträchtigt. Die Wiederaufnahme der Grabungen in den 1970er Jahren hat das Bild von der Stadt und die Deutung der mit ihr verbundenen Fundstücke deutlich verbessert. So wurden auf dem «Hügel von Apadana» genannten tepe Schichten freigelegt, die aus der Zeit vor der Periode von 950–1000 stammen; in der Gegend des Shawur finden sich Schichten aus dem 7. bis 8. Jahrhundert; und in dem «orientalischen» Gebäude wurden Gegenstände gefunden, die auf das 10. Jahrhundert datiert werden können. Das städtische Gefüge ist sehr dicht und läßt kein Straßennetz erkennen. Auf dem Apadana tepe befinden sich sowohl öffentliche Gebäude als auch geräumige Villen, die belegen, daß diese Gegend durchgehend monumental bebaut war. Die Schlucht des Shawur zerschneidet die Stadt in zwei Teile, in die armen Viertel (im Westen) und in die reichen Stadtteile, die durch eine Brücke miteinander verbunden sind. 1979 wurden die Grabungen unterbrochen.

Im Mittelalter war die Stadt für ihre Seidenstoffe, ihren Filz, ihre schönen Baumwollstoffe und ihre Ekrüseide berühmt. Susa war auch ein bedeutendes Zentrum der Zuckerproduktion. Zucker wurde hauptsächlich in den gesamten Iran, nach Irak und in den Jemen exportiert. Auf einem der tepe wurden in den 1970er Jahren eine Zuckerfabrik und Keramikgegenstände zur Verarbeitung von Zuckerrohrsaft entdeckt. Während seiner Grabungen von 1947–48 hat Roman Ghirsman eine Moschee im Hypostolon-Stil freigelegt, deren Innenhof auf das 1. Jahrhundert der Hidschra datiert werden kann. Nachträglich wurden nur geringfügige Veränderungen vorgenommen, so wurde sie um ein Minarett ergänzt oder ihre Ausstattung dem jeweiligen Zeitgeschmack angepaßt, größtenteils durch Stuckarbeiten. Von diesen ist bedauerlicherweise fast nichts erhalten geblieben. Im 10. Jahrhundert erstreckte sich die Stadt über vier Quadratkilometer. Susa war zwar nicht die Provinzhauptstadt, beheimatete aber eine Münzstätte, in der zwischen 698 und 779 Münzen geprägt wurden. 1926 fand man ein Tongefäß, das einen Geldschatz aus der Zeit zwischen 307 bis 329 der Hidschra enthielt, also aus dem ersten Drittel des 10. Jahrhunderts.

Wie bereits vor der arabischen Eroberung war Ton auch zu islamischer Zeit der Rohstoff in Susa. Daher fand man zahlreiche Keramiken und alle Arten von Gegenständen, die daraus hergestellt wurden: Rohre, Brunneneinfassungen, Behälter zum Aufbewahren von Lebensmitteln, Kochtöpfe und feines Eßgeschirr.

3048

3058

In der langen Geschichte von Susa kann man die unterschiedlichen Produktionsweisen der beiden ersten Reiche,
des Omaiyadenreiches (661–750) und des Abbasidenreiches
differenzieren. Im Fall der Abbasiden werden die Fundstücke
hauptsächlich analog der Funde von Samarra datiert, der auf-
gegebenen Stätte ihrer dritten Hauptstadt, deren Aktivität
man gewöhnlich auf die Jahre 836–892 begrenzt. Dieser «eingeschränkte chronologische Blick» führte zu einer fast syste-
matischen Datierung der Gegenstände aus Susa entsprechend denjenigen aus Samarra im 9. Jahrhundert. Die Funde
aus dem islamischen Susa, das bereits vor Samarra bestand
und diese Stadt überdauerte, führen aber zu abweichenden
Datierungen. So kann ein Teil der Fayencen sogar der Endzeit
der Omaiyadenherrschaft zugeordnet werden, stammt also
aus dem zweiten Viertel des 8. Jahrhunderts.

Die Fayencen sind mit einer Zinnglasur matt überzogene
Tonkeramiken, die nach dem ersten Brennen mit Kobalt, selten mit Kupfer verziert und danach zum zweiten Male
gebrannt wurden. Noch aufwendiger gestaltet sind die glänzend glasierten Stücke: diese Keramiken wurden mit einer
zinnhaltigen Glasur versehen, danach mit Metalloxyden (Kupfer und Silber) verziert und dann ein zweites Mal ohne Sauerstoffzufuhr gebrannt, was die Oxyde in eine Schicht reinen
Metalls umwandelte. Die Oberflächengestaltung entwickelte
sich von einem Muster zunächst kleiner Motive in zweifarbi-
gen Glanzglasuren zu großzügigeren Kompositionen in einer
einfarbigen Glasur. Ganz seltene Stücke zeigen Glanzdekore
auf einer blauen Grundglasur.

Unter der Feinkeramik gab es auch sehr empfindliche
Stücke, sogenannte «Eierschalen» (um 900–1000), die mit
oder ohne Glasur gebrannt wurden. Mit der Entdeckung eines
Töpferofens in der «Stadt der Handwerker» war die Diskussion beendet, ob es in Susa selbst eine lokale Keramikherstel-
lung gegeben hat. Der Ofen
läßt sich auf das 9. Jahrhundert datieren; und bei ihm
wurden sowohl unglasierte
Keramiken als auch Glanz-
keramik und Geräte für den
Brennofen entdeckt (Drei-
fußhalterungen, Kieselstei-
ne). Vor dem 11. Jahrhundert
gleicht die Keramik aus Susa
derjenigen aus dem Irak,
dem Zentrum des Weltreichs.
Gegen Ende des 10. und im
11. Jahrhundert scheinen die
Muster aus dem Osten Irans
zu stammen.

Glas wurde vielfach zur
Herstellung kleiner Gefäße

3034

3046

verwendet, aber auch –
viel seltener – zur Her-
stellung von Tafelge-
schirr, Stilgläsern, Was-
serkaraffen und Trink-

3047

bechern. Im Viertel der «königlichen Stadt» fand man einen
Glasofen. Metall findet man in den islamischen Schichten
der Stadt Susa im Gegensatz zu vorhergehenden Epochen
selten. Meist handelt es sich bei diesen Fundstücken um
kleine Toilettenutensilien: Nadeln, Pinzetten, Stäbchen zum
Auftragen von Lidschatten, Schmuckfläschchen; aber auch
kleine medizinische Geräte, Stößel und Mörser, Leuchten,
Haken und Einzelteile für Sattel- und Zaumzeug.

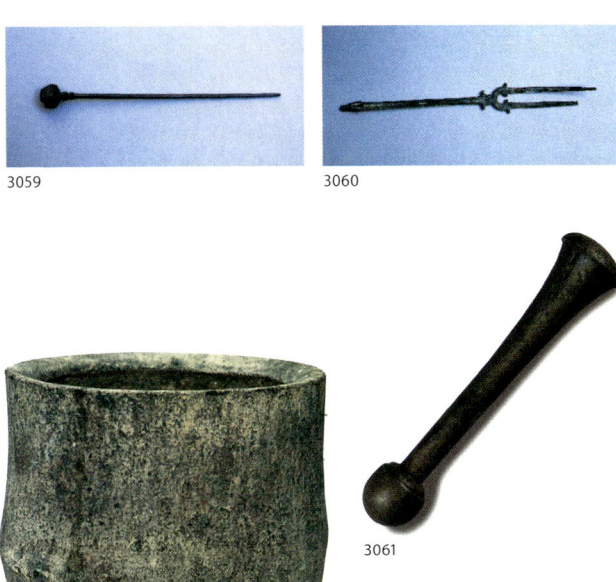

3059

3060

3061

3062

3063

Speckstein, ein importierter grauer Stein, wurde aufgrund seiner sehr großen Resistenz gegen Hitze für Glutbehälter, Lampen, Räuchergefäße und Kochtöpfe verwendet. Dieses Material war insbesondere zwischen dem 8. und 11. Jahrhundert beliebt.

Zweifellos gab es im 9. und 10. Jahrhundert eine Zeit dynamischer Wirtschaftsentwicklung, in der zahlreiche Waren zwischen Mesopotamien, Iran und Zentralasien ausgetauscht wurden. Im Gegensatz zu anderen Orten der Zeit sind in Susa Funde chinesischer Keramik selten. Der Wohlstand der Stadt beruhte auf der Seidenraupenzucht, betrieben von Großgrundbesitzern, die selbständig die dafür notwendigen Investitionen aufbringen konnten.

Über die architektonischen Verzierungen wissen wir nur noch wenig: die Stuckdekore der Moschee oder der Villen in Apadana sind schlecht erhalten. Trotzdem deuten die erhaltenen Fragmente darauf hin, das sie mit dem «Samarra-Stil» verwandt sind, der durch die Funde in Mesopotamien hervorragend abgebildet wird.

Noch im 12. und im 13. Jahrhundert war Susa eine blühende Stadt. Wahrscheinlich infolge der im Iran nach dem Einfall der Mongolen ausgebrochenen Unruhen verfiel die Stadt im 13. Jahrhundert in eine Art Stillstand. Jedoch bestand die Stadt – im Gegensatz zu oft gegenteiligen Berichten – auch im 14. und 15. Jahrhundert fort. Die archäologischen Funde belegen das, aber sie erlauben sie keine genaueren Angaben über Art und Umfang der Aktivitäten in der Stadt.

Sophie Makariou
(Übers. H. Schiler und T. Mücke)

Sortiment von Flakons   3028, 3029, 3030, 3031, 3033,
      3032, 3035, 3036, 3038, 3039, 3037, 3042, 3044, 3045

Iran, Fundort Susa, 7.–10. Jh.
Mundgeblasenes Glas, H. max. 12 cm; Dm. max. 9 cm
Paris, Musée du Louvre, Département des Antiquités Orientales, Section Islam,
MAO S. 1015, 1036, 1072, 1202, 985, 387, 619, 1010, 1079, 405, 1052, 881, 555, 706

Die Grabungen von Susa haben zahlreiche Glasgegenstände zutage gefördert, oftmals beschädigt auf Grund ihrer Lage unter der Erde. Der Fund eines Glasofens belegt die Massenproduktion von Glasobjekten vor Ort; häufig waren dies kleine Phiolen für pflanzliche Essenzen und für Parfüm. Es sind meist einfach geblasene Flakons. Die kleinen Balsamgläschen, farblos transparent oder grün, tiefblau, braun oder bernsteinfarben können nur eine winzig kleine Menge an Produkten aufnehmen, ihre genaue Verwendung kann deshalb nur schwer bestimmt werden. Einige Stücke sind durch Schliffe nach dem Erkalten sorgfältiger verziert. Es gibt mehrere

3028

3029, 3030

3031

3032

3033

3035

3038

3039

3042

3044

3045

Sorten kalt geschliffener Dekorgläser: «molare» Flakons, deren Silhouette mit den vier gemusterten Füßen an einen Zahn erinnert (3045), in Facetten geschliffene Flakons (3030) oder kleine, sehr schmale offene Gefäße. Für die Ausstattung wurden die unterschiedlichsten Verfahren angewandt, das Heißziehen von Glas, die Arbeit mit der Zange, der Formguß oder das Ansetzen von Glasteilen. In Susa fand man vor allem zahlreiche kugelförmige Flakons mit einem Dekor aus aufgesetzten Scheibchen und einem in der Regel weit offenen Hals. Das Gegenstück, ein kleiner Flakon mit Henkel und stromlinienförmigem Bauch, war am Hals extrem eng, damit die enthaltene Flüssigkeit nur tröpfchenweise austreten konnte. Die Verwendung von Formen führte zu reproduzierbaren Gegenständen. Ein Exemplar mit Rippenmustern, das infolge der Aufbewahrung im Erdreich in einem schönen Grün schillert, gleicht einem Kürbisgewächs. Große Flakons könnten vielleicht eher unter die Kategorie von Tafelgeschirr fallen (3039, 3042).

Sophie Makariou

Tafelgläser   3040, 3041, 3043

Iran, Fundort Susa, 7.–10. Jh.
Mundgeblasenes Glas
H. max. 5,6 cm; Dm. max. 11 cm
Paris, Musée du Louvre, Département des Antiquités Orientales, Section Islam, MAO S. 463, 465, 557

In der Grabungsstätte in Susa wurden wenige Gegenstände zutage gefördert, die größer als die Flakons waren. Jedoch wurden zahlreiche Kupellen (Tiegel) mit geraden (3040) oder halbkugelförmigen Wänden (3041) oder mit

3040

stromlinienförmigem Bauch gefunden, die an Keramikgegenstände erinnern, die man als «Spucknäpfe» bezeichnet. Solche Näpfe aus Halbporzellan wurden auch in Susa gefunden. Die Verwendung der zahlreichen Näpfe ist unklar. Diese weit geöffneten Gefäße waren sicherlich nicht für eine län-

3041

3043

gere Aufbewahrung geeignet, sondern dienten eher als Fut-
tertröge oder Abfallkübel. Neben diesen einfachen Formen
gab es in in Susa Tafelgeschirr, z. B. Wasserkaraffen mit spitzem Ausguß und geschwungenem Bauch, große Trinkbecher
mit verschiedenen Dekoren und zerbrechliche Stilgläser.

Sophie Makariou

Dreifüßige Schale mit pseudo-epigraphischem Dekor   3053

Iran, Fundort Susa, 9.–10. Jh.
Ton, Dekor auf transparent kolorierter Glasur, H. 5,5 cm; Dm. max. 22,5 cm
Paris, Musée du Louvre, Département des Antiquités Orientales, Section Islam,
MAO S. 224

Diese dreifüßige, in zwei Teile zerbrochene Schale weist – entsprechend ihrer jeweiligen Fundstellen im Boden – auf den
Bruchstücken unterschiedliche Verwitterungserscheinungen
auf. Sie wurde bereits früher mittels Klammern repariert. Das
Dekor ist einfach gestaltet: in der Mitte der Schale kreuzt ein
pseudo-epigraphisches Motiv zwei Achsen, es entsteht eine
Art kreuzförmiges Motiv. Um dieses Motiv verdecken dicke
mit Mangan gemalte Punkte den Kiel der Schwinge, die mit
doppelten Girlanden verziert ist. Das Ausstellungsstück
gehört zu einer Gruppe von Stücken mit gelb-braunem
Grund und einem der Glasur unterlegten Dekor aus Mangan,
deren Aufkommen normalerweise erst später, im 11. Jahrhundert, in Susa angenommen wurde. Auf der Unterseite ist das
Stück mit drei kleinen Füßen verziert, wie es bei den Faiencen
und den mehrfarbig glasierten Stücken aus Susa häufig zu finden ist. Dieses besondere Merkmal läßt auf eine relativ früh-
zeitige Entstehung dieses Stückes schließen, und ebenso das
Dekor, das offensichtlich von dem der Fayencen aus Susa
beeinflußt war (die Girlanden, die pseudo-epigraphischen
Motive, das durch «Lorbeerblätter» inspirierte Blumendekor).
In Samarra fand man solche Stücke nicht. Anderenfalls hätte
das auch eine spätere Datierung, nämlich nach dem 9. Jahr-

hundert, zugelassen. Trotz des teilweise schlechten Zustands der Glasur ist dieses Stück also in mehrfacher Hinsicht interessant.

Zwei Schalen mit Tropfenglasur   3052, 3055

Iran, Fundort Susa, 9.–10. Jh.
Ton, Dekor aus einer Glasur heruntergelaufener Tropfen, Dm. max. 21,4 cm
Paris, Musée du Louvre, Département des Antiquités Orientales, Section Islam,
MAO S. 576, MAO S. 36

Es gibt zahlreiche Keramiken mit einer Glasur aus herunter gelaufenen Tropfen. Bei dieser Technik entstehen durch die Farbsprenkel auf einem kontrastierenden Grund unterschiedlichste Effekte. Üblicherweise werden hier die Farben Beige und Grün, manchmal auch Weiß und Grün verwendet, jedoch wird der Kontrast meist durch grüne Glasursprenkel auf einem leuchtend gelben Untergrund erzeugt. Auf beiden Schälchen ziehen sich parallele Glasursprenkel vom Rand ausgehend konvergierend zum Zentrum, wo sie in eine Anhäufung von Punkten münden. Dieses Verfahren, bei dem das Dekor nur durch die «Handschrift» des Töpfers entsteht, wurde ebenso bei der Verzierung von Handleuchtern, Kandelabern, Gefäßen und anderen Massenfundstücken von Susa verwendet. Die gleiche Herstellungsmethode findet sich bei Keramiken aus unterschiedlichen Grabungsstätten des islamischen Reiches, sowohl in Mesopotamien als auch in der iranischen Welt. Gelegentlich wurde hier ein chinesischer Einfluß vermutet.

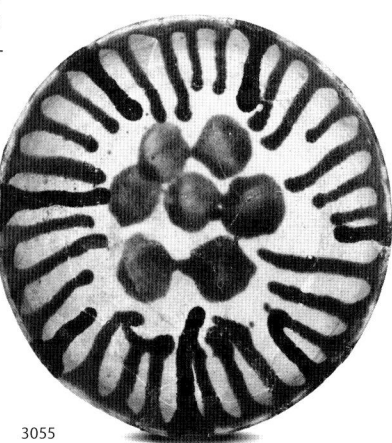

3055

Schale mit Tropfenglasur und Gravur   3045

Iran, Fundort Susa, 9.–10. Jh.
Ton, graviertes Dekor mit einer Glasur aus heruntergelaufenen Tropfen
Dm. 36 cm
Paris, Musée du Louvre, Département des Antiquités Orientales, Section Islam,
MAO S. 573

Diese Schale gehört zu einem Typus, der überall im Ostteil des Reiches im 9. bis 10. Jahrhundert verbreitet war (Mesopotamien, iranische Welt). Hier entsteht das Muster der Tropfenglasur durch eine Vermischung der Farben und eine die Glasur strukturierende Gravur. Die Gravur kann dabei tieri-

sche Formen nachbilden (meistens stilisierte Vögel) oder einfach aus einem geometrischen oder Pflanzendekor bestehen.
In diesem Fall handelt es sich um einfache auf der Spitze stehende Vierecke, die auf den Rändern der Schale angeordnet
sind, wohingegen die Tropfenglasur zum Zentrum hin ausgerichtet ist. Ähnliche Töpferwaren wurden unter anderem in
Nishapur und Afrasyab ausgegraben.

Sophie Makariou

Viereckige Kupelle und Schälchen   3104, 3050

Iran, Fundort Susa, 9.–10. Jh.
Ton, graviertes Dekor und Tropfenglasur, Dm. max. 13 cm
Paris, Musée du Louvre, Département des Antiquités Orientales, Section Islam,
MAO S. 783, MAO S. 784

In Susa wurde eine sehr ausgefallene Keramik mit einem fein
herausgearbeiteten Dekor gefunden. Sie ist absolut vergleichbar mit denjenigen, die in Samarra, eine der Haupt-
städte des Abassiden-Kalifats, hergestellt wurden. Durch den
sehr feinen Ton konnten Teile des Dekors besonders sorgfältig gearbeitet werden, so daß fast schon ein metallischer
Effekt entsteht. Das Dekor besteht aus kleinen verzierenden
Gebilden, die sich aus Einheiten mit Fischgrätenmustern oder
Perlenschnüren an den Ecken zusammensetzen und an die
Goldschmiedekunst erinnern. Die Formen vieler Stücke scheinen Metallarbeiten nachempfunden zu sein. An den Rändern
der viereckigen Kupelle zeigt sich ein Effekt, wie er auch durch
das Hämmern von Metall, z. B. beim Treiben des Metalls klei-
nerer Schmuckstücke nach einer Form, entsteht. Aus Susa
stammen zwei völlig identische Vierpaßkupellen. Das runde
Schälchen ist mit einem stark hervor tretenden Tropfendekor
verziert, für das man in der Metallschmiedekunst zahlreiche Entsprechungen findet. In dieser Technik sind die unterschiedlichsten Gefäße hergestellt worden: Wasserkrüge mit
spitzem Ausguß (Keir Coll.), Teller, Schalen und eine Löffel-
schale, die einzige ihrer Art aus Susa. Neben der am meisten

verbreiteten grünen Glasur brachte die Grabung auch zahlreiche Überreste mit gelber und leicht opalartig schillernder Glasur zu Tage, die die Parallelen zur Metallkunst noch deutlicher machen.

Sophie Makariou

Lit.: MAO S. 783: Chevalier 1997, S. 155; Makariou 2000, Nr. 25 S. 91.

Krug 753

Iran, Fundort Susa, 8.–9. Jh.
Ton, gestochenes Dekor
Paris, Musée du Louvre, Département des Antiquités Orientales, Section Islam, MAO S. 221

753

Die Form dieses am Hals mit Zungen verzierten Stücks, die deutliche Befestigung des Henkels am Bauch sowie das Dekor aus stark hervortretenden Palmetten sind einzelne Elemente, die ebenfalls an Tafelgeschirr aus Metall erinnern. Der Eindruck wird durch die Bearbeitung der Oberfläche verstärkt, die mit einer Tonschicht überzogen ist und deshalb dem Gegenstand etwas Leuchtendes verleiht. Auf der Unterseite des Krugs steht der Anfang einer arabischen Inschrift, die heute nicht mehr zu lesen ist.

Sophie Makariou

Lit: Davis-Weill 1951, No. 4, S. 247–249; Rosen-Ayalon 1974. fig. 212; Ausst. Kat. Paris 1971, Nr. 16; Ausst. Kat. Paris 1977, Nr. 15.

Krüge mit Pseudo-Inschrift 752

Iran, Fundort Susa, 8.–9. Jh.
Ton, Dekor aus erhabener Glasur, H. 13 cm
Paris, Musée du Louvre, Département des Antiquités Orientales, Section Islam, MAO S. 492

Die Präsenz der neuen arabisch beeinflußten Herrrschaft verdeutlicht sich auch in der Verwendung von Inschriften auf den Gegenständen. In Susa wurden Keramikstücke ohne Glasur gefunden, die mit Inschriften oder Pseudo-Inschriften aus einem glasierten Farbauftrag, meist in Blau, versehen sind. Manchmal schmücken einfache Pflanzendekore oder Dekore aus Fischgrätenmustern diese Stücke. Solche Funde wurden in der dritten Hauptstadt der Abbasiden, in Samarra gemacht.

752

Sie stammen aus dem 9. Jahrhundert. In Susa scheint sich die Herstellung solcher Stücke mit der Zeit ausgeweitet zu haben. Auf einigen Stücken steht die Inschrift «Trinkt guten Herzens.» Das vorliegende Stück ist mit einer Pseudo-Inschrift geschmückt und zählt ebenfalls zum Tafelgeschirr. Der Gebrauch von Ton ohne Glasur ermöglichte die Kühlung von Wasser durch Verdunstung über die Innenseite. Solche porösen Tonkrüge zum Kühlhalten wurden in der ganzen islamischen Welt in verschiedenen Modellen vielfach hergestellt.

Sophie Makariou

Lit.: Makariou 2000, Nr. 4, S. 85.

Kupelle mit Pflanzendekor   3051

Iran, Fundort Susa, 8.–9. Jh.
Ton, Dekor mehrfarbig glänzend, mit einer deckenden Glasur, H. 6,5 cm
Paris, Musée du Louvre, Département des Antiquités Orientales, Section Islam,
MAO, S. 570

3051

Die Entstehungsgeschichte der Lüster erzeugenden Techniken war Gegenstand von Debatten. Man kann davon ausgehen, daß die Technik zur Erzeugung von Lüster auf Keramik in Mesopotamien im 9. Jahrhundert bereits gut entwickelt war, wenngleich hier auch eine Veränderung durch das Aufkommen des Glases vorstellbar ist. Zur Dekorierung wurden anfangs Silber- und Kupferoxyde gemeinsam verwendet. Das Stück wurde aus Ton geformt, mit einer deckenden Glasur überzogen und mit Zinn geweißt. Durch ein zweites Brennen, bei dem weniger Sauerstoff zugeführt wurde, wandelten sich die Oxyde in reine Metalle auf der Glasur. Der dekorative Teil ist also sehr dicht, die beiden Farbtöne bedecken je nach Brennen unterschiedlich die gemusterten Oberflächen der kleinen Motive. Das allgemeine Schema dieser Kompositionen ist allerdings nicht leicht zu erkennen. Auf der Rückseite der Schüsseln und Schalen sind große Striche angebracht, die Schraffuren einschließen, mit denen man möglicherweise die jeweilige Werkstatt kenntlich machen wollte (eine Hypothese, die wahrscheinlich aufgegeben werden muß). Die Technik der Vermischung zweier verschiedener Oxyde machte die Herstellung sehr zufallsbedingt; sie wurde im 10. Jahrhundert aufgegeben. Es ist jedoch wahrscheinlich, daß die ästhetische Veränderung einem Wandel des Geschmacks entsprach; die dekorativen Muster wurden vollständig verändert, und das figurale Dekor nahm eine vorherrschende Stellung ein.

Sophie Makariou

Lit.: Chevalier 1997, Nr. 175, Fig. 136, S. 156; Makariou 2000, Nr. 22, S. 90.

Laterne   3049

Iran, Fundort Susa, 8.–9. Jh.
Gebrannter Lehm ohne Glasur, H. 25 cm
Paris, Musée du Louvre, Département des Antiquités Orientales, Section Islam, MAO S. 778

Von diesen Laternen wurden in Susa mehrere Exemplare gefunden. Ganz ähnliche Laternen wurden auch im Osten Irans, bei der Ausgrabung von Nishapur, entdeckt. Sie gehört zur Gruppe der einfachen Leuchten, sie ist wenig verziert – einzig zwei dreieckige Einsätze lockern die Seiten auf – und sie kann bequem transportiert

3049

werden. Sie setzt einen Typus fort, der bereits vor der arabischen Eroberung existierte und dessen Entstehung weit zurückreicht.

Sophie Makariou

Kleines Hochrelief mit Tierdarstellungen   3031

Iran, Fundort Susa, 8.–9. Jh.
Glas, aufgetragenes Dekor, H. 8,8 cm
Paris, Musée du Louvre, Département des Antiquités Orientales, Section Islam, MAO S. 1203

Die Funktion dieses Gegenstands ist unbekannt. Ähnliche kleine Tierfigürchen werden vielfach dem iranischen Bereich zugeschrieben (Iran, Zentralasien, Afghanistan). Sie sind im allgemeinen sehr klein, wie der Vierfüßler, der in Susa entdeckt wurde – ein Kamel? ein Drache? Die Tiere sind selten zu erkennen und sehen eher aus wie Phantasiestücke aus Glas.

Sophie Makariou

Lampe und Räuchergefäß   748, 3056, 322

Iran, Fundort Susa, 9.–12. Jh.
Speckstein, H. 3 cm, Topf: H. 6 cm; Dm. 16 cm
Räuchergefäß: H. 7,8; L. 19,6 – 8,2 x 8,2 cm
Paris, Musée du Louvre, Département des Antiquités Orientales, Section Islam, MAO S. 159, 396, 188

Bei den Ausgrabungen in Susa sind viele Objekte aus Speckstein gefunden worden, ein zarter Stein, der auch Chlorit genannt wird. Als Metamorphit hat Speckstein eine gute Isolierung und hält lange die Hitze. Deshalb wird er vor allem für Gebrauchsgeschirr verwendet, für Lampen, Räuchergefäße oder Küchenutensilien. Die Formen sind in der Regel einfach, das Dekor ist geometrisch, graviert oder mit dem Stichel ausgeschnitten. Die Stücke wurden sehr sorgfältig gearbeitet. Der Speckstein wurde aus den Steinbrüchen Arabiens, Ägyptens und des östlichen Iran (aus der Gegend um Nishapur)

748

3056

322

importiert. Dieses Material wurde vor allem vom 8. bis 12. Jahrhundert verwendet.

Rachel Beaujean-Deschamps

Lit.: Ausst. Kat. Paris, 2001b, S. 34.

5.2.1.4 Glas und Metall aus Ägypten, Irak und Syrien

«So kaufte er denn für die hundert Dirhems Glas, stellte es auf eine große Platte und setzte sich an einem Platze nieder, um es zu verkaufen [… und] sagte zu sich selbst: Siehe, mein Kapital in diesen Glaswaren beträgt hundert Dirhems. Die werde ich für zweihundert Dirhems verkaufen. Dann werde ich für zweihundert Dirhems Glaswaren einkaufen und sie wieder für vierhundert Dirhems verkaufen. So werde ich immer weiter verkaufen und kaufen, bis ich ganz viel Geld habe. Dafür werde ich dann alle möglichen Waren einkaufen, auch Edelsteine und Rosenöl, und damit noch viel mehr Geld gewinnen. Dann aber kaufe ich mir ein schönes Haus und weiße Sklaven und Pferde mit goldenen Sätteln; und ich will essen und trinken und keinen Sänger und keine Sängerin in der Stadt übriglassen, sondern alle in meinen Palast entbieten».

(Tausendundeine Nacht, 32. Nacht)

Henkelnapf (Lampe) 641
Ägypten, 9.–10. Jh.
Grünes Glas, eingepreßtes Dekor, Fadenanguß, H. 6,5 cm; max. Dm. 8,5 cm
Museum für Islamische Kunst, Berlin, Inv.-Nr. I. 2134

Der zylindrische Napf wurde durch ein Formeisen mit einem Fries mandelförmiger Motive dekoriert. Anschließend wurde der Fadendekor angeschmolzen und der Henkel angedrückt. Der an herabfließendes Wasser erinnernde Fadendekor wird vornehmlich bei Lampen verwendet.

641

Becher mit Stiel   643

Ägypten, Vorderer Orient, 9.–11. Jh. (?)
Farbloses Glas, frei geblasen, Stil angesetzt, H. 5,5 cm, max. Dm. 5,4 cm;
L. 12,5 cm
Museum für Islamische Kunst, Berlin, Inv.-Nr. Gans 402

Ähnliche Gefäße mit Stiel sind aus römischer Zeit bekannt, wo sie in religiösen Zeremonien verwendet wurden. Es ist nicht bekannt, ob sie in islamischer Zeit für einen bestimmten Zweck vorgesehen waren.

Metallform zur Glasherstellung   666

Syrien (?), 9.–10. Jh.
H. 10,5 cm; Dm. 7 cm
Museum für Islamische Kunst, Berlin, Inv.-Nr. I. 3639

Der Glasbläser blies einen kleinen Glasballon in die Metallform, so daß sich das Muster auf dem Glas abzeichnete. Dann sog er die Luft ein, so daß sich der Ballon wieder verkleinerte. Dadurch konnte er den Ballon aus der Form holen. Wenn er nun den Ballon wieder aufblies, zeichnete sich das Muster auf der Außenseite des Glases ab. Je mehr er den Ballon aufblies, desto schwächer zeichnete sich das Muster ab. Dieser Vorgang wird als optisches Blasen bezeichnet. Die Metallform erlaubte einen häufigen Gebrauch durch das heiße Glas, ohne daß die Form Schaden nahm.

Jens Kröger

Glasring (Armring)   674, a–d

Östliches Mittelmeergebiet, 7.–12. Jh. (?)
Glas, H. 0,8 cm; Dm. 6,3 cm
Inv.-Nr. I. 4025

Glasring (Armring)

Östliches Mittelmeergebiet, 7.–12. Jh. (?)
Glas, H. 1,7 cm; Dm. 7,3 cm
Inv.-Nr. I. 4026

674 a–d

Glasring (Armring)
Östliches Mittelmeergebiet, 7.–12. Jh. (?)
Glas, H. 0,7 cm; Dm. 6,5 cm
Inv.-Nr. I. 4044

Glasring (Armring)
Östliches Mittelmeergebiet, 11.–14. Jh. (?)
Aus der Grabung in Chirbat al-Minya am See Tiberias
Grünliches Glas mit opak gelber Auflage und eingekämmtem schwarz-weißen
Fadendekor, H. 4 cm; Dm. 6,2 cm
Inv.-Nr. Ta 2350
Alle: Museum für Islamische Kunst, Berlin

Gläserne Armringe waren bei Frauen sehr beliebt. Wenngleich vereinzelt in der islamischen Frühzeit vorkommend,
sind sie aber offensichtlich erst in der mamlukischen und
osmanischen Zeit weiter verbreitet gewesen.

Hängelampe   652
Syrien (?), 10.–12. Jh.
Farbloses Glas, frei geblasen, drei
angelegte Ösen, H. 8 cm; Dm.
6,3 cm
Museum für Islamische Kunst,
Berlin, Inv.-Nr. I. 1/63

Diese kleine Lampe mit
weitem, konisch geöffne-
tem Hals hat im Inneren
einen zylindrischen Dochthalter. Die feinen Ösen
dienten der Befestigung
einer mit türkisfarbenen
Perlen geschmückten Ei-
senkette. Wenngleich sol-
che Lampen in großer An-
zahl hergestellt wurden,
haben sich nur wenige
Beispiele erhalten.

Gefäß   644
Hängelampe (?)
Iran (Nischapur), 9. Jh.
Dunkelblaues Glas, frei geblasen,
Ritzdekor, H. 13 cm; max. Dm. 15 cm
Museum für Islamische Kunst, Ber-
lin, Inv.-Nr. I. 13/65

652

Eine originale Öse deutet darauf hin, daß das Gefäß als
Lampe verwendet worden sein könnte. Die blaue Glas-
farbe hätte dann eine besonders magische Ausstrahlung
gehabt. Ritzdekorierte Gläser wurden im 9. Jahrhundert bis
nach China gehandelt.

644

Henkelnapf   648

Iran, 9.–10. Jh.
Farbloses Glas, gezwicktes Dekor, H. 7 cm; Dm. 11 cm
Museum für Islamische Kunst, Berlin, Inv.-Nr. I. 78/63

Das Dekor des Henkelnapfes ist in die noch warme Glasmasse
mit einer Art Zange von beiden Seiten eingedrückt worden.
Das sich wiederholende Motiv ist als stark stilisierte Palmette
anzusehen. Mit einem Schwimmdocht hätte das Gefäß auch
als Lampe benutzt werden können.

647   642   648

Ampel 651
in Vasenform

Iran (Nischapur), 9.–11. Jh.
Farbloses mattes Glas, frei ge-
blasen, sechs angelegte Ösen,
H. 7,8; Dm. 7,8 cm
Museum für Islamische Kunst,
Berlin, Inv.-Nr. I. 66/64

Die Lampe gehört zu
einem Typus, bei dem
im Inneren ein Docht-
halter angebracht wur-
de. Die sechs Nuppen
mit Ösen dienten zum
Aufhängen der kleinen

651

Lampe. Häufig haben sich von solchen Lampen nur die oft
farbigen Nuppen erhalten.

Jens Kröger

Flasche 642

Iran, 9. Jh.
Farbloses Glas, Schnitt- und Schliffdekor, H. 12,5 cm; Dm. 8,5 cm
Museum für Islamische Kunst, Berlin, Inv.-Nr. I. 55/65

Den Körper schmücken zwei versetzte Reihen von je sieben
flachen Scheiben in Hochrelief mit betontem Zentrum. Das
Motiv war in frühislamischer Zeit sowohl in Irak als auch in Iran
verbreitet.

Flasche 637

Iran, 9.–10. Jh.
Farbloses Glas, formgeblasen, H. 9,1 cm; Dm. 7 cm
Museum für Islamische Kunst, Berlin, Inv.-Nr. I. 9/61

Die kleine Flasche wurde in einer Form angeblasen. Sie ahmt
Rippendekor nach, der durch Zusammenzwicken der Rippen
entstand. Diese Technik war in sasanidischer Zeit verbreitet.

Becher mit Tierdekor 647

Iran, 9.–10. Jh.
Farbloses Glas, Schnitt u. Schliffdekor, H. 11,5 cm; Dm. 7,5 cm
Museum für Islamische Kunst, Berlin, Inv.-Nr. I. 70/62

Der Becher bestand vor der Arbeit des Schleifers aus einem
kräftigen Glaskern. Um den Fuß herauszuarbeiten, mußte der
Kern stark beschliffen werden. Der umlaufende Fries läßt drei
stilisierte Pferde erkennen, deren Kopf rückwärts gerichtet
ist. Der Becher ist ein gutes Beispiel für Zierdekor, wie er auch
im Irak ausgeführt wurde. Da das Glas ursprünglich farblos
war, kann das wertvollere Bergkristall nachgeahmt worden
sein.

Flasche   **295**

Irak oder Iran, 9.–11. Jh.
Glas, Schnittdekor, Cameo Dekoration, grün und blau belegt, H. 23 cm
Kopenhagen, The David Collection, 2/1972

Zusätzlich zu dem reichen Schnittdekor ist das vegetabile
Dekor des Flaschenkörpers durch vier aufgelegte Tierdarstellungen verziert: zwei Hasen, ein Vogel und ein Löwe (?)

Hendrik Budde

Lit.: Ausst. New York 2001, 100; Folsach 2001, Abb. 307.

Flasche   **649**

Iran, 9.–11. Jh.
Farbloses Glas, mit Formeisen eingepreßter (?) und gezwickter (?) Dekor
H. 17,5 cm; Dm. 10 cm
Museum für Islamische Kunst, Berlin, Inv.-Nr. I. 36/61

Zunächst wurde die untere Flaschenhälfte hergestellt und mit
eingezwicktem Dekor versehen. Anschließend wurde der
obere Teil mit dem Hals und dem unteren Teil zu einer Flasche
zusammengeschmolzen.

Kugelflasche   **531**

Iran, 9./10. Jh.
Glas, H. 11,7 cm; Dm. 6 cm
Antikensammlung der Staatlichen Museen zu Berlin, Stiftung Preußischer Kul-
turbesitz

Die Kugelflasche
aus blauem, durch-
scheinendem, heu-
te leicht irisieren-
dem Glas besitzt
einen runden Stand-
fuß mit abgeflach-
tem Boden. Aus
dem kugelförmi-
gen Bauch des
Hohlgefäßes er-
wächst ein hoher,
stark konischer Hals,
der in einer breiten
Tellermündung mit
gerundetem Rand
ausläuft.

Georg Minkenberg

Lit.: Kat. Berlin 1976, Nr.
189.

Kerzenleuchter   530

Iran, 9./10. Jh.
Glas, H. 11 cm; Dm. 7 cm
Antikensammlung der Staatlichen
Museen zu Berlin, Stiftung Preußi-
scher Kulturbesitz

530

Der aus grünlichem, heute iri-
sierendem (Bodenfund) Klar-
glas geformte kleine Kerzen-
leuchter ist nicht ohne Raffi-
nesse gestaltet. In den runden Fuß mit abgeplattetem
Boden sind sechs ovale Ringe
eingedrückt, den Schaft bilden drei knotenförmige Ver-
dickungen, aus denen die
hohe Trichteröffnung mit gerundetem Rand sich weitet.
Lediglich diese ist hohl, während der restliche Leuchter aus
massivem Glas besteht. Auf dem Grund der Trichteröffnung
befindet sich eine Heftnarbe, in der Bodenplatte ein Riß.

Georg Minkenberg

Lit.: Kat. Berlin 1976, Nr. 201.

5.2.1.5   Silber, Gold und Edelsteine

Edelmetalle und kostbare Steine wurden auf dem Basar in
Bagdad in einem gesonderten, bewachten Bereich angeboten und gehandelt. Schmuckstücke hingegen wurden auf
dem Basar nicht feilgeboten, sie entstanden nach dem Gestal-
tungswillen des Auftraggebers.

Doch sind selbstverständlich orientalische Schmuckstücke
als Handelsware sogar bis in das Wikingerreich gelangt.

Georg Minkenberg

Zierplatte mit Perlhuhn   284

Iran, 6.–7. Jh.
Silber, getrieben und punziert, auf der Rückseite Ösen, Dm. 5,2 cm
Kopenhagen, The David Collection, 4/1967

Die runde Zierscheibe könnte zu einem Gürtel- oder Gewand-
ornament, aber auch zu einem Pferdegeschirr gehört haben.
Vergleichbare Zierplatten, wahrscheinlich aus dem gleichen
Fundzusammenhang, finden sich auch in anderen Sammlungen (Jerusalem, L. A. Mayer Memorial Museums; Berlin, Museum für Islamische Kunst). Das Perlhuhnmotiv gehört zum

sasanidischen Ornamentschatz – Stuckreliefs, Metallarbeiten, Textilien – und tradierte sich in die islamische Kunst.

Hendrik Budde

Lit.: Folsach 2001, Abb. 578; Hasson 1988, 1/10; Kat. Berlin 1971, 87.

759

Gußform für ein Schmuckstück   759

Iran oder Ägypten, 9.–10. Jh.
Steatit
Musée du Louvre, Paris, MAO 98

Amulettanhänger   675

Östliches Mittelmeergebiet, 7.–12. Jh. (?)
Dunkelblaues Glas, rote und weiße Einlagen, H. 2,6 cm; Dm. 2,5 cm
Museum für Islamische Kunst, Berlin, Inv.-Nr. I. 6180

Amulettanhänger in Halbmondform sind in der Mehrzahl aus Metall oder Edelmetall gearbeitet und nur gelegentlich aus Glas. Das Kreisaugenmotiv wird auch auf Amulettanhängern aus Metall verwendet. Wegen der Einfachheit solchen Halsschmucks ist eine Datierung schwierig. Amulettanhänger wurden getragen, um Unheil abzuwehren.

Almut von Gladiss

5.2.1.6   Sklavenhandel

Funde wie die eiserne Fessel bestätigen die schriftlichen Quellen, die Sklaven als einen der wichtigsten Exportartikel der Länder östlich der Elbe aufführen, von wo sie auch durch jüdische Händler in den Vorderen Orient und auch bis nach Bagdad vermittelt wurden.

Sklavenfessel 533

Breest, Kr. Demmin, 11. Jh.
Eisen
Archäologisches Landesmuseum Schloß Wiligrad, ALM IV/87/449

Eiserne Fesseln sind in dieser Form aus Burgwällen und Marktorten im slawischen Bereich mehrfach überliefert.

5.2.1.7 Handel mit China

Die Handelsbeziehungen des Kalifats waren weitreichend, entlang der Seidenstraße gar bis China. Von dort wurden nicht nur Stoffe, sondern auch transparente Porzellanwaren, die arabische und später auch europäische Töpfer immer wieder zu imitieren versuchten, importiert. In jüngster Zeit hat die Bergung frühmittelalterlicher Frachtschiffe einen ausgeprägten Handel auch entlang der Küsten nachweisen können.

Heike Nelsen-Minkenberg

Porzellanschale 624

China, 9. Jh., gefunden in Iran
H. 6 cm; Dm. 21,5 cm
Museum für Islamische Kunst, Berlin, Inv.-Nr. I. 5300

Die Schale wurde in Iran gefunden, wohin ebenso wie nach Samarra und Bagdad chinesisches Porzellan exportiert wurde. Charakteristisch sind die kaum wahrnehmbaren Einkerbungen im Inneren, weshalb auch von einer Blütenkelchschale gesprochen werden kann. Mehrfachen Rundbögen auf der Außenseite gehören zu weiteren Merkmalen dieser Schale.

Drachenhenkel-Amphora 521

Beigefarbenes Steinzeug mit transparenter Glasur,
H. 42 cm; Dm. (größter) 19,9 cm
China, Sui-(581–618)/Anfang Tang-Zeit (618–906), Anfang 7. Jh.
(Stiftung Dr. Schmidthals) Linden-Museum, Stuttgart, Inv.-Nr. OA 23.830

Die Amphora besitzt einen kurzen, in der Mitte eingeschnürten und mit elf Rillen versehenen Hals und zwei Doppelhenkel, die in plastisch ausgearbeiteten Drachenköpfen enden, die in die tassenförmige Mündung hineinbeißen. Der hohe Mündungsrand ist mit zwei Applikationen in Form einer stilisierten Palmette verziert. Auf der Schulterzone sind insgesamt acht Applikationen als Schmuck angebracht: zwei pflanzliche Medaillons mit Volutenmotiven zwischen den Henkeln, vier kleine, achtblättrige Blütenrosetten und an den

521

Henkelansätzen je ein großes Kompositmedaillon, das sich aus einer Blüte, vermutlich Lotos, im Zentrum und darum angeordneten herzblattförmigen Motiven, die von Palmetten- und Halbpalmettenmotiven abgeleitet sind, zusammensetzt.

Der beigefarbene Steinzeugscherben ist mit einer dünnen beigegrünlichen, transparenten und fein gesprüngelten Glasur über einer weißen Engobe bedeckt, die die untere Gefäßhälfte frei läßt.

Die Gefäßform läßt sich auf das hellenistische Vorbild der Amphora aus dem Mittelmeergebiet zurückführen, eine Form, die bis in die Städte des westlichen Teils von Zentralasien und die Oasenreiche und Städte des Tarimbeckens verbreitet war. Der chinesische Töpfer hat die Amphoraform jedoch etwas verändert: das Gefäß verengt sich zur Basis hin stärker und ist schlanker und höher in den Proportionen, die Schulter ist mehr gerundet, und die seitlichen Henkel sind nach oben über die Mündung hinaus hochgezogen und enden in Drachenköpfen, die in die Mündung beißen. Die Palmettenmotive bei den Applikationen verweisen ebenfalls auf westlichen Einfluß.

Die Drachenhenkel-Amphora ahmt Vorbilder aus Metall nach, vermutlich aus Gold, Silber, Bronze oder Kupfer. Dies belegen die Gestaltung des Halses mit den Rillen und die tassenförmige Mündung, die kleinen Kugeln auf den Doppelhenkeln, die in Art von Nieten jeweils die beiden Bänder des Henkels «zusammenhalten» sollen, und natürlich die Applikationen mit floralen Motiven, die z. B. auf der Schulterzone offenkundig Treibarbeiten in Metall nachahmen.

Die Amphora, die sicherlich als Grabbeigabe gedient hat, bildet ein eindrucksvolles Belegstück für die engen wirtschaftlichen und kulturellen Kontakte Chinas mit den Ländern des Vorderen Orient während der weltoffenen, kosmopolitischen Tang-Zeit.

Klaus J. Brandt

Ovales Schalenfragment mit Reliefdekor   621

China, 9. Jh., gefunden in Samarra, Dar al-Khilafa (Harem)
Weißes Porzellan, L. 10,8 cm
Museum für Islamische Kunst, Berlin, Inv.-Nr. Sam 1150

Dieses Schalenfragment aus dem Kalifenpalast gehört zu den schönsten und bedeutendsten Beispielen chinesischen weißen Porzellans. Die Schale kommt aus Nordchina. Die geschwungene Form und der Reliefdekor aus Fischen, Wasserspiralen und Vögeln imitiert Edelmetall. Diese Schale läßt gut erkennen, warum bei Porzellan auch von weißem Gold gesprochen wurde.

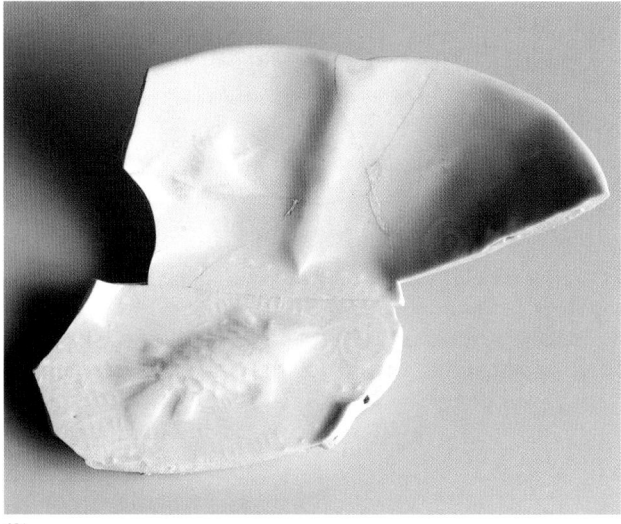

621

Händler mit Seidenrolle   **767**

China, Tang-Zeit, frühes 8. Jh.
Tonware mit Resten farbiger Fassung, H. 26,7 cm
Musée George Labit, Toulouse

767

5.2.1.8   Die Chasaren

Die Chasaren, ein halbnomadisches Turkvolk, bildeten im 7. Jh. zwischen unterer Wolga und Don ein Reich, dessen Blütezeit im 8. Jahrhundert lag. Ein Teil der Oberschicht nahm den jüdischen Glauben an und erlangte im 9. Jahrhundert die Führung des Volkes. Die Chasaren waren wichtige Handelspartner auf dem Weg zwischen Orient und Okzident und nahmen damit kulturhistorisch eine wichtige Mittlerrolle zwischen den Kulturkreisen ein.

Heike Nelsen-Minkenberg

Juda Halevi, Sefer ha-Kusari   696

Spanien, 15. Jh.
Pergament, 17 x 12,8 cm
Staatsbibliothek zu Berlin, Stiftung Preußischer Kulturbesitz, Ms. or. quart. 822

696

Das Buch beinhaltet eine Auseinandersetzung zwischen Jehuda Halevi und dem nach dem wahren Glauben fragenden Herrscher der Chasaren.

5.2.1.9   *Handel mit den Wikingern*

Schon im 9. Jahrhundert betrieben die Wikinger einen ausgreifenden Fernhandel bis in den Orient, wie Schatzfunde vor allem aus dem Umkreis von Birka oder Haithabu beweisen. Grundlage für diesen Fernhandel war der mit einer Länge von 20–24 m und einer Breite von 3,5 bis 5 m für Fluß- wie Hochseefahrt gleichermaßen geeignete Bautyp des Wikingerschiffes.

Heike Nelsen-Minkenberg

Buddhafigur   303

Nordindien, 6.–7. Jh.
Bronze, 8,4 cm
Statens Historiska Museum Stockholm, SHM 25514:2200

Der Fund dieser kleinen Buddhafigur in Helgö ist für Europa einzigartig. Da der Besitzer einen Lederriemen um Hals und

Arm der Figur geschlungen hatte, ist anzunehmen, daß er sie zu einem Taschengott des Asenglaubens gemacht hatte. Denn Halsringe zählen zu den auffallendsten Kennzeichen der nordischen Götterbilder.

Heike Nelsen-Minkenberg

Lit.: Kat. Wikinger, Waräger, Normannen: die Skandinavier und Europa 800–1200, Berlin 1992.

Trinkbecher   304

Islamisch, 9. Jh.
Glas, Dm. 8,9 cm; H. 9,2 cm
Statens Historiska Museum Stockholm, SHM 34000:Bj 542

Das Schliffdekor des Bechers zeigt zwei stilisierte Vögel mit ausgebreiteten Flügeln, die einen stilisierten Lebensbaum umgeben. Es handelt sich hierbei um das einzige unbeschädigte Glas, das im skandinavischen Bereich gefunden wurde. Lediglich die ursprünglich grüne, jetzt braungefärbte Paste, die die Körper der Vögel überzog, ist nur noch teilweise erhalten.

Heike Nelsen-Minkenberg

Lit.: Kat. Europa und der Orient, Berlin 1989.

Räuchergefäß mit Zange   312

Iran, 8.Jh.
Bronze, H. 34,5 cm (Kopie)
Gävle, Länsmuseet I Gävleborgs län, G M 9699

Der ungewöhnlich große Weihrauchbrenner ist ein 1946 im schwedischen Gästrikland entdeckter Bodenfund, der durch den Wikingerhandel nach Schweden gelangt ist. Das von vier Tierbeinen getragene Gefäß setzt sich aus einem großen Becken mit langem Stiel und einem abklappbaren Oberteil mit Kuppelaufsatz zusammen. Die Wandung ist durchbrochen gearbeitet, so daß der Rauch der in dem Becken brennenden Aromata entweichen konnte, und zeigt Pflanzenwerk mit symmetrisch angelegten Blattfächern, die in einem Rapportmuster mit versetzten Reihen verbunden sind. Der kubische Behälter trägt einen aus Blattmotiven entwickelten Zinnenkranz, die Kuppel eine weit entfaltete Blüte. Die Zierknöpfe und die ornamental aufgelösten Blattmotive weisen auf die frühislamische Metallkunst Nordostirans, die Weihrauchbrenner von schlichter architektonischer Form hervorbrachte.

Almut von Gladiss/Hendrik Budde

Lit.: Ausst. Kat. Berlin 1989, 2/2.

891

Wikingerschatz   **891**
Bote Alskog, wohl 9. Jh.
Silber, Gold
Länsmuseet på Gotland, Visby

Der gesamte Schatz besteht aus über 100 arabischen Silbermünzen, darunter Münzen des Kalifen Harun ar-Raschid, zwei
Silberarmbändern und einem Schmuckstück aus Gold.

Heike Nelsen-Minkenberg

5.2.1.10 Medizin

Ebenso wie im Westen fußte auch die Medizin des Orients auf
dem Fundament der griechischen Antike – mit einem ent-
scheidenden Unterschied. Trennten sich im Westen Medizin
und Chirurgie und wurden von unterschiedlichen Ärztegrup-
pen ausgeführt – wobei die Chirurgie als weit unterlegen
angesehen wurden – so verbanden sich beide Fachrichtun-
gen im Orient, zum Wohle der Patienten. Die Kenntnisse der
Antike wurden in ständigen Forschungen weiterentwickelt,
befördert durch das in der Zeit Harun ar-Raschids entstehen-
de Krankenhauswesen, Grundlage unserer modernen Kran-
kenhäuser.

Heike Nelsen-Minkenberg

Drei diskutierende Doktoren   **794**
aus der ‹De materia medica› des Dioskurides
Bagdad 1224
Papier, 33,2 x 24,7 cm
The Keir Collection, London, II.1

Pedanios Dioskurides – De materia medica   436

Bagdad, um 1222
Papier, 24,5 x 32,5 cm
Musée du Louvre, Paris, A.O. no. K 3425

Pedanios Dioskurides   430

De materia medica, Arabische Übersetzung von
Hisham Ibn Yusuf al-Masihi
Syrien, 11. Jh., Pergamenthandschrift, 124 fols.
Bibliothèque Nationale de France, Département des Manuscrits Division des
Manuscrits Orientaux , Mss or., Arabe 4947

Eine der frühesten bekannten arabischen Dioskurides Abschriften. Die Illustrationen sind nach einer griechischen
Vorlage kopiert. Der Übersetzer war ein christlicher Arzt, ein
Jakobit. E. Blochet konnte nachweisen, daß 160 Darstellungen einer griechischen Handschrift aus dem 9. Jahrhundert
entsprechen (Ms. grec Nr. 2179). Bei dieser Zahl «sind es 70, die
vollkommen identisch sind; 90 unterscheiden sich nur durch
einige Punkte und Details; einige scheinen abgepaust worden zu sein».

Hendrik Budde

Lit.: Ausst.-Kat. Trésor d'Orient, Paris, Bibliothèque Nationale, 1973, Nr. 189.

Kommentar des Galen zu Hippokrates   434

Hunayn Ibn Ishak (Übers.): Kitab al-asabiʿ li-Ippokrat, scharh Galinus
Papier, 64 f., 19,5 x 14,5 cm. Arabisch, maghribinischer Duktus. Maghrib oder
Spanien, 1079
Bayerische Staatsbibliothek, Cod. arab. 802

Im islamischen Reich bestimmte im 7. und 8. Jahrhundert die
Volksmedizin die Heilkunde. Neben magischen Praktiken und
Heilpflanzen spielte die «prophetische Medizin», die auf
Hadithe (vgl. Nr. 457, Sahih des Bukhari) des Propheten zu
Krankheit und Heilung zurückgeht, eine ausschlaggebende
Rolle. Im 9. Jahrhundert veranlaßten die Abbasidenkalifen
und ihre Minister die Übersetzung von hunderten von grie-
chischen medizinischen Werken der Antike ins Arabische. Auf
diese Weise lernten die Muslime zahlreiche Schriften und
Kommentare griechischer Ärzte kennen. Sie akzeptierten das
vornehmlich durch den berühmten griechischen Arzt Galen
(129–199) bestimmte medizinische Lehrgebäude, so daß die
islamische Medizin fortan nichts anderes als die griechische
Medizin in arabischer Sprache war.

Größte Verdienste um die Übertragung der griechischen
Wissenschaften ins Arabische erwarb sich Hunayn Ibn Ishak
(808–873), ein nestorianischer Christ in Bagdad. Er gilt als der
wichtigste Vermittler zwischen der griechischen Wissenschaft
und der arabisch-islamischen Kultur. Hunayn übersetzte
medizinische und andere wissenschaftliche Texte sowohl in

434

seine Muttersprache Arabisch als auch ins Syrische, seine liturgische Sprache. Hunayn, der an der Bagdader Akademie Bayt al-Hikma Medizin studierte, verfügte sowohl über sehr gute griechische Sprachkenntnisse als auch über ein umfangreiches medizinisches Fachwissen, so daß ihn der Kalif al-Mutawakkil als Hofarzt engagierte. Hunayn übersetzte nicht nur medizinische Werke ins Arabische, sondern bearbeitete sie auch – wie z. B. die Schriften Galens – für Studenten. Dank seiner zuverlässigen Übersetzungen der Werke der griechischen Ärzte Hippokrates und Galen wurden die arabischen Ärzte des Mittelalters würdige Nachfolger der Griechen. Nicht zuletzt hatte die arabische Medizin durch Übersetzungen der einschlägigen Texte ins Lateinische einen jahrhundertelangen Einfluß auf die Medizin im Abendland.

Bei der vorliegenden Handschrift handelt es sich um einen Kommentar des Galen zu einem medizinisch-anthropologischen Werk des Hippokrates, als dessen Übersetzer Hunayn Ibn Ishak gilt. Wie die meisten wissenschaftlichen arabischen Handschriften ist sie schmucklos.

Die Abschrift, die aus Spanien oder aus dem Maghrib stammt, ist die älteste datierte arabische Handschrift der Bayerischen Staatsbibliothek. Sie stammt aus dem Gründungsbestand der Münchner Hofbibliothek, worauf auch der europäische Einband hinweist, der das Wappen Herzog Albrechts V. zeigt.

Helga Rebhan

Lit.: Das Buch im Orient. München 1982, Nr. 84. – Pseudogaleni in Hippocratis de septimanis commentarium ab Hunaine q. f. arabice versum. Ex codice monacensi primum edidit et germanice vertit G. Bergsträßer. Leipzig, Berlin, 1914. – F. Sezgin: Geschichte des arabischen Schrifttums. Bd. 3. Leiden 1970. – M. Ullmann: Die Medizin im Islam. Leiden, Köln, 1970.

Galen (129–199) 433

Buch der Siebenzahl – Kitab al-asabi
Arabische Übers. von Hunayn Ibn Ishak (808–873)
Handschrift aus dem Besitz von Avicenna
Arabisch, 11. Jh., Papierhandschrift, 86 fols.
Bibliothèque Nationale de France, Département des Manuscrits Division des Manuscrits Orientaux, Mss or., Arabe 2859

435

Lit.: Ausst.-Kat. Trésor d'Orient, Paris, Bibliothèque nationale, 1973, Nr. 195
Abb. aus: The world of Islam, London 1976.

Ibn Dschazla (erwähnt 1074, gest. 1100) 435

Tacuinum aegritudinum (Kitab taqwim al-abdan fi tadbir al-insan)
(Der Almanach der Körper über die Therapie des Menschen), 13.Jh. (?)
Aufgeschlagen: Portraits von Aristoteles, Galen, Plato und al-Hakim (fol. 3v)
Illuminierte Pergamenthandschrift
Glasgow University Library, MS Hunter 40

Da die arabische Medizin im Kern antike Medizin ist, diese
aber ohne Philosophie überhaupt nicht verstanden werden
kann, sind auf dem Bild als antike Autoritäten die Philosophen Plato (427–347 v. Chr.) und Aristoteles (384–322 v. Chr.)
sowie der Arzt Galen (129–199) und ein vierter «Hyfars(?)kyb»
dargestellt. Die untere der beiden übereinander gestellten,
kleinen Figuren zeigt «al-hakim», «den weisen (arabischen!)
Arzt». Vielleicht ist die vierte Autorität mit dem griechischen
Astronom Hipparchos (Mitte des 2. Jahrhunderts v. Chr.) zu

identifizieren. Die Sternbilder (= Tierkreiszeichen) wurden im Mittelalter den Körperregionen zugeordnet und hatten Einfluß auf die Gesundheit des Menschen. Der Christ Abu Ali Yahya Ibn Isa (d.h. Jesus) Ihn Dschazla konvertierte im Jahre 1074 zum Islam. Er praktizierte als Arzt in seiner Vaterstadt Bagdad. Sein Werk, das er dem Abbasidenkalifen al-Muqtadi bi-amr Allah (reg. 1075–1094) gewidmet hat, behandelt Fragen der Diätetik und Hygiene in Tabellenform (daher «taqwim», latinisiert «Tacuinum»).

Hendrik Budde

Lit.: Hau 1989, 6/53.

Hippokrates (460–377 v. Chr.)   439

Aphorismen (Kitab al-Fusul), Arabische Übers. von Hunayn Ibn Ishak (808–873) Abschrift für den Arzt Bihnam Ibn al-Haddad, 1205, Papierhandschrift, 128 fol. Bibliothèque Nationale de France, Département des Manuscrits Division des Manuscrits Orientaux, Mss or., Arabe 6734

Lit.: Ausst.-Kat. Tous les savoirs du monde. Encyclopédies et bibliothèques, du Sumer a XXe siecle, hg. v. Roland Schaer, Paris, Bibliothèque Nationale de France, 1996/97, S. 119, Nr. 2.

Abu ʿUtman ʿAmr Ibn al-Gahiz – Buch der Tiere   513

Türkei, 17. Jh.
Papier, 29 x 19 cm
Österreichische Nationalbibliothek, Cod. N.F. 151

Abu ʿUtman ʿAmr Ibn al-Gahiz war ein hochgeschätzter Literat und Verfasser arabischer Werke über Zoologie. Er lebte in Basra von 780 bis 868 und ließ die verschiedenen geistigen Anregungen jener Stadt auf sich wirken. Besonders eifrig beteiligte er sich an der Muʿtazila-Bewegung in Theologie und Naturwissenschaften. Seine Meinung ist: «der echte Gelehrte ist der, der Eigenschaften der Theologen und Naturphilosophen in sich vereint». Das Kitab al-Hayawan (Buch der Tiere) wurde für die Geschichte der arabischen Naturwissenschaften sehr bedeutsam.

Bittschrift um Medizin   730

Arabisch, 9. Jh.
Papyrus, 25,3 x 11,8 cm
Wien, Österreichische Nationalbibliothek, Papyrussammlung,
P. Vindob. AP 1336 Verso

«Im Namen Gottes, des Barmherzigen und Gnädigen! Gott beschütze und erhalte Dich und gebe Dir Freude! Ich nahm an, daß Du die bewußte Medizin einnimmst; so möge Dir denn Gott durch sie Nutzen geben und Dir mit ihr Gesundheit schenken! Mein Bruder! Ich hatte Dir mitgeteilt, daß meine Familie heute die Medizin einnehmen wollte. Hierbei wurden sie so mitgenommen, daß ich schon glaubte, ihr Tod stünde unmittelbar bevor. Ich suchte den Arzt auf und schilderte ihm ihre Erkrankung, worauf er Lattich und Psyllium und das Einflößen von Phoinix erwähnte. Wenn Du also der Meinung bist – Gott beschütze Dich –, mir einen Trank aus Psyllium und Phoinix zu übersenden, dann tue dies bitte! Gott beschütze und erhalte Dich und gebe Dir Freude!» Jemand nahm Medizin, die ihm nicht bekam. Der konsultierte Arzt empfahl ein anderes Medikament, um dessen Zusendung der Apotheker (oder Gewürzhändler) mit diesem Brief gebeten wird. Der Arzt empfiehlt Lattich (Kopfsalat), Psyllium (Flohkraut) und Blütenscheide der Palme. Lattich diente seit alters her als einschläferndes und schmerzstillendes Mittel, Flohkraut hatte reinigende Wirkung, und über die medizinischen Kräfte der Blütenscheide der Palme hat die Pharmazie noch keine Erkenntnisse.

Hendrik Budde

Zit.: n. Ausst. Kat. Linz 1993, Pap. 42.

ᶜAbdalmalik ihn Quraib al-Asmaᶜi (740–831) 511

Sechs naturphilosophische Abhandlungen über Tiere und Menschen
Abschrift: Irak, Ende 10. Jh.
Papierhandschrift, 149 Bl., 14,0 x 16,2 cm
Wien, Österreichische Nationalbibliothek, Cod. N. F. 61

Al-Asmaᶜi, ein berühmter Philologe und einflußreicher Schriftsteller in seiner Zeit, war Erzieher der Söhne Harun ar-Raschids. Zu seinen Fachgebieten gehörte Geschichte und Zoologie. Seine Beobachtungen an Mensch und Tier sind weniger naturwissenschaftlich als naturphilosophisch. Das Buch besteht aus sechs Abhandlungen. In der ersten (lv–44r) schreibt Al-Asma'i über die menschlichen Glieder und Eigenschaften und ihre verschiedenen Benennungen. Im zweiten (Bl. 44r–53v) handelt er über die wilden Tiere. Die dritte Abhandlung (Bl. 53v–59v), genannt al-Farq, ist das Buch des Unterschiedes zwischen Mensch und Tier. Auch das vierte (Bl. 59v–97r) hat eine ähnliche Thematik. Im fünften Abschnitt wird das Tier der Beduinen, das Kamel, behandelt (Bl. 59v–97r). Die sechste und letzte Abhandlung (139–149v) ist eine reine philologische Studie über die Verwendung der klassischen arabischen Wörter und ihre verschiedenen Bedeutungen. Dieses Buch diente als Quelle für al-Gahiz (513) und für andere Verfasser ähnlicher Schriften.

Hendrik Budde

Lit.: Ausst. Kat. Wien 1988, Nr. 221.

743

Schale mit blühendem Strauch   743
Iran, 9. Jh.
Keramik
Musée du Louvre, Paris, OA 7249

Die Zeichnung der Pflanze im Inneren der Schale erinnert
an die wissenschaftlichen Illustrationen von Heilpflanzen in
den Dioskurides-Handschriften der Zeit.

Heike Nelsen-Minkenberg

Medizinisches Gefäß (Schröpfkopf?)   655
Iran, 8.–11. Jh.
Glas, H. 4,6; Dm. 3,8 cm
Museum für Islamische Kunst, Berlin, Inv.-Nr. I. 6121

Schröpfköpfe waren ein weit verbreitetes medizinisches Gerät in der islamischen Welt.

Boden einer Fayenceschale mit Aderlaßwiedergabe   629
Iran, Kaschan, 1. Hlft. 13. Jh.
Quartfritte-Keramik, In- und Aufglasurbemalung (minaʿi – Technik), Dm. 12 cm
Museum für Islamische Kunst, Berlin, Inv.-Nr. I. 4350

Die Darstellung zeigt einen Arzt, der mit sicherer Hand einen
Aderlaß in der Ellenbeuge einer Frau vornimmt. Darunter

629

steht eine Schale zur Aufnahme des Blutes. Diese Vorgehens-
weise entsprach der Vorschrift griechischer Medizin, die die
Grundlage der arabischen Medizin war. Griechische Traktate
wurden bereits in sasanidischer und dann auch in frühislamischer Zeit übersetzt, so daß die Kenntnis erhalten blieb. Die
Patientin ist eine vornehm gekleidete und Schmuck tragende
Frau, die ihren Blick abwendet. Vor ihr scheint ein Kind zu sitzen. Arzt und Patientin sind entsprechend einer Konvention
durch einen Heiligenschein gekennzeichnet.

Jens Kröger

Abu-l-Qasim az-Zahrawi: Kitab at-tasrif 438

Arabisch, um 1495
Papier
Staatsbibliothek zu Berlin, Preußischer Kulturbesitz, Ms. or. fol. 91

Abu-l-Qasim az-Zahrawi († nach 1009) war der Leibarzt des
Kalifen Abd ar-Rahman I. Er lebte in Andalusien und starb in
Córdoba. Sein großes Lehrbuch der Medizin «Kitab at-tasrif»
faßt in 30 Abhandlungen das gesamte arabische medizini-
sche Wissen zusammen. In lateinischen und hebräischen
Übersetzungen fand es weite Verbreitung.

Sein fälschlicher abendländischer Ruhm als großer arabischer Chirurg beruht auf der in der ausgestellten arabischen
Handschrift des ausgehenden 15. Jahrhunderts vorliegenden
umfangreichen 30. Abhandlung über die Chirurgie, in der
erstmals überhaupt chirurgische Instrumente abgebildet und

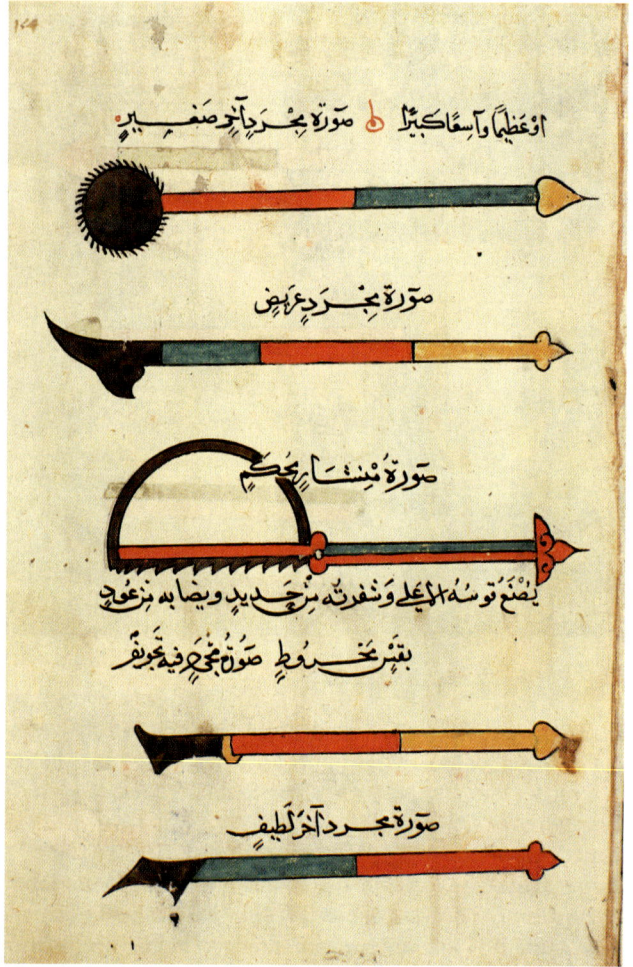

438

in ihrer Anwendung in Anlehnung an antike griechische Ärzte wie Antyllos (2. Jh.) oder byzantinische Ärzte wie Paulos von Ägina (7. Jh.) detailliert beschrieben sind. Die Abhandlung ist in drei Abschnitte gegliedert: 1. Kauterisation (Ausbrennen) mit glühenden Eisen und Säuren, 2. chirurgische Behandlung von Erkrankungen und Verletzungen wie u.a. Schneiden und Öffnen von Tumoren, Zahnextraktion und Amputation und 3. Frakturen und Luxationen (Verrenkungen).

Die in der Ausstellung gezeigten Seiten fol. 153v–154r zeigen verschiedene Kratzeisen (midschrad) zum Ausschaben von Zwischenräumen oder zum Abschaben von Knochen, darunter ein hohles Kratzeisen zum Absaugen von Flüssigkeiten wie Blut oder Eiter, und zwei Knochensägen.

Georg Minkenberg

Lit.: Kat. Berlin 1989, Nr. 6/58.

5.2.1.11 Wissenschaft

«Haus der Weisheit»

«O Jüngling willst du mit mir zur Stadt Bagdad ziehen und die Schriftgelehrten und Rechtsgelehrten besuchen, daß du wachsest an Weisheit, Verstand und Kenntnis des Glaubens?»

(Tausendundeine Nacht, 17. Nacht)

Voraussetzung für die Blüte der Wissenschaften in abbasidischer Zeit war die gewaltige Ausdehnung des Reiches, welches verschiedenste Kulturen und deren Traditionen vereinte, eine einheitliche Sprache, das Arabische und sicher auch die Erfindung des Papiers, das als leicht herstellbares Schreibmaterial für die schnelle Verbreitung von Wissen sorgte. Dazu kommt die im Verlauf des 8. Jahrhunderts sich herausbildende geistige Strömung einer rationalistischen Interpretation des Islams, Mutazila genannt, die das Schicksal des Menschen nicht als von Gott vorherbestimmt betrachtete, sondern den Menschen für seine Handlungen verantwortlich machte. Um zwischen Gut und Böse im Sinne Gottes unterscheiden zu können, muß der Mensch auf dem Weg zur Erkenntnis ständig nach Wissen streben. Es war dann auch ein Mutazilit, Ahmad ibn Abi Duʿad (gest. 854), der spätere oberste Kadi von Bagdad, der den Kalifen al-Mamun veranlaßte, das Bait al-Hikma – das «Haus der Weisheit» – in Bagdad zu gründen. Mit dieser Gründung schuf der hochgebildete al-Mamun, ein Sohn Harun ar-Raschids, die institutionelle Grundlage für die akademischen Studien. Das «Haus der Weisheit» beherbergte Bibliotheken, Übersetzer- und Schreibstuben, ein Observatorium und Lehrräume. Als erster Leiter des Hauses fungierte der Schriftsteller und Dichter Sahl Ibn Harun, ein ehemaliger Sekretär der Barmakiden. Gemäß den Weisungen des Propheten Mohammad «Suchet das Wissen, und sei es auch in China» reisten die Gelehrten durch die Länder auf der Suche nach wissenschaftlichen Schriften, die übersetzt und im «Haus der Weisheit» gesammelt wurden. Besonderes Interesse galt den Naturwissenschaften, an erster Stelle der Mathematik und der Astronomie, der Medizin, aber auch der Philosophie. Die Übersetzungen aus dem Griechischen wurden meist von christlichen Syrern vorgenommen.

Persische und indische Schriften konnten in Zusammenarbeit mit den Gelehrten der ehemaligen sasanidischen Universität Gondi-Schapur und Nischapur, deren Tradition in abbasidischer Zeit weiterlebte, erschlossen werden. Auch hier waren es vornehmlich Christen, vor allem Nestorianer, die vor der Verfolgung als Ketzer aus dem byzantinischen Reich geflohen waren, die als Übersetzer wirkten.

Al-Mamum scheute keine Mühen, griechischer Handschriften habhaft zu werden. Der mit dem byzantinischen Kaiser

Michael II. ausgehandelte Friedensvertrag wies auch einen Passus auf, der die Möglichkeit des Erwerbs oder der Kopie antiker griechischer Texte aus byzantinischen Bibliotheken regelte. Arabische Delegationen reisten nach Konstantinopel und bereicherten den Bestand der Bibliothek des «Hauses der Weisheit».

Der berühmte Gelehrte al-Ghahiz (777–869) rühmte die Erfolge der Übersetzungstätigkeit in seiner Zeit: «Die Bücher der Inder sind übersetzt, die Sentenzen der Griechen sind verdolmetscht und die Regeln der feinen Bildung der Perser sind ins Arabische übertragen worden.» Zur Tradition des persischen Wissens hebt er hervor, daß durch die Übersetzungen deutlich wird, daß es in der arabischen Literatur keine Gedanken gäbe, «die die Perser nicht schon in ihren Büchern zum Ausdruck gebracht und für ihre Lebensführung mit Weisheit und Klugheit niedergeschrieben haben. Diese Bücher sind von einem Volk zum anderen, von einem Jahrhundert zum anderen und von einer Sprache in die andere überliefert worden, bis sie auf uns gekommen sind, die wir die letzten sind, die sie geerbt haben und sie studieren, was beweist, daß Bücher die Großtaten eines Volkes wirkungsvoller festhalten als Bauwerke oder Dichtung».

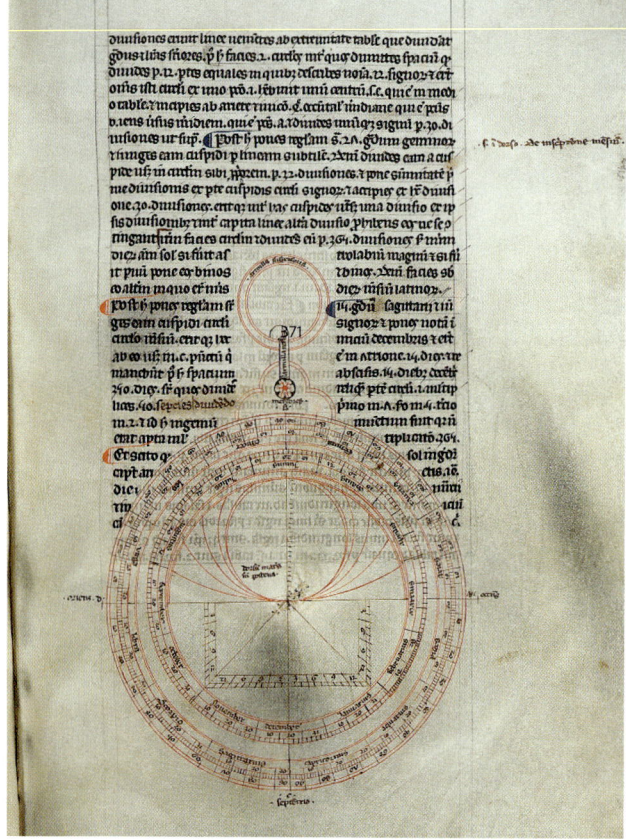

Einer der herausragenden Gelehrten am «Haus der Weisheit» war Al-Kindi (801–873), der die griechische Philosophie mit dem Islam und dem Koran in Einklang zu bringen versuchte. Der große Philosoph und Universalgelehrte soll 270 Werke zu mathematischen, geometrischen, astronomischen, optischen, medizinischen, musikalischen, geologischen Themen und dazu Werke zur Logik und Politik verfaßt haben.

Hendrik Budde

Mascha Allah Ibn Athari,   742
Astronomisches Traktat über das Astrolabium

Paris, 1276–1277
Pergament
Staatsbibliothek zu Berlin, Preußischer Kulturbesitz, Ms. lat. fol. 610

Die Handschrift enthält eine Sammlung mathematischer und astronomischer Traktate in lateinischer Übersetzung aus dem Arabischen. In der Ausstellung aufgeschlagen ist das astronomische Traktat des Mascha Allah Ibn Athari, auch Ibn Sariya genannt (754– zuletzt erwähnt 809), über das Astrolabium auf den Seiten fol. 67v und 68r.

Die aus dem Arabischen übernommenen Astrolabien gehörten zu den gebräuchlichsten astronomischen Instrumenten des Mittelalters. Mit ihnen ließen sich durch die Höhenbeobachtung der Sterne die Zeit bestimmen aber auch Entfernungsmessungen vornehmen. Das Traktat zeigt ein solches Astrolabium und erläutert den Umgang mit ihm.

Georg Minkenberg

Lit.: Kat. Berlin 1989, Nr. 6/10.

Abu Maʿshar al-Balkhi, Kitab al-mudkhil   367
al-kabirfiʿilm ahkam al-nujum (Große Einführung
in die Astrologie)

Irak (?), 936–937
Papier, 26 x 16 cm

Der Astrologe Abu Maʿsar al-Balhi lebte im 9. Jahrhundert in Bagdad, und seine Werke wurden im Laufe von Jahrhunderten oft kopiert, auch diese Einführung in die Astrologie. Die Kopie stammt von einem ʿAli al-Mutarriz, dessen Name uns verrät, daß er mit der Werkstatt Tiraz in Verbindung stand.

Heike Nelsen-Minkenberg

Lit.: Kat. L'art du livre arabe du manuscrit au livre d'artiste, Paris 2001.

Claudius Ptolemäus Almageste   441

Arabische Übers. von Ishaq Ibn Hunayn (830–910) und überarbeitet von Tabit Ibn Quarra (836–901)
Abschrift von Ibrahim Ibn Muhammad al-Sarfi, Magreb oder Spanien, 1221
Paris, Bibliothèque Nationale de France, Département des Manuscrits, Division des Manuscrits Orientaux, Mss or., Arabe 2482

Die islamische Astronomie stand anfänglich unter indischem Einfluß. Durch die Übersetzung des Hauptwerks des Ptolemäus, Megalè syntaxis mathematiké, unter dem Titel Almageste (Großes Werk) wurde das indische System durch die Gelehrten am «Haus der Weisheit» allmählich von der griechischen Kosmologie verdrängt. Der christliche Mathematiker Hunayn Ibn Ishak und der sabäische Astronom Tabit Ibn Quarra haben beide eine Übersetzerschule gegründet. Obwohl sie aus unterschiedlichen kulturellen und religiösen Zusammenhängen stammten – Tabit war Heide und Anhänger eines Astralkultes aus dem Norden Mesopotamiens –, haben sie gemeinsam die Sternenkarten des Ptolemäus bearbeitet und gaben eine kritische Ausgabe des Euklid heraus. Tabit Ibn Quarra war einer der ersten Kritiker und Erneuerer der ptolemäischen Weltsicht. Er analysierte verschiedene Probleme der Sonnen- und Mondbewegung. Sein umfangreiches Werk umfaßt auch Abhandlungen über die Mechanik.

Hendrik Budde

Lit.: Ausst. Kat. Paris 1996/97, S. 119, 3.

Abu Ma'sar al-Balhi,   763
Kitab al-mawalid (Buch der Nativität)

Ägypten, 15. Jh.
Papier, 37 Bll, 36 x 26,5 cm
Paris, Bibliothèque Nationale de France, Département des Manuscrits, Division des Manuscrits Orientaux, Mss or., Arabe 2583), F. 2v/3

Nach Albumasar wurde die Welt geschaffen, als die sieben Planeten in Konjunktion in 1° Widder standen, sie geht unter, wenn die gleiche Konjunktion in 30° Fische steht. Albumasar stellte die Horoskope von Mohammed und von Christus. In seiner Tradition stehen die Horoskope Christi von Pierre d'Ailly, Cecco d'Ascoli, Pegius, Cardanus, Junctinus, Butler u. a. Besonders häufig wurden im christlichen Abendland Albumasars Beschreibung des Sternbildes der Jungfrau kommentiert, die als Voraussage der Mariengeburt bzw. der Geburt Christi interpretiert wurde. Die phantasievollen farbenfrohen Darstellungen der personifizierten Planeten und Sternenkonstellationen stellen nicht den Stil der wissenschaftlichen Illustrationen zur Zeit al-Mamuns dar, sondern zeigen Bildauffassungen des mameluckischen Ägypten.

Hendrik Budde

Lit.: Ausst. Kat. Paris 1996, 174.

Zeichnung der Sternenuhr   253
des Pacificus von Verona

Pergament, 19,2 x 26 cm
Bibliotheca Nazionale Marciana, Venedig
Cod. Marc. Lat. VIII.22, fol. 1r

Archidiakon Pacificus von Verona war der Leiter des Skriptoriums am Dom zu Verona. Seine Erfindung einer Sternenuhr beschreibt er in einem aus 21 Versen bestehenden Lied als horologium nocturnum, als Nachtuhr. Die Rekonstruktion des Instrumentes wird erleichtert durch eine Zeichnung, die Pacificus' Gedicht in drei von bisher sieben bekannten Handschriften beigegeben ist. Davon ist die Zeichnung in der Handschrift in Venedig am anschaulichsten. Sie gibt eine naive, aber detaillierte Darstellung der Sternenuhr. Neben der Säule und dem Sehrohr ist besonders bemerkenswert die in drei Kreise unterteilte Visierscheibe, auf der man je zwei Punkte, offensichtlich für die Äquinoktien (A) und die Solstitien (S), erkennt. Dieses Detail läßt erkennen, daß die jahreszeitlich unterschiedlichen Ablesebedingungen berücksichtigt wurden.

Walter Oberschelp / Georg Minkenberg

Komputistische Sammelhandschrift 088

Köln, 798 und 805
Pergament, H. 36,5 cm; B. 26,5 cm
Dombibliothek Köln

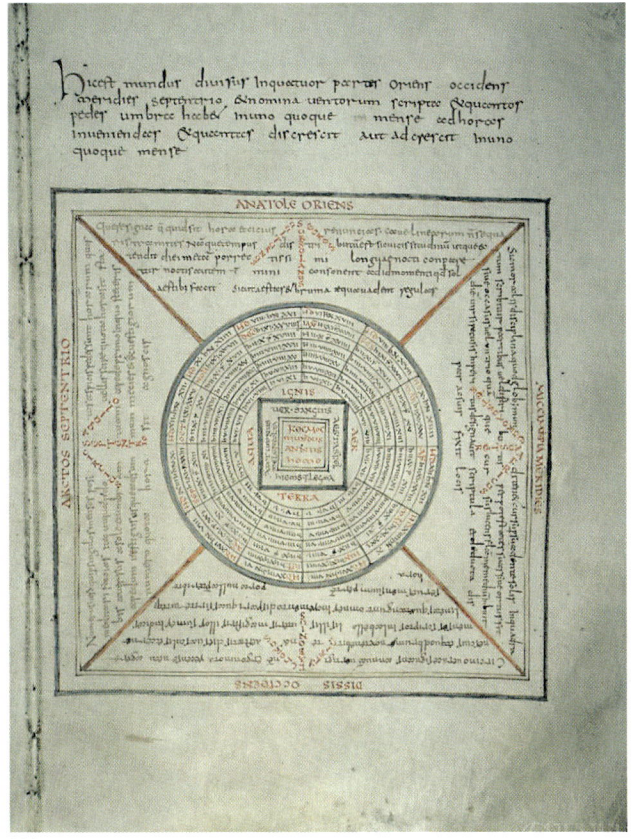

Die Handschrift gilt als bedeutendstes Stück der Dombibliothek unter Erzbischof Hildebald (vor 787–818). Sie darf zudem als Enzyklopädie des frühmittelalterlichen astronomisch-komputistischen (zeitrechnerischen) Wissens betrachtet werden.

Das Manuskript beschäftigt sich mit der christlichen Geschichtsschreibung von der Erschaffung der Welt, über Adam, Christus bis zum Ende des 8. Jahrhunderts. Verarbeitet werden Schriften von Eusebios von Kaisareia, Hieronymus, Orosius und Isidor von Sevilla, ergänzt durch zeitgenössische Kölner Chronisten.

Außerdem behandelt die Kompilation die Grundlagen der Zeitrechnung, Mathematik, Astronomie und die Zeiteinheiten von Jahren, Monaten und Tagen, untermauert durch Auszüge aus Isidors «Etymologiae». Tabellen zu Mond- und Sonnenzyklen, zum Osterzyklus und ein immerwährender Kalender mit eingetragenen Heiligenfesten sind verzeichnet. Daneben kann man auch Lehrfiguren zur Komputistik finden.

Martina Topp

Lit.: Kat. Glaube und Wissen im Mittelalter, Bd. I, S. 136–156.

Calcidius, Commentarius in Platonis Timaeum 853

(Übersetzung und Kommentar zu Platons Dialog Timaios)
Köln (?), 1. Hälfte 11. Jh.
Calcidius: Pergament, 240 x 185 mm; 123 Blätter
Dombibliothek Köln, 192, f. 43r

Die Karolinger waren sehr an den optischen Erklärungsversuchen astronomischer Zusammenhänge interessiert. Calcidius, der neben Macrobius (um 430) das platonische Weltbild überliefert, erklärt in diesem Eklipsen-Diagramm das Zustandekommen einer totalen Mondfinsternis korrekt durch das Dazwischentreten der Erde zwischen Mond und Sonne. Die kegelförmige Gestalt des Schattens entstehe, weil die Kugel, die leuchtet (Sonne), größer ist, als die, die erleuchtet wird (Erde). Seine Zeichnung erklärt aber nur das Zustandekommen einer totalen Mondfinsternis, die wesentlich häufiger auftretenden partiellen Mondfinsternisse werden nicht erklärt.

Kerstin Springsfeld

Lit.: Kat. Köln 1998, Nr. 68, S. 309–313; Diagramm Waszink 1972, S. 143.

Abhandlung über das Astrolabium 850

Staatsbibliothek zu Berlin, Preußischer Kulturbesitz,
Landberg 56 fol 94 r

850

Astrolabium   248

Irak, um 900
Bronze, H. 19 cm; Dm. 12,5 cm
Bibliothèque Nationale de France, Département des Cartes et plans, Ge A324

Das ausgestellte Astrolabium gilt als das früheste bekannte
wissenschaftliche Instrument des islamischen Nahen Ostens,
das eine Signatur seines Herstellers trägt. Eine spätere eingravierte Inschrift weist das Instrument den abbasidischen
Kalifen Gaᶜfar Ibn Muktafi Billah (reg. 902–08) als Besitzer des
Instrumentes aus. Das für Zeitbestimmungen und für geo-
dätische Messungen gebrauchte Astrolabium hat einen Griff
(urwa), durch den zum senkrechten Aufhängen des Instrumentes ein Ring (halqa) hindurchgeführt ist.

Hendrik Budde

Lit.: Ausst. Kat. Paris 1971, 188; Ausst. Kat. Paris 1977, 454; Ausst. Kat. Paris 1998, S. 82, Nr. 39.

Sog. karolingisches Astrolabium (Kopie)   **455**
Original Bronze, 9. Jh.
Institut du monde Arabe, Paris

Das Astrolabium muß lotrecht aufgehängt werden. Der Beobachter muß dann zur Bestimmung der Uhrzeit durch Peilung mit der Alhidade die Höhe des von ihm benutzten Gestirns ermitteln und dann durch Drehung der Arachne die Justierung vornehmen; dies geschieht mit Hilfe von Linien und Skalen auf dem Astrolabium:

Die Randskala des Tympanons zeigt oben die Himmelsrichtung Süd an. Von den auf dem Tympanon vorhandenen beiden Kreisscharen bezieht sich die erste auf einen im oberen Teil des Tympanons liegenden Mittel-Punkt, der dem *Zenit* entspricht. Diese Kreislinien bedeuten Ortslinien für Himmelspunkte mit *gleicher Winkelhöhe* über dem Horizont. Die zweite Kreisbogenschar, die senkrecht zu diesen *Höhenkreisen* steht, enthält *Azimutkreise*, welche sich auf Richtungen auf der Horizont-Ebene des Beobachters (mit der ausgezeichneten Südrichtung als Bezugsrichtung) beziehen.

Etwas genauer: Der Mensch kann aus den Sternen bzw. aus dem Sonnenstand die *Zeit* leider *nicht* direkt bestimmen: Direkt meßbar ist zunächst die *Höhe* h eines Gestirns über dem Horizont und sein *Azimut* a. Während die Höhe am hängenden Astrolabium mit der Alhidade bestimmbar ist, kann

man das *Azimut* a mit einem Winkelmeßgerät bestimmen, wenn man die genaue Südrichtung kennt. Das *Azimut* wird aber für den Standard-Gebrauch des Astrolabiums glücklicherweise gar nicht benötigt.

Statt dieser auf den *Horizont* bezogenen Koordinaten h und a sind für die Messung der (äquinoktialen) *Zeit* die sog. (bewegten) **äquatorialen** Koordinaten relevant. Dies sind einerseits die für einen Fixstern feste *Deklination* δ, d.h. der Winkelabstand vom Himmelsäquator, ferner der *Stundenwinkel* t des Gestirns. Dieser ändert sich gleichmäßig mit der zeitlichen Drehung des Himmels um die Weltachse – für das *Azimut* gilt dies nicht. Man kann nämlich aus der *Azimut*-Richtung, in der die Sonne steht, die Zeit i.a. nur angenähert bestimmen: Nicht immer, wenn die Sonne z.B. genau im Osten steht, ist die (Orts-)Zeit genau 6 Uhr morgens.

Der jeweilige Stundenwinkel eines Fixsterns aber läßt in Verbindung mit dem gültigen Datum durch eine leichte Rechnung auf die Uhrzeit schließen. Hierbei muß man lediglich noch die für diesen Fixstern feste und wohlbekannte «Rektaszension» berücksichtigen.

Inwiefern kann man nun aus der gemessenen Höhe h eines Fixsterns dessen Stundenwinkel t und damit letztlich die Uhrzeit bestimmen? Es gibt eine recht einfache Umrechnungsformel aus der sphärischen Trigonometrie, in die auch noch die geographische Breite φ des Beobachtungsortes eingeht, ferner die Deklination δ des Fixsterns, *nicht* aber dessen *Azimut*.

$$\sin h = \sin \varphi \sin \delta + \cos \varphi \cos \delta \cos t$$

Diesen gesamten Rechenapparat erledigt das Astrolabium graphisch. Es ist also ein sehr spezieller «Analogrechner». Für jede wichtige geographische Breite gibt es ein dieser Breite angepaßtes Tympanon auf der *Mater*. Die *Justierung* geschieht nun wie folgt: Hat man die Höhe eines bekannten hellen Fixsterns, der auf der Arachne durch eine Spitze repräsentiert wird, mit der Alhidade gemessen, so muß man diese Spitze durch Drehung der Arachne zum Schnitt bringen mit dem betreffenden Höhenkreis, der auf dem Tympanon eingraviert ist (es gibt i.a. zwei solcher Schnittpunkte, einen im Ostteil und einen im Westteil – man muß die richtige Auswahl zu treffen wissen). Nun kann man die Uhrzeit ablesen: Am Rand der Mater befindet sich eine 24stündige Uhrzeiten-Skala. Auf der Arachne finden wir – wie erwähnt – die Skala für die Jahresdaten, die i.a. auf die Tierkreiszeichen hin geeicht ist. Die Grundscheibe liefert nun die Uhrzeit, und zwar an der Paß-Stelle zum Datum (das der Benutzer natürlich kennen muß).

Damit ist das Astrolabium eine Modellierung der täglichen und der jahreszeitlichen Veränderungen, der kundige Benutzer kann mit seiner Hilfe die nächtliche Zeit bestimmen – das himmlische Uhrwerk macht andere Uhren überflüssig.

Auch für die Bestimmung der *Tageszeit* ist das Astrolabium geeignet. Man muß nur wissen, wo auf der Arachne die *Sonne* – deren Position relativ zum Fixsternhimmel sich im Laufe eines Jahres ändert – momentan steht. Hierzu verhilft die Tatsache, daß sich die Sonne stets auf der Mittellinie des Tierkreisbandes, der Ekliptik, befindet, und das Kalenderdatum gibt uns die ekliptikale Länge der Sonne.

Die Mechanik und die Logik des Astrolabiums konnte auch den monatlichen Lauf des *Mondes* um die Erde, der für den Islamischen Kalender von größter Wichtigkeit ist, wenigstens angenähert nutzen: Vernachlässigt man die stets nur geringfügige Abweichung des Mondes von der Ekliptik und beobachtet man die momentane Stellung des Mondes im Tierkreis, so kann man ganz analog wie bei den Fixsternen und bei der Sonne vorgehen. Schließlich kann man auch Wissen über die momentane Stellung eines *Planeten* auf dem Tierkreis zur Zeitmessung nutzen.

Es sei bemerkt, daß auch das *Azimut* des Gestirns unter Benutzung der Linien des Astrolabiums auf die Uhrzeit schließen läßt, ohne daß man dessen Höhe bestimmen muß. Da man aber zur Bestimmung des Azimuts «vor Ort» die *Südrichtung* kennen muß, ist die Höhenbestimmung i. a. bequemer, da durch die lotrechte Aufhängung die richtige Orientierung des Astrolabiums «automatisch» gesichert ist.

Auch die *Rückseite* des Astrolabiums konnte noch benutzt werden durch dort eingravierte Nomogramme, die in heutiger Sicht als Ablesehilfen für trigonometrische Funktionen gedeutet werden können. Ferner sind manche Astrolabien noch zur Gewinnung weiterer Informationen, z. B. über die astrologischen «Häuser», mit Zusatzausstattung geeignet.

Walter Oberschelp

Qibla-Kompaß   825

Iran, 18.–19. Jh.
Messing, Dm. 6,2 cm
Museum für Islamische Kunst, Berlin, Inv.-Nr. I. 1988. 67

Der kleine Kompaß diente zur Bestimmung der Qibla, d. h. der Gebetsrichtung nach Mekka, und zeigt Listen islamischer Städte und ihrer Qibla-Werte, die in ihrer relativen Position zu Mekka im Umkreis eines magnetischen Kompasses eingetragen sind. Die von Ägypten über Syrien, Mesopotamien und Persien bis nach Indien reichenden Orte erscheinen am Rand des Gehäuses, an seinem Boden und auf dem ehemals mit diesem durch ein Scharnier verbundenen Deckel. In seinem Mittelmedaillon trägt dieser eine mehrzeilige Inschrift, die sich auf die Kaaba und die Gebetsrichtung nach Mekka bezieht. Im Mittelpunkt des Gehäuses ist außer der magnetischen Eisennadel ein drehbarer Zeiger befestigt, der für

825

die Qibla-Bestimmung auf Mekka und andere am Rand ge-
nannte Orte gestellt werden kann. In Iran waren die Geräte,
die schon in der astronomischen Literatur des Mittelalters
beschrieben wurden, seit dem 18. Jahrhundert verbreitet.

Himmelsglobus 760
Inschrift: Yûnus Ibn al-Husayn
al-Asturlabî

Syrien oder Iran (Isfahan?), 539 H / 1144–1145
Messing (Gelbguß) graviert und mit Silber
überzogen, Dm. 16,5 cm
Paris, Musée du Louvre, Département
des Antiquités Orientales, Section Islam,
MAO 824

Dieses dreidimensionale Modell
des Universums ist der drittälteste
noch erhaltene Himmelsglobus
der islamischen Welt. Da die beiden anderen, älteren Globen von
einem andalusischen Astronomen
angefertigt wurden, handelt es
sich hier um den ältesten Globus
aus dem orientalischen Teil der islamischen Welt. In seiner Grafik
unterscheidet er sich von seinen
andalusischen Vorgängern durch
die Verwendung eines alphanume-
rischen Kennzeichnungssystems,
das dazu diente, jeden Stern innerhalb der 120 möglichen ptolemäischen Konstellationen zu num-
merieren. Jeder der 1025 Sterne
ist durch einen silbernen Punkt
gekennzeichnet. Der Durchmesser
dieser Punkte steht im Verhältnis
zur Größe des jeweiligen Sterns.
Die beiden Hemisphären des
Globus treffen entlang der Milch-
straße aufeinander. Der Globus
selbst stellt die letzte Himmels-
sphäre dar, die Sphäre der Fixsterne. Er entspricht sehr genau dem
Sternenkatalog des Ptolemäus,
dem Almagest, der im 2. Jahrhundert in Alexandria verfaßt wurde.
Der Unterschied zwischen den islamischen Globen und den wenig
bekannten Globen der Antike
besteht vor allem darin, daß hier
die Sternkonstellationen in der
Vorderansicht und nicht in der
Rückansicht dargestellt sind. Darüber hinaus wurde dieser Globus
mit außergewöhnlicher wissen-
schaftlicher Präzision von einem
Meister gefertigt, der in der Lage

war, die astronomischen Berechnungen nachzuvollziehen, wie die Inschrift zeigt: «Dieser Globus beinhaltet alle Konstellationen, die im Almagest benannt wurden, jedoch mit einigen Abweichungen aus Rücksicht auf die Zeit, die zwischen den Berechnungen des Ptolemäus und denen des Jahres 540 der Hidschra vergangen ist: genau bedeutet dies 15 Grad und 18 Minuten. Ein Werk von Yûnus Ibn al-Husayn al Asturlabî im Jahre 539». Die Darstellung der Konstellationen folgt dem Modell der «Abhandlung über die Fixsterne» (kitab suwar al-kawakib) von ʿAbd al Rahmân al-Sufî, dessen Original verloren ist, das aber dank einer von seinem Sohn verfaßten Kopie des Jahres 1009 und einer Handschrift von 1125, die explizit darauf beruht, überliefert ist (s. Makariou 1998, S. 118, Anm. 28). Man geht davon aus, daß auch Al-Sufî im Zusammenhang mit der Abfassung seines Manuskripts einen silbernen Himmelsglobus angefertigt hat, der jedoch verlorenging.

Sophie Makariou
(Übers. C. Rodet)

Lit.: Makariou 1998, S. 80, 97–104.

Planetarium   3071
des Abu Saʿid Ahmad Ibn Muhammad as-Sigzi

Nachbau; Original Persien um 1048
Messing und Holz mit farbiger Fassung, H. 163 cm
Johann Wolfgang Goethe-Universität Frankfurt

Der Mathematiker und Astronom Abu Saʿid Ahmad Ibn Muhammad as-Sigzi (2. Hälfte 4. Jh. d. Hidschra = 10. Jh.) aus Persien konstruiert sein Himmelsmodell nach der Vorstellung, daß die Erde sich um sich selbst dreht. Die sieben Planeten sind mit einer Neigung von 23,5° um die axial drehbare Erdkugel angeordnet. Das Modell wurde nach einer Beschreibung von Abu r-Raihan Muhammad Ibn Ahmad al-Biruni (ges. 440 d. Hidschra = 1048) hergestellt.

Walter Oberschelp

Sog. Lorscher Kalender   849

Prüm um 840; rheinfränkische Fassung des karolingischen Reichskalenders
Pergament, 267 x 217 mm; 142 Blätter.
Staatsbibliothek zu Berlin, Preußischer Kulturbesitz,
Phillipps 1869, f. 3v und 4r

Karl der Große erteilte im Jahr 789 der Abtei Sankt Nazarius in Lorsch den Befehl, einen verbindlichen Monatskalender zu erstellen. Lorsch vollzog damit den ersten wichtigen Schritt der karolingischen Kalenderreform. Hier handelt es sich um eine Abschrift dieses Lorscher Prototyps des karolingischen Reichskalenders.

Jeder Monat beginnt mit einem Vorspann: erst vier Hexameter des Kalendergedichts Tetrastichon authenticum de mensibus, dann in Majuskel das Tierkreiszeichen des Monats (hier: Widder = *SIGNUM ARIETIS*) und dazu ein Vers des römischen Dichters Ausonius (4. Jh.). Es folgt wieder in Majuskel die Kopfzeile mit dem lateinischen Monatsnamen, der Zahl der Tage des Kalendermonats und des Mondmonats (hier: *MENSIS APRILIS HABET DIES XXX LUNA XXVIIII*) und schließlich der altenglische Monatsname nach Beda (hier aus Platzgründen eine Zeile hochgerutscht: *AEOSTERMONATH*). Danach beginnt die Reihe der Tageszeilen in fünf Spalten:

1. *siderische Mondbuchstaben* (A–O) für jeden zweiten Tag, zur Bestimmung der Position des Mondes auf dem Tierkreis;
2. *Konkurrentenzahlen* (I bis VII) zur Wochentagsbestimmung;
3. *synodische Mondbuchstaben* (A–T oder U, unpunktiert bzw. vor- oder nachpunktiert) zur Bestimmung der Mondphase;

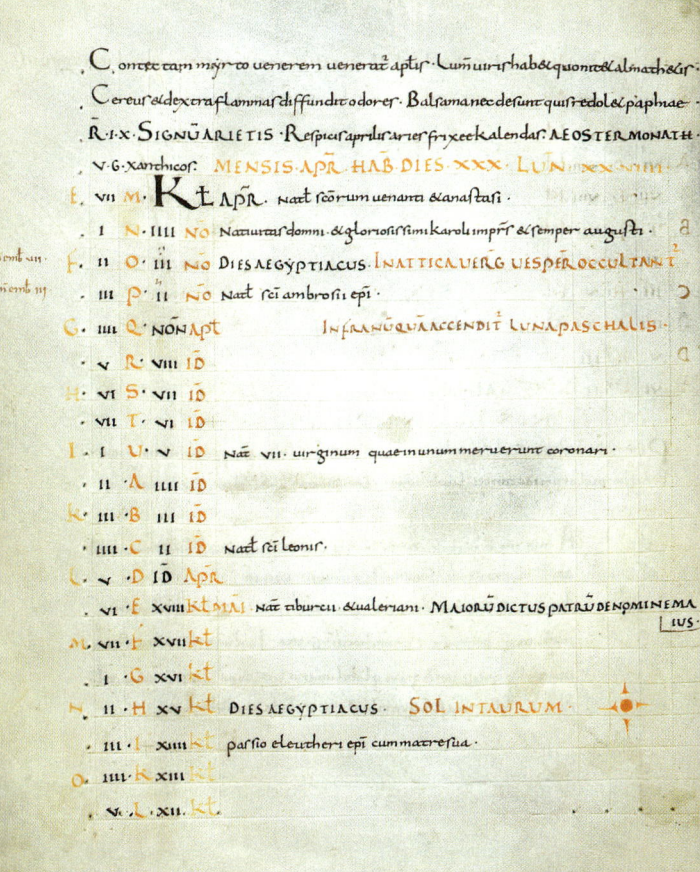

4. das römische Tagesdatum der Kalenden, Nonen und Iden;
5. die breiteste Spalte mit den Festen des Kirchenjahres sowie hagiographischen Einträgen in schwarzer Minuskel in der Mitte und in roter Majuskel am Rand astronomisch-komputistischen Terminen, u. a. Sternauf- oder Untergängen nach Plinius.

Die Fußzeile enthält in Majuskel die Angaben der Äquinoktialstunden der hellen Tag- und der dunklen Nachtstunden des Monats, deren Summe stets 24 ergibt (hier: *NOX HORAS X DIES HORAS XIIII*).

An vier Monate, neben dem April noch der März, August und September, schlossen sich astronomische Nachworte über astronomische Beobachtungen an, hier z. B. über eine Mondfinsternis am 2. November 784, zur 8. Nachtstunde (gegen 01.00), die tatsächlich an diesem Tag etwa zu dieser Uhrzeit stattgefunden hat.

Kerstin Springsfeld

Lit.: Borst 1998 und 2001, Bd. 1, S. 56–59, Abb. 2 und 3; Englisch 2001; Meyvaert 2002.

Aristoteles, Organon, Rhetorik und Poetik   440

Arabische Übers. von Abu ʿUtman al-Dimasqi (gest. 920)
Abschrift 1027
Papier, 380 Bl., 43 x 30 cm
Paris, Bibliothèque Nationale de France, Département des Manuscrits, Division des Manuscrits Orientaux, Mss or., Arabe 2346

Zu den frühesten Texten, die aus dem Griechischen ins Arabische übersetzt wurden, gehörten Schriften des Aristoteles. Bereits Harun ar-Raschid hatte bei dem nestorianischen Oberhaupt Timotheos I. († 823) syrische Übersetzungen von Aristoteles Logik (Topica) bestellt, die von Abu Nuv al-Anbari, dem Sekretär des Statthalters von Mossul, ins Arabische übertragen wurden.

Die meisten altgriechischen Texte wurden zunächst ins Syrische und dann erst ins Arabische übersetzt. Der bedeutendste Übersetzer des «Hauses des Weisheit» war Abu Zayd Hunayn Ibn Ishak al-Ibadi (808–873), der aus christlich-nestorianischem Hause stammte. Hunayn Ibn Ishak hatte in Bagdad und in Alexandria Mathematik und Medizin studiert. Auch sein Sohn Ishaq ibn Hunayn war ein berühmter Gelehrter und Übersetzer, der ebenfalls Texte des Aristoteles übertragen hat. Die vorliegende arabische Handschrift des Abu ʿUtman al-Dimasqi liegt diesen Übersetzungen zugrunde. Die Annotationen an den Texträndern geben andere Übersetzungen wieder.

Hendrik Budde

Lit.: Ausst. Kat. Paris 1996/97, S. 138, 25.

5.2.1.12 Mathematik, Mechanik

Mathematik

In guter aristotelischer Tradition betrachteten die islamischen Gelehrten die Mathematik als Grundlage aller Wissenschaften. Auch im «Haus der Weisheit» lagen die Forschungsschwerpunkte in der Mathematik und Astronomie. Die sicher bedeutendste Erneuerung, die von dem «Haus der Weisheit» ausging, war die Einführung der «arabischen» Zahlen, die aus Indien übernommen wurden. Sie vereinfachten die Rechenprozesse und machten erst die Entwicklung der Algebra möglich, die dann Muhammad Ibn Musa al-Hwarizmis (gest. 847) in seinem Kitab al-Jabr wa-l-Muqabalah wahrscheinlich zum ersten Mal behandelte. Von dem zweiten Wort seines Buchtitels wurde der Name Algebra abgeleitet. In dem Vorwort seiner Schrift «das kurzgefaßte Buch über die Rechnung des Rückversetzens und der Gegenüberstellung» schreibt er, daß das Handbuch auf Verlangen des Kalifen al-Mamun entstanden ist «mit Beschränkung auf das Anmutige und Hochgeschätzte des Rechenverfahrens für das, was die Leute fortwährend notwendig brauchen bei ihren Erbschaften und ihren Vermächtnissen und bei ihren Teilungen und ihren Prozeßbescheiden und ihren Handelsgeschäften und bei allem, womit sie sich gegenseitig befassen von der Ausmessung der Ländereien und Herstellung der Kanäle und der Geometrie und andrem dergleichen nach seinen Gesichtspunkten und Arten».

Hendrik Budde

Mechanik

Zu den Geschenken, die Karl der Große 807 von den Gesandten Harun ar-Raschids erhielt, gehörte ein kunstvolles mechanisches Uhrwerk.

Die Kunst, mechanische Vorrichtungen, seien es Uhrwerke, computistische Geräte oder «Automaten», zu bauen, übernahm die arabische Welt von den Griechen. Das früheste Beispiel eines «Automaten» ist eine als Kalender-Rechengerät interpretierte Mechanik, die vor der Insel Antikythera im Meer gefunden wurde. Der Antikythera-Mechanismus (um 87 v. Chr.), der sich aus einem System von 32 Zahnrädern aus Metall zusammensetzte, ist der einzig erhaltene Zahnradmechanismus aus der Antike. Als Vorläufer dieser Technik können die Planetarien und Himmelsgloben des Archimedes (um 287–212 v. Chr.) angesehen werden. Schon im 9. Jahrhundert wurden die «Mechanica» des Heron von Alexandria (1. Jh.) und Schriften anderer griechischer Mathematiker und Mechaniker ins Arabische übersetzt.

Hendrik Budde

Lit.: Ausst. Kat. Berlin 2000 b, 6/98; Al-Quaddumi 1996, S. 154; Lassner 1970, S. 90.

Musa Ibn Schakir al-Munadschim: Kitab al-hiyal   443

Arabisch, 1210
Staatsbibliothek zu Berlin, Preußischer Kulturbesitz, Ms. or. quart. 739

Das im 9. Jahrhundert in Bagdad entstandene, hier in einer
arabischen Handschrift von 1210 vorliegende, «Buch der
Kunststücke» enthält Anweisungen zur Anfertigung von
mechanischen Vorrichtungen und Apparaturen, um überraschende Wirkungen zu erzielen, wie z. B. einen Becher, aus
dem, wenn er voll Wasser ist und man nur einen Tropfen noch
hinzufügt, das ganze Wasser auf einen Schlag ausläuft. Das
Werk beweist den hohen Stand der Mechanik am Hofe des
Harun ar-Raschid, wie er sich auch in der Karl dem Großen
geschenkten Wasseruhr niederschlägt.

Die aufgeschlagenen Seiten fol. 58v/59r zeigen die illustrierte Anleitung zum Bau eines Springbrunnens mit verschiedenen wasserbetriebenen Figuren.

Georg Minkenberg

Lit.: Kat. Berlin 1989, Nr. 6/17.

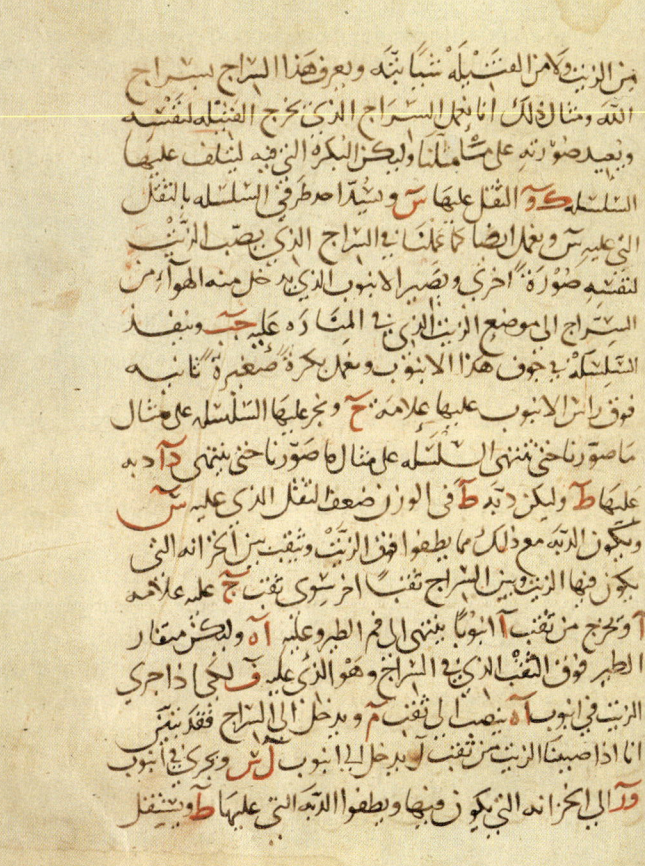

Ältestes Zeugnis für arabische Zahlen 727

Syrien, 873/874 n. Chr.
Papyrus, 6 x 16,5 cm
Österreichische Nationalbibliothek, Wien, P. Vindob. AP 4236

Das Jahresdatum ist in arabischen Ziffern geschrieben, die als das älteste Zeugnis für arabische Zahlen gelten.

Multiplikationstabelle 728

Syrien, 11. Jh.
Papyrus, 15 x 16 cm
Österreichische Nationalbibliothek, Wien, P. Vindob. ACh 11276

Auf ihr wird in schulmäßigem System, aber in sehr versierter Schrift, die Kunst des Multiplizierens in einfacher Form geübt. Dabei benutzen, was eine etwas überraschende Erkenntnis ist, die Araber noch im 11. Jahrhundert für die Zahlen die griechischen Buchstaben.

Walter Oberschelp

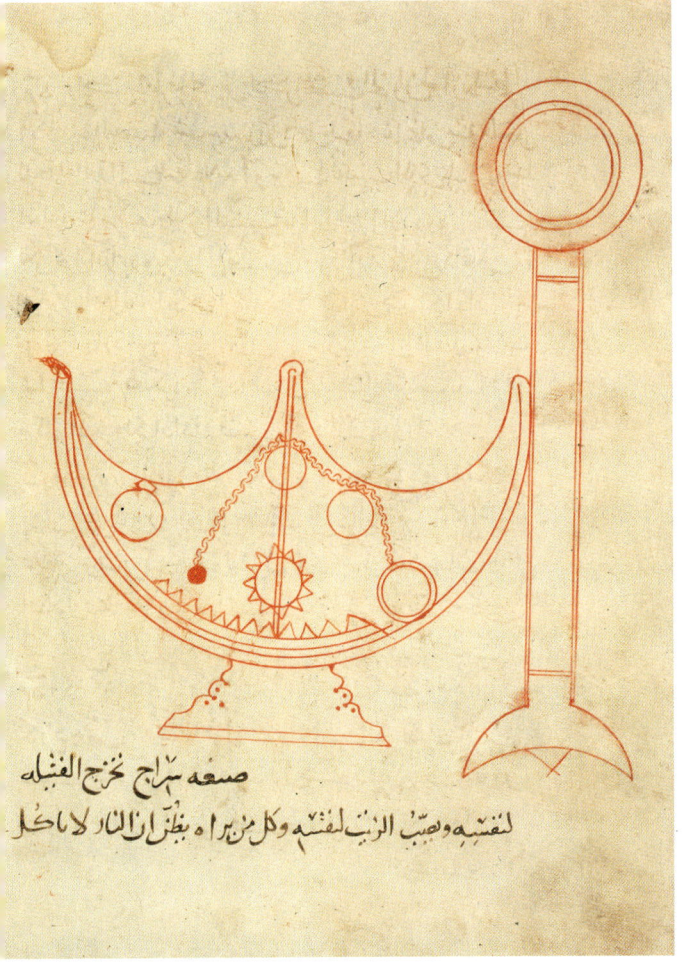

Liber Abaci; Darstellung der Fingerzahlen   **694**
Pergament
Biblioteca Comunale degli Intronati, Siena, Codice L.IV.20 fol.3r

5.2.1.13 Textilien

In Harun ar-Raschids Nachlaß fanden sich «…eintausend armenische Teppiche, viertausend Vorhänge (sitr), fünftausend Sitzpolster (wisadad); fünftausend Kissen, eintausendfünfhundert Knüpfteppiche aus reiner Seide, hundert dekorative Teppiche (namat), tausend Kissen und Polster aus reiner Seide, dreihundert Teppiche aus Maysan, tausend Teppiche aus Darabjirdi …».

(Zit. n. Qadi Ibn al Zubayr, 302)

Noch textilreicher war der Palast des abbasidischen Kalifen al-Muqtadir ausgestattet. Anläßlich des Besuches einer byzantinischen Gesandtschaft 917 im Palast des Kalifen, beschreibt al Khatib («Geschichte von Bagdad») die Ausstattung: «22 000 kleine und große Teppiche aus Jahram, Darabjird und Dawraq. Sie lagen in den Korridors und Höfen … Diese Anzahl umfaßt jedoch nicht die Teppiche von Tabaristan und Dabiq in den Alkoven und dem Audienzsaal, welche aber nicht betreten wurden».

Hendrik Budde

Lapislazuli   **673**
Funde der Ausgrabungen in Samarra 1911–1913,
Afghanistan, um 830
Drei Stück rohe Gesteinsbrocken, einer mit beschliffener Seite
Museum für Islamische Kunst, Berlin, Inv.-Nr. Sam. 743

Lapislazuli stammt aus dem Badachschan-Gebirge in Afghanistan. Er wird seit Menschengedenken abgebaut und wurde bereits im Altertum in viele Gegenden exportiert.

Diese drei Brocken wurden während der Ausgrabungen in Samarra/Irak im Kalifenpalast gefunden, so daß sie als Hinweis auf die Fortführung des Handels in frühislamischer Zeit verstanden werden können. Lapislazuligestein wurde zu Pulver zerkleinert und konnte dann für Wandmalereien verwendet werden.

Jens Kröger

Warenliste 723

Arabisch, Fundort unbekannt, 11. Jh.
Hellbraunes, feines Papier, schwarze Tinte, H. 35 cm; B. 0,90 cm
Österreichische Nationalbibliothek, Wien, Papyrussammlung,
Inv.-Nr. P. Vindob. ACh 7333

Das Verzeichnis enthält Angaben zu verschiedenen Duft-
stoffen sowie Kleidern und Stoffen: «Ein rotes Kopftuch aus
der Fabrik von Maᶜarrat al-Nuᶜman in Syrien, ein rotes Unter-
kleid von angenehm feiner Qualität; ein mit Aloeholz gefärb-
ter Mantel von angenehm feiner Qualität; eine schwarze Tur-
banbinde gleicher Qualität; ein roter Turbanstoff aus festem
Musselin; ein Turbanstoff aus weißem, schwarz dessiniertem
Siklatun, ein seidener Scharabe-Stoff für Ärmel; ein Sattel-
schweißtuch von Maᶜarrat al-Nuᶜman; eine dünne Peitsche
für das Vieh; Rosenwasser aus Gur in Persien. Um ½ Dinar fri-
sches Aloeholz; für ¼ Dinar Kampfer […]»

Hendrik Budde

Tocharische Fürsten 684

China, Kizil bei Kucha (Xinjiang), 16 Schwertträgerhöhle (Höhle 8), 5./6. Jh.
Wandmalerei auf Lehm, 150,5 x 208 cm
Museum für Indische Kunst der Staatlichen Museen zu Berlin, Preußischer Kul-
turbesitz, III 8426 a,b,c

Der sasanidische Einfluß auf die tocharische Herrscherschicht
wird auch deutlich an der Kleidung der dargestellten vier Stif-

684

ter. Über eng anliegenden Hosen tragen sie prachtvolle Klappenröcke mit sasanidischem Textilmuster. An den Gürteln aus Metallscheiben hängen Schwerter mit überlangen Griffen. Die Nimben weisen die Dargestellten als hochrangige Personen aus.

Hendrik Budde

Lit.: Yaldis 2000, 328.

Ausschnitt aus dem Wandgemälde: Buddhas wunderbare Überquerung des Gangha

685

China, Kizil bei Kucha (Xinjiang), Mayahöhle, 2. Anlage, Stupawand, 4./5. Jh.
Wandmalerei auf Lehm, 120 x 160 cm
Museum für Indische Kunst der Staatlichen Museen zu Berlin, Preußischer Kulturbesitz, III 8885

685

Ein bedeutendes Zentrum des Buddhismus war Kuchan, das an der Seidenstraße zwischen dem sasanidischen Reich und China lag. Die Handelstraße führte von der sasanidischen Hauptstadt Ktesiphon nach Samarkand und Kashgar und von dort auf der Nordroute über Kucha entlang der Taklamakan nach Zentralchina. Bis zur Eroberung Xinjiangs durch die chinesische Tang-Dynastie (zwischen 630 und 640) bildete die tocharische Kuschanendynastie eine Art Konföderation mit den sasanidischen Herrschern. Die buddhistischen Wandmalereien in den Höhlen von Kizil bei Kucha sind ein Beleg für den starken sasanidischen Einfluß. So erinnern die kronenartigen Kopfbedeckungen der Adoranten auf dem ausgestellten Wandgemälde an königlichen sasanidischen Kopfschmuck.

Hendrik Budde

Lit.: Yaldis 2000, 304.

Sasanidischer Entenfries 686

China, Kizil bei Kucha (Xinjiang), Größte Höhle, 5. Jh. (s. Abb. S. 88/89)
Wandmalerei auf Lehm, 50 x 42,5 cm
Museum für Indische Kunst der Staatlichen Museen zu Berlin, Preußischer Kulturbesitz, III 8419

Enten treten als Motive sowohl auf sogdischen als auch auf sasanidischen Textilien auf. Ein frühes sasanidisches Beispiel sind Enten als Textilmuster auf den Reliefs von Taq-i Bostan. Die Felsenreliefs aus der Zeit Chosros II. (reg. 591–628) zählen zu den wichtigsten erhaltenen sasanidischen Kunstwerken. Sie sind die wichtigste Quelle, um eine Vorstellung von sasanidischer Kleidung, Ornamentik und Waffenkunde zu erhalten.

Hendrik Budde

Lit.: Otavsky 1998.

Textilfragment, Vögel um einen Lebensbaum 474

Persien, 9.–10. Jh.
Seidensamit, 8 x 7,5 cm
Musée National du Moyen Age, Paris, CL 22513

Sog. Ibisstoff 493

Ägypten, 7.–8. Jh.
Seidensamitum, 11 x 10 cm
Aachen, Domschatzkammer, Inv.-Nr. T 00113

In einem durch eine vegetabile Girlande gebildeten Kreis stehen zwei Ibisse einander gegenüber. Darüber folgt ein zweites Medaillon aus übereinandergelegten Blättern. In seiner Mitte ist der Fuß eines Gewächses zu erkennen.

Wahrscheinlich haben sich weitere Medaillons an allen Seiten angereiht.

686

Dies ist der einzige Halbseidenstoff im Besitz des Aachener Domes. Für die Kette, die bei einem Samitum durch den Schuß völlig verdeckt ist, wurde ein doppelter Leinenfaden gewählt: eine preisgünstige Möglichkeit, einen Seidenstoff von schwerer Qualität zu imitieren.

Monica Paredis-Vroon

Textilfragment, sog. Greifenstoff   371
Ägypten, 7. Jh.
Leinwandbindung mit Einlegewerk
Musée Royaux d'Art et d'Histoire, Brüssel. Tx.1381

Die Technologie des weißen Leinentuches mit eingewebter geometrischer Struktur und Greifendarstellungen ist der der

371

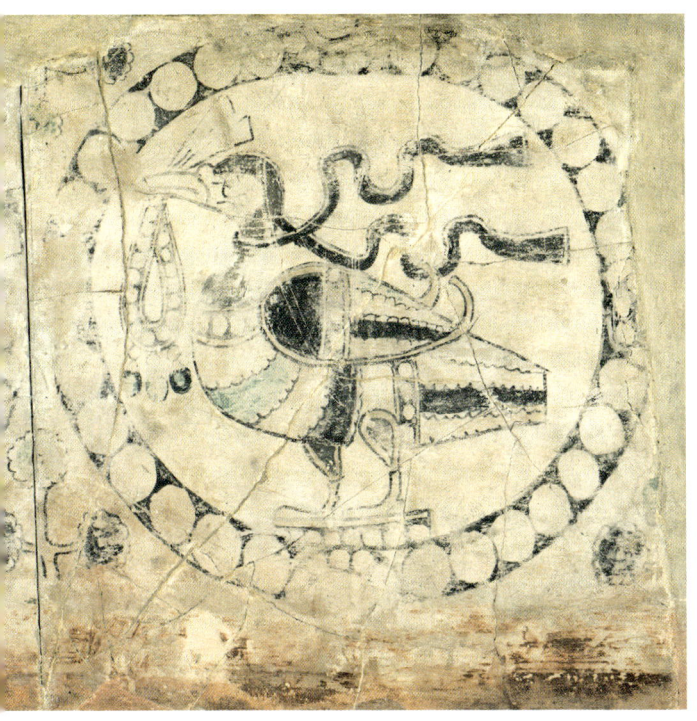

Handschuhe des Hl. Germanus von Paris im Aachener Domschatz (Nr. 497) sehr ähnlich. Doch wird der Ursprung des Grei-
fenstoffs durch De Jonghe in Ägypten lokalisiert, die Handschuhe als Nachahmung solcher Stoffe in West-Europa.

Monica Paredis-Vroon

Vögel mit Halsbändern – Sudarium von St. Benique   473
Persien, 7.–8. Jh.
Seidensamit, 37 x 205,5 cm
Musée National du Moyen Age, Paris, CL 2156

Sog. Gänsestoff   483
Persien, 8. Jh.
Seidensamitum, 24,5 x 29 cm
Aachen, Domschatzkammer, Inv.-Nr. T 00109

Reservegemustertes Seidengewebe   478
China/Turkestan 7.–10. Jh.
Seide
Musée National du Moyen Age, Thermes de Cluny, CL 13283

Gegenstück eines sich im Aachener Domschatz befindenden
Stofffragmentes.

Sog. Entenstoff   **481**

Persien, 8. Jh.
Seidensamitum, 35 x 19 cm
Aachen, Domschatzkammer, Inv.-Nr. T 00108

Wegen der quadratischen Einteilung und der Tiere mit flat-
ternden Schals werden diese Stoffe der Herkunft nach gern in
Persien lokalisiert, da sie vergleichbar sind mit Abbildungen
der Persischen Könige in Tac-i Bustan. Diese Art von Motiven
wurde noch sehr lange nach dem Verschwinden der sasanidischen Kultur beibehalten.

Die Vogelmotive stehen wohl symbolisch für Fruchtbar-
keit.

Monica Paredis-Vroon

Sog. Papageienstoff 484

Persien, 8. Jh.
Seidensamitum, 28 x 4 cm
Aachen, Domschatzkammer, Inv.-Nr. T 00110

Textilfragment, sog. Purpurstoff 496

Byzanz, 8. Jh.
Seidensamitum, 13,8 x 33 cm
Aachen, Domschatzkammer, Inv.-Nr. T 00118

Entgegen seinem Namen wurde der Stoff nicht mit echtem Purpur gefärbt. Er ist die Kopie eines byzantinischen Purpurstoffes, wie er in jedem Zentrum des Mittelmeerraumes entstanden sein könnte. Der Ikonoklasmus hat diese Art von Muster wahrscheinlich bevorzugt.

Monica Paredis-Vroon

Textilfragment 466
mit Pferden

Byzanz, 7.–8. Jh. oder 9.–10. Jh.
Seidensamit, 8 Fragmente,
größtes Fragment 61 x 5 cm
Schatzkammer der Kathedrale,
Lüttich, Inv. 421

Die Medaillons mit Pferden sind ein klares Beispiel für den Musterfundus byzantinischer Seiden. Die acht zusammengesetzten Fragmente waren in Streifen zerschnitten: Die für den Westen so kostbare Seide hat als Besatzstücke einfacher gestalteter Gewänder gedient.

Monica Paredis-Vroon

Drei Textilfragmente 376
mit Löwen,
zusammengesetzt

Sogdiana, 9. Jh.
Seidensamit, 75,5 x 22,8 cm
Musée Royaux d'Art et d'Histoire,
Brüssel, IS.Tx.372

Viele ähnliche Stoffe sind in den Westen gelangt. Es handelte sich ursprünglich wohl um seidene Türvorhänge aus Ost-Persien, Sogdianien.

Obwohl diese Ware, um persischer Besteuerung zu entgehen, in der Regel über die nördliche Handelsstraße nach Europa kam, war sie auch in Bagdad zu erwerben.

Monica Paredis-Vroon

Seidenstoff mit geometrischen Motiven   507
Byzanz oder Iran, 9./10. Jh.
Seide, 32 x 40 cm
Schatzkammer der Kathedrale, Lüttich, Inv. 437 [I G 2]

Löwenkopfstoff   494
Byzanz, 8.–10. Jh.
Seide, 32 x 12 cm
Domkapitel Aachen, T00116

Textilfragment mit Halbmonden   467
Byzanz oder Islam, 7.–8. Jh. oder 10.–11. Jh.
Seidensamt, 21,5 x 6,5 cm
Schatzkammer der Kathedrale, Lüttich, Inv. 421

Obwohl die einfache geometrische Musterung mit Halbmonden Allgemeingut war, scheint doch der Einfluß des Islam nah zu liegen.

Monica Paredis-Vroon

494

Zwei Textilfragmente mit Quadriga, zusammengesetzt 374

Byzanz, 7. bis 9. Jh.
Seidensamit, 28,8 x 108 cm
Musée Royaux d'Art et d'Histoire, Brüssel, ACO.Tx.371

Der Stoff entstammt dem Schrein der hl. Landrade (†680/690) und Amour († 9. Jh.), in Munsterbilzen, Belgien.

Die Herrschermotive und der Aufbau in kreisrunden Medaillons auf rotem Grund verraten die byzantinische Entstehung. In den Zwickeln sind weitere Quadrigen, deren Lenker eine mit einem Mond geschmückte Krone tragen, angebracht. Die Lenker in den Medaillons dagegen tragen eine mit der Sonne geschmückte Krone – Mond- und Sonnengott, die in Anlehnung an griechische Mythen, am Himmel entlangfahren?

Monica Paredis-Vroon

Textilfragment, sog. Tigerseide 373

Byzanz, 7. Jh.
Seidensamit, 75,2 x 136,4 cm
Musée Royaux d'Art et d'Histoire, Brüssel, ACO.Tx.373

Der Stoff entstammt dem Schrein der hl. Landrade (+680/690) und Amour († 9. Jh.), in Munsterbilzen, Belgien.

Die einander gegenüberstehenden Tiger in Medaillons entstammen dem byzantinischen Musterkreis, obwohl die Farbgebung, gelb auf verblaßtem, rotem Hintergrund, weniger üblich ist.

Monica Paredis-Vroon

5.2.1.14 Gemüse, Obst, Gewürze

Wie auch heute auf jedem orientalischen Markt, wurde auf dem Basar von Bagdad eine Vielzahl von Gemüsen, Früchten und Gewürzen angeboten. War doch in spätantiker Manier die Vielzahl und Eigenart der Speisen, die auf den Tisch gebracht wurden, ein augen- und gaumenfälliger Ausdruck persönlichen Wohlstandes. Für fränkische Augen und fränkischen Geschmack mochten Datteln – in Bagdad eher die Speise der Armen –, Apfelsinen, Zitronen, Feigen, Granatäpfel oder Artischocken eher die Fremdheit des Orients bestätigen, während Gewürze als teure Handelsgüter in kleinsten Mengen auch an die Tafel des fränkischen Hofes gelangten.

Georg Minkenberg

Wanddekorfragmente – Mohn (?)   **593, 594**
Ar-Raqqa, Syrien 796–808
Stuck, 20 x 20 x 13 cm und 20 x 16 x 13 cm
Museum für Islamische Kunst, Berlin, Inv.-Nr. Ra I. 69, Ra I. 89

Die beiden Fragmente zeigen die Stilisierung der Weinblätter in Raqqa. Die Frucht wurde als Mohn interpretiert. Vorbilder aus dem umaiyadischen Stuckdekor von Khirbat al-Mafgar sprechen für eine stilisierte Form des Granatapfels.

Wanddekorfragment – Weintraube   **595**
Ar-Raqqa, Syrien 796–808
Stuck, 15 x 15 x 14 cm
Museum für Islamische Kunst, Berlin, Inv.-Nr. Ra I. 102

593, 594

595, 591

Dieses Fragment zeigt die Stilisierung der Weintrauben im Stuckstil von Raqqa. Ein Vergleich mit den Trauben im Stil A von Samarra läßt Gemeinsamkeiten erkennen.

Wanddekorfragment – Pinienzapfen (?)   **591**
Ar-Raqqa, 796–808,
Stuck, 20,5 x 17 x 9 cm
Museum für Islamische Kunst, Berlin, Inv.-Nr. Ra I. 51

Das Fragment kann eine stilisierte Traube darstellen, wurde aber auch als Pinienzapfen interpretiert.

5.2.1.15 Bücher und ihre Herstellung
Papyrus – Pergament – Papier

«… Läge dir nichts daran, daß alle meine Bücher von Papier aus China oder Chorasan wären? Sag mir, warum du mir das Abschreiben auf Pergamentblätter angepriesen und warum du mich dazu gedrängt hast, auf Haut zu schreiben, wo du doch weißt, daß Pergamentblätter hart an ihren Kanten und schwer von Gewicht sind und daß sie, wenn Wasser mit ihnen in Berührung kommt, wertlos und bei Feuchtigkeit schlaff werden. … Wenn ein Mann der Wissenschaft die Menge, die für ihn auf seiner Reise erforderlich ist, mit sich tragen wollte, würde eine Kamelslast dafür nicht ausreichen, wenn er dagegen den entsprechenden Bedarf an Papier (qutni) mit sich nähme, so würde ihm das, was er zusammen mit seinem Proviant tragen kann, genügen.

Du sagtest zu mir: ‹Du mußt Pergament verwenden, weil es … gegenüber dem Wechsel des Ausleihens und dem Umblättern durch die Hände widerstandsfähiger ist. Die Blätter, die man nicht haben will, sind noch von Wert, Palimpseste kann man erneut gebrauchen … . Hefte aus Papier (qutni) haben auf dem Markt keinen großen Wert, selbst wenn sie die ungewöhnlichsten Geschichten, die erlesensten Feinheiten und das kostbarste Wissen zum Inhalt hätten; würdest du dagegen den Käufern eine den vorigen in der Anzahl der Blätter entsprechende Menge Pergamente anbieten, in denen die fadesten Gedichte und die dürftigsten Erzählungen stünden, so wären diese dennoch wertvoller und begehrter.› Und ferner sagtest du: ‹Pergamentblätter sind es, die man für die Rechnungen der Kanzleien, für die Urkunden, Verträge, Verfügungen und Katasterpläne als Grundlage verwendet, auf ihnen finden sich die Zeichnungen der Skulpturen, und von ihnen macht man die Landkarten für die Post; ferner sind sie für Säcke, Krugdeckel und Flaschenverschlüsse besser geeignet.›

Du hast also für mich einen Nachteil verursacht, indem du mir rietest, Pergamentblätter zu nehmen und dadurch das Papier zu ersetzen, und du bist an meinem Unglück schuld, weil du mir empfahlst, leicht zu tragende Hefte gegen Bücher zu vertauschen, die für die Hände schwer sind, die Brust eindrücken, den Rücken krümmen und die Sehkraft zum Erblinden bringen.»

Al-Gahiz (777–869) «Vom Ernsten und Heiteren»

Harun ar-Raschid hatte angeordnet, daß in seinen Schreibstuben Papier anstatt Pergament verwendet werden sollte. Zum einen sind die Kosten von Papier geringer, zum anderen sind für offizielle Schreiben die Möglichkeiten der Fälschung auf Papier erschwert, da auf Papier, im Gegensatz zu Pergament, die Tinte schwerer abzureiben ist. Der sicher nicht ganz ernst gemeinten Erzählung «Die Unzulänglichkeiten des Pergaments» ist zu entnehmen, daß Pergament, welches in Kufa, Wasit oder Basra hergestellt wurde, einen höheren Handelswert darstellte als das aus China oder Chorasan importierte Papier und, daß es für Katasterpläne, Urkunden aber auch für künstlerische Skizzen benutzt wurde. Die frühen Koran-Abschriften waren meist auf Pergament geschrieben oder auf hochwertigem Papier, das in der Qualität an Pergament erinnerte. Die Gelehrten hingegen benutzten für ihre Schriften Papier.

Hendrik Budde

Zit.: n. Pellat 1967, S.337 ff.

Wahb Ibn Munabbih   765

Hadit Dawud (Die Geschichte Davids) und Biographie des Propheten Mohammad
Ägypten, datiert 844
Papyrus, 26 Bl., 24,2 (25,7) x 18,8 (22,6) cm
Heidelberg, Ruprecht-Karls-Universität, Institut für Papyrologie,
Papyri Schott Reinhard 50–53

Die Geschichte Davids (15 Bl.) und die Biographie des Propheten (12 Bl.), die dem jemenitischen Gelehrten Wahb Ibn Munabbih (1 Jh. H./7. Jh.) zugeschrieben werden, bilden den ältesten erhaltenen Papyruscodex mit arabischer Schrift.

Hendrik Budde

Lit.: Ausst. Kat. Paris 2001, 11.

Traditionssammlung des Bukhari   457

Sahih al-Bukhari
Arabisch, Maghribinischer Duktus. Maghrib, 15. Jh.
Papier, 131 f., 27 x 19 cm
Bayerische Staatsbibliothek, Cod. arab. 113

Der Sahih («Das Richtige») des Bukhari (810–870) ist die berühmteste und angesehenste Traditionssammlung im Islam, die mit fünf weiteren Werken zu den sechs kanonischen Werken des Hadith zählt. Hadithe, wörtl. «Mitteilungen», sind Überlieferungen, Unterweisungen und Verhaltensnormen, die auf den Propheten Mohammad und die «rechtgeleiteten» Autoritäten des frühen Islam zurückgehen. Ein Hadith besteht in der Regel aus dem eigentlichen Text und der Angabe einer Überliefererkette. Die Sammlung dieser Traditionen des Propheten setzte nach seinem Tod im 7. Jahrhundert ein. Neben einem natürlichen Interesse an den Aussprüchen und Taten Mohammads bestand im frühen Islam die Notwendigkeit, über den Koran hinaus eine weitere Quelle zur Bestimmung richtiger Verhaltensformen zu erhalten, denn der Koran konnte nicht alle Fragen der gesellschaftlichen, staatlichen, rechtlichen und sittlichen Praxis beantworten.

Hinsichtlich der Überlieferung der Hadithe stellte sich von Anfang an das Problem ihrer Authentizität. Bereits im 7. und 8. Jahrhundert waren gefälschte Hadithe und Traditionen mit unzureichenden Überliefererketten in Umlauf, die weniger Belege für ursprüngliche Aussagen des Propheten und seiner Gefährten als Zeugnisse für die jeweils herrschenden Meinungen und Verhältnisse bildeten. Ab dem 9. Jahrhundert fanden nur noch Hadithe mit vollständigen Überliefererketten Akzeptanz. An die Überlieferer wurden entsprechend dem Grad ihrer Zuverlässigkeit strenge Maßstäbe gestellt. Mit zunehmender Wertschätzung wurden die Hadithe seit Beginn des 9. Jahrhunderts als eine nur dem Koran nachstehende Quelle des islamischen Rechts anerkannt.

Die vorliegende Handschrift aus dem Maghrib, die zum Gründungsbestand der Münchner Hofbibliothek zählt, beinhaltet den neunten Teil einer Sahih-Abschrift, der inhaltlich mit dem Unterhalt von Frauen beginnt und mit Jesus endet. Geschrieben ist sie mit schwarzer Tinte in Maghribi, einem aus dem archaischen Kufi (s. Nr.711, Kufisches Koranblatt, Cod. arab. 1341) entwickelten Duktus, der sich seit dem 10. Jahrhundert von Tunesien ausgehend über den gesamten Maghrib bis nach Spanien verbreitete. Charakteristisch für diese Schriftart

457

sind die gerundeten Buchstabenkörper und die schwungvollen Endungen. Das ausgewogene Verhältnis des Schriftspiegels mit nur 13 Zeilen zu den Seitenrändern verleiht der Handschrift eine besondere Eleganz. Die Überschriften bzw. die zitierten Hadithe sind in roter und blauer Farbe oder durch einen breiteren Federstrich in schwarzer Tinte hervorgeho-

815

ben. Goldene, dreiteilige Ornamente, die untereinander hängen, begrenzen die Zeilenränder.

Der maghribinische Einband zeigt im Zentrum ein rosettenförmiges Medaillon. Die damit korrespondierenden Eckstücke sind quadratisch strukturiert. Den äußeren Rahmen bildet ein Flechtwerkrahmen, der von zahlreichen goldgeprägten Punkten aufgelockert wird.

Helga Rebhan

Lit.: Das Buch im Orient. München 1982, Nr. 71. – Bukhari: Nachrichten von Taten und Aussprüchen des Propheten Muhammad. Stuttgart 1991. – I. Goldziher: Über die Entwicklung des Hadith. In: Muhammedanische Studien 2. Halle 1890.

Koran   815

Arabisch, kufisch, 9. Jh. (?), Einzelblatt, Sura 22,20
Pergament (Fragment) 21,5 x 32 cm
Staatsbibliothek zu Berlin, Preußischer Kulturbesitz, Orientabteilung,
Ms. or fol 379, Bl. 19

Das Fragment ist Teil der 22. Sure, Beginn ihres 19. Verses. «Das sind zwei (Typen von) Widersacher(n), die (in ihrem

Erdenleben) über ihren Herrn streiten. Für diejenigen nun, die ungläubig sind, sind zugeschnitten [Kleider aus (Höllen)feuer] …».

Frühe Koranfragmente sind immer undatiert. Die sehr großen wuchtigen Schriftzüge zeigen den Duktus der ältesten Korane, das sogenannte Kufi (benannt nach der Stadt Kufa im Irak). Die Entstehungszeit fällt vermutlich ins 9. Jahrhundert. In großen Abständen stehen nur sechs bis acht Buchstaben auf einer Zeile. Ohne Rücksicht auf die Worteinheit können die Buchstaben am Zeilenende in die nächste Zeile übergehen. Die einzigen Zusatzzeichen sind dicke rote Punkte als Hilfen zur Festlegung der Vokallesung.

Hendrik Budde

Lit.: Ausst. Kat. Berlin 1980, 033; Ahlwardt 342.

Kufisches Koranblatt   711

Arabisch, Kufi, Ende 8. Jh.
Pergament, 17 x 22,5 cm
Bayerische Staatsbibliothek, Cod. arab. 1341

Der Koran spielt im religiösen Leben der Muslime eine zentrale Rolle. Er hat von Anfang an alle Lebensbereiche des islamischen Kulturkreises in einem weit stärkeren Ausmaß geprägt, als dies im christlichen Abendland die Bibel vermocht hat. Nach islamischer Lehre sind im Koran die von Mohammad zwischen 610 und 632 empfangenen göttlichen Offenbarungen enthalten. Erst nach seinem Tod wurde der zunächst mündlich tradierte Text redigiert und unter dem dritten Kalifen Othman (reg. 644–656) in einer allgemein verbindlichen Ausgabe festgelegt. Der Koran ist in 114 Suren unterteilt, die sich aus unterschiedlich langen Versen in Reimprosa zusammensetzen. Die Suren sind mit Ausnahme der ersten Sure, die nur sieben Verse zählt, in der Regel nach dem

Prinzip der abnehmenden Länge geordnet. Der Koran ist zwar die wichtigste Quelle des islamischen Rechts, doch sind seine Verse eigentlich für die rituelle Rezitation bestimmt, worauf der Name Koran, der «Rezitationstext» bedeutet, hinweist. Bis heute ist in einigen islamischen Ländern das Auswendiglernen des Korans Ziel der Elementarbildung. In sprachlicher Hinsicht gilt der Koran bei den Muslimen als unnachahmliches Wunderwerk Gottes. Nach sunnitischer Überzeugung ist er das unerschaffene und damit ewig gültige Wort Gottes. Muslime behandeln den Koran – gerade in seiner Gestalt als Buch – mit großer Ehrfurcht und legten schon immer besonderen Wert auf die Ästhetik seines äußeren Erscheinungsbildes.

Bedingt durch das seit dem 8. Jahrhundert bestehende islamische Bilderverbot, das die Darstellung lebender Wesen untersagt – in der Praxis jedoch nur in der sakralen Kunst befolgt wurde –, erlangte die Kalligraphie in der islamischen Kunst einen hohen Stellenwert. Die Schrift der meisten frühen Korane ist Kufi, ein eckig wirkender Duktus, der bis ins 10. Jahrhundert im gesamten islamischen Kulturraum für Pergamentkorane in Gebrauch blieb.

Pergament war im Orient bereits im 1. vorchristlichen Jahrtausend als Beschreibstoff verbreitet. Zur Herstellung einer einzigen Koranhandschrift benötigte man oft die Tierhäute mehrerer Herden. Die Qualität des Pergaments hing sowohl von der Beschaffenheit der Haut als auch von ihrer Bearbeitung ab. Der fertige Beschreibstoff wurde meist in fünf gleich große Folio zurechtgeschnitten, die zu einer Lage zusammengefaltet wurden, so daß sich – anders als im Abendland – jeweils eine Haar- und eine Fleischseite beim fertigen Kodex gegenüberlagen.

Das gezeigte Pergamentblatt, das die Sure 43, 51–73 enthält, ist in schwarzer Tinte geschrieben. Nicht zum ursprünglichen Text gehören die Verstrenner, die durch drei Schrägstriche markiert sind, und die roten Vokalzeichen. Diese Zusatzzeichen und ein kleiner Kreis, der die Zehnerzählung der Verse bezeichnet, deuten auf eine Entstehung der Handschrift gegen Ende des 8. Jahrhunderts hin.

Helga Rebhan

Lit.: Das Buch im Orient. München 1982, Nr. 53. – F. Déroche: The Abbasid tradition. Qurᶜans of the 8th to the 10th centuries. London 1992. – A. Grohmann: Arabische Paläographie 1–2. Wien 1961–1971.

Sahifat ᶜAbd Allah Ibn Lahiᶜa   363
Geschichten des Propheten Mohammad

Ägypten, 9. Jh.
Papyrusrolle, 23 x 189 cm
Heidelberg, Ruprecht-Karls-Universität, Institut für Papyrologie,
Papyri Schott Reinhard 50–53

Neben der Buchform wurde Papyrus auch in der seit der Antike gebräuchlichen Rollenform verwendet. Die dem Korangelehrten ʿAbd Allah Ibn Lahiʿa (714/15–790) zugeschriebene Schrift ist die einzig vollständig erhaltene Papyrusrolle mit arabischer Schrift.

Hendrik Budde

Lit.: Ausst. Kat. Paris 2001, 12.

Koran (Einzelblatt)   681

14-zeilig, Sure 18, Vers 84–95
Ägypten oder Irak, 8.–9. Jh.
Pergament, 3,7 x 7,5 cm
Museum für Islamische Kunst, Berlin, Inv.-Nr. I. 6596

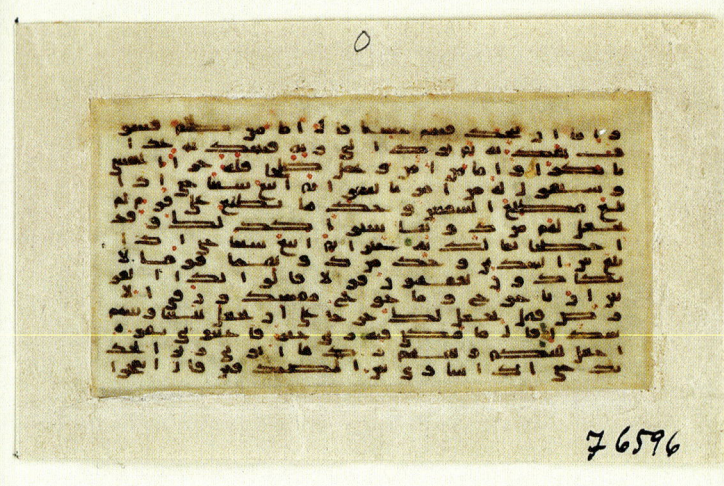

681

Dieses zweiseitige Pergament-Einzelblatt eines Miniatur-
korans im Breitformat, dessen Rückseite verblichen ist, zeigt
in winziger Kufischrift mit roten Zeichen die Verse 84–95 der
Sure 18 (Die Höhle): «Er sprach: ‹Wer da gesündigt hat, den
werden wir strafen; alsdann soll er zu seinem Herrn zurück-
kehren, daß er ihn hart straft (86). Wer aber glaubt und das
Gute tut, der soll schönen Lohn empfangen und ihm werden
wir leichte Befehle erteilen» (87). Alsdann zog er des Weges
(88). (…) Sie sprachen: (…) «Sollen wir dir Tribut entrichten
(…)?» (93) Er sprach: «Das, worin mich mein Herr gefestigt hat,
ist besser (als euer Tribut) (94).»

Korane dieser Größe wurden aus Achtung vor der Heiligkeit
des Wortes nicht minder sorgfältig gestaltet und geschrieben
als die größeren Handschriften. Man führte sie auf Reisen mit
sich.

Georg Minkenberg

Koranfragment 816

Arabisch, 9./10. Jh.
Pergament, hellbrauner, moderner Ledereinband, H. 22 cm; B. 60 cm
Staatsbibliothek zu Berlin, Preußischer Kulturbesitz

Das Koranfragment enthält auf 50 Blättern zu je sieben Zeilen
die Suren 4, 160 bis 5, 81 und 10, 40 bis 10, 48. Dabei ergeben
sich durch die relativ kleine Schrift 14 bis 20 Buchstaben in
einer Zeile.

Die Textzeilen in dunkelbrauner, heute beriebener Kufischrift sind auf dem glatten, heute gedunkelten Pergament

gleichmäßig und ruhig gestaltet. Die Vokalisierung wird bestimmt durch rote, manchmal grüne Punkte, während schmale braune Schrägstriche als diakritische Zeichen zu verstehen sind. Die Verse sind durch kleine Goldrosetten geteilt. Nach jeweils fünf Versen teilt ein goldenes kufisches Zahlzeichen für 5, der Buchstabe h, den Text, nach zehn Versen ein goldener Kreis mit eingeschriebener Zahl. Der Titel der fünften Sure ist in Goldbuchstaben geschrieben und wird von einer Goldleiste, die zum Rand hin in eine filigrane Palmette ausläuft, umschlossen.

Georg Minkenberg

Lit.: Ahlwardt, Nr. 316.

Ornamentales Wandfeld von einer Gebetsnische   882

Samarra , Haus III, Zimmer 2
Mittlere Zeit (847–859), Stil A (Ornament 277)
Stuck, Sockel H. 48 cm; L. 76 cm; T. 10 cm
Museum für Islamische Kunst, Berlin, Inv.-Nr. I. 3535

Dieses Wandfeld stammt von einer Gebetsnische. Die zentrale Nische flankieren zwei Halbrundsäulen (nur die linke ist noch vorhanden). Die Nische selbst ist mit gereihten Vielpässen gefüllt, die mit Weintrauben und -blättern besetzt sind. Den äußeren Rand bilden zwei aufsteigende Weinranken. Der umlaufende Rahmen ist als Streifen gereihter Hohlperlen gestaltet. Die Gesamtkomposition kann als Lebensbaummotiv aufgefaßt werden. Bereits in den Palästen Harun ar-Raschids im syrischen Raqqa wurden Gebetsnischen in mehreren Räumen gefunden.

Jens Kröger

323

Tintenfaß   323

Iran (Susa), 9. Jh.
Formgegossenes Glas mit
applizierten Henkeln,
H. 6,6 cm; Dm. 6 cm
Musée du Louvre, Paris,
MAO S. 406

Tintenflasche   121

Irak, Samarra, Palast
Dar al-Khilafa, 9. Jh.
Gelbliches Glas,
H. 6,8 cm; Dm. 4,7 cm
Museum für Islamische Kunst,
Berlin, Inv.-Nr. Sam o. Nr.

Frei geblasene kleine Flasche mit eingedrücktem Boden. Derartige Flaschen wurden in großer Anzahl in dem Bereich des Palastes Dar al-Khilafa in Samarra während der Ausgrabungen 1911–1913 gefunden. Sie enthielten Reste einer schwarzen Tinte, die zum Schreiben benutzt wurde.

Tintenfaß   660

Ägypten, um 900
Vierkantiger geschliffener Glasblock, vier angelegte Ösen, H. 5,7 cm; Dm. 3,7 cm
Museum für Islamische Kunst, Berlin, Inv.-Nr. I. 4029

Das Tintenfaß gehört zu jenen Beispielen, die mit dem flachen Halsring und den vier Ösen zu den eindeutig bestimmbaren Tintenfässern gezählt werden können. Das spitz zulaufende Innere läßt die große Dicke des Glasblockes erkennen.

Bestellung von Papyrus   724

Arabisch, datiert 24. Mai 812 n. Chr.
Papyrus, 7 x 10 cm
Wien, Österreichische Nationalbibliothek, Papyrussammlung,
P. Vindob. AP 1053

Das Schriftstück ist versiegelt und datiert und verweist so auf seinen offiziellen Charakter. Daß neben Pergament und Papier auch noch Papyrus im abbasidischen Reich als Schreibmaterial benutzt wird, zeigt dieses offizielle, versiegelte und datierte Schriftstück. Die Dringlichkeit dieser Bestellung beweist nachhaltig der Umstand, daß man für die Bestellung einen vorher auf der anderen Seite beschriebenen Papyrus, der jetzt nur mehr Alt-Papyrus ist, verwendet hat.

Hendrik Budde

Lit: Ausst. Kat. Linz 1993, Pap. 44.

Tintenfaß   114

Iran, 8.–10. Jh.
Gelblichgrünes Glas, drei
angesetzte blaue Ösenhenkel,
spiraliges Glasfadendekor,
H. 6,8 cm; Dm. 5,8 cm
Museum für Islamische Kunst,
Berlin, Inv.-Nr. I. 2311

114

Der zylindrische Napf hat drei Ösen. Die Bestimmung als Tintenfaß legt außer den Ösen auch der ringförmig schließende Rand nahe. Es ist gut vorstellbar, daß das Tintenfaß so hing, daß es für den Schreiber bequem zu erreichen war. Der Fadendekor erinnert an den Schwung von Zierschriften.

Jens Kröger

Tintenfaß   308

Iran, Nischapur (?), 9.–10. Jh.
Kufi-Inschrift: «Al-mulk lillah» Gott ist die Herrschaft
In Stuckfassung eingelassenes Glasgefäß, H. 9,2 cm; Dm. 7,1 cm
Kopenhagen, The David Collection, 41/1982

Es ist anzunehmen, daß das mit einer Lobpreisung Gottes verzierte Tintenfaß in einer Form gegossen worden ist und als

«Serienproduktion» hergestellt wurde: Ein Beleg für die hohe
Entwicklung der Schreibkultur und den großen Bedarf an Tintenfässern im abbasidischen Kalifat.

Hendrik Budde

Tintenfaß   659

Iran, Nischapur (?), 9.–11. Jh.
In Stuckfassung eingelassenes Glasgefäß, H. 5 cm; Dm. 9,3 cm
Museum für Islamische Kunst, Berlin, Inv.-Nr. I. 7/62

Das eigentliche Tintenfaß besteht aus einem frei geblasenem
Glasgefäß von bauchiger Form. Es ist in eine quadratische
Stuckfassung eingelassen, deren Außenseiten mit Halbpalmetten dekoriert sind. Eine Reihe verwandter Tintenfässer ist
aus dem iranischen Raum bekannt geworden.

5.2.2 Religiöse Vielfalt im Reich Harun ar-Raschids

«Nun waren in unserer Stadt vier Zünfte: Muslime, Christen,
Juden und Feueranbeter; die verzauberte sie in Fische, und
die weißen sind die Muslime, die roten die Feueranbeter, die
blauen die Christen und die gelben die Juden.»

(Tausendundeine Nacht, 8. Nacht)

Im muslimischen Reich Harun ar-Raschids lebten in steuerlicher Abhängigkeit und mit zahlreichen Auflagen und Restriktionen belegt Christen verschiedener Glaubensrichtun-
gen – syrisch-orthodoxe, nestorianische und monophysitische –, Juden, Zoroastrier und Anhänger altorientalischer
Splitterreligionen wie die Jesiden, Manichäer und Mandäer.
Diese religiöse Vielfalt hat sich heute im Kernland des ehemaligen abbasidischen Kalifats im Irak und Iran erhalten.

Hendrik Budde

5.2.2.1   *Christen*

Die syrisch-orientalische Kirche

Die syrisch-orthodoxe Kirche von Antiochien gehört zu den
frühesten Glaubensgemeinschaften des Christentums. Als ihr
Oberhaupt gilt der Apostel Petrus, der 14 Jahre lang in Antiochien residierte und seinen apostolischen Stuhl um das Jahr
42 n. Chr. gründete. Er ist damit älter als der apostolische Stuhl
Petri in Rom. Schon im 2. Jahrhundert wird das Alte Testament, im 4. Jahrhundert das Neue Testament in die syrisch-
aramäische Sprache übersetzt. Syrische Gelehrte übertrugen

die Bibel auch ins Arabische und in andere Sprachen und missionierten den Osten bis Indien und China. Die Autorität des Patriarchen von Antiochien erstreckte sich auf alle Christen des Orients. Daher trägt er bis heute den Titel «Patriarch der Syrisch-Orthodoxen Kirche von Antiochien und dem ganzen Orient».

Aus dieser christlichen Urkirche lösten sich bedingt durch Verfolgungen und christologische Auseinandersetzungen verschiedene Kirchen. Ausgelöst durch den Machtkampf zwischen der römischen und byzantinischen Kirche kam es 451 auf dem Konzil von Chalkedon (Istanbul) zur Trennung zwischen der syrisch-orientalischen und byzantinisch-abendländischen Kirche. Innerhalb der syrisch-orthodoxen Kirche führte der dogmatische Streit um Person und Natur Christi zur Bildung von Teilkirchen. Verfolgt von der byzantinischen chaldäischen Reichskirche, mußte 518 Antiochien als Zentrum der syrischen Kirche aufgegeben und in das persisch-sasanidische Reich, in verschiedene Klöster Mesopotamiens, verlegt werden. Die Patriarchen der als «ostsyrisch» bzw. «nestorianisch» bezeichneten Kirche residierten zuerst im Kloster Mor Barsaumo bei Edessa, dann in Mitilene, im Jahre 1034 in Amida (Diyarbakir) und schließlich ab 1116 in Mardin bzw. in dem Kloster Deyr-Za'faran, wo sie bis in das 20. Jahrhundert verblieben. Die Nestorianer führen ihre Lehre auf Nestorius, Patriarch von Konstantinopel (428–431), zurück, der an zwei unvermischte und getrennte Naturen Christi glaubte. Die ostsyrische (nestorianische) Kirche bezeichnet sich heute als assyrisch-orthodoxe Kirche.

Die im byzantinischen Reich verbliebenen Gegner der Reichskirche organisierten sich neu unter dem Bischof von Edessa, Jakobus Baradäus (Jacub Burdcono) (✝ 578), der Tausende von Priestern und 89 Bischöfe weihte. Diese westsyrische Kirche wurde von ihren Gegnern verächtlich «jakobitisch» genannt oder nach ihrer Lehre, welche der göttlichen und menschlichen Doppelnatur Christi widersprach und ausschließlich an die göttliche Natur Christi glaubte, «monophysitisch». An der Frage der Unversehrtheit des Leibes Christi sollte sich die westsyrische Kirche noch einmal spalten. Nach 560 kam sogar noch eine dritte Partei dazu, die der Tritheisten, welche die Trinitätslehre als Lehre von drei göttlichen Personen auslegten. Obwohl das 3. Konzil in Konstantinopel (680–681), das 6. in der Reihe der ökumenischen Konzile, den Monophysitismus endgültig verurteilte, gelang es ihm, in einigen Kirchen bis heute zu überleben: sowohl die äthiopisch-orthodoxe wie die armenische Kirche, die koptische Kirche und die Jakobiten vertreten die Position des Monophysitismus. Die durch den Naturenstreit tief gespaltene syrische Kirche führte auch zu einer Spaltung des Volkes, die bis in die syrische Sprache hineinreicht.

Das Mönchtum spielte in der syrischen Kirche eine besondere Rolle. Da in den Klöstern die Bildung sehr gepflegt wurde, waren sie Träger einer umfassenden Kultur. Die syrischen Kirchen und die syrische Literatursprache konnten in den ersten Jahrhunderten der arabisch-muslimischen Herrschaft ihre Bedeutung erhalten. Bis ins 9. Jahrhundert wurden Schriften griechischer Philosophen, Mathematiker, Mediziner und Naturforscher zunächst ins Syrische und dann ins Arabische übersetzt. So haben die syrischen Gelehrten einen wesentlichen Beitrag zum Erhalt der griechischen Wissenschaften geleistet und diese in die arabische Welt tradiert, von wo sie ihren Einfluß auf das Abendland ausüben konnten.

Ostkirche im sasanidischen Reich

Neben der parthischen Stadt Ktesiphon gründete Ardasir I. um 230 eine neue sasanidische Stadt (Rundstadt), von den Persern Weh-Ardasir, von den Griechen Neu-Seleukeia, von der einheimischen aramäischen Bevölkerung Koke genannt. Das gesamte Stadtgebiet mit weiteren Städten hieß Mahoza, arab. Al-Madaᶜin (die Städte). Am Ostufer des Tigris lag die Stadt Asbanbar mit dem königl. Palast (Bogenhalle).

Das gesamte Stadtgebiet und die umgebende Landschaft war in spätsasanidischer und frühislamischer Zeit von einer Bevölkerung bewohnt, die sich aus Mitgliedern verschiedener Religionen zusammensetzte. Zu ihnen gehörten Zoroastrier, Juden, nestorianische und monophysitische Christen, Heiden, Manichäer, Mandäer und ab 637 Muslime. Christen fand man unter Aramäern, Persern, Kurden, Arabern und Syrern, und Aramäer konnten Heiden, Juden, Christen, Manichäer oder Muslime sein. Die unterschiedliche Bevölkerung, vor allem aber die verschiedenen Sprachen spiegeln die Funde der Ktesiphon-Ausgrabung 1928/29 und 1931/32 wider, da Ostraka in Aramäisch, Mandäisch, Syrisch, Hebräisch, Griechisch, Pahlavi und Arabisch gefunden wurden.

In Koke lag die große Kirche von Seleukeia, so daß der offizielle Titel des Patriarchats «Kirche von Koke» lautete. Außer der Kathedrale gab es in den Gebieten der Städte Seleukia und Ktesiphon noch eine ganze Reihe anderer Kirchen.

Am Ende des 6. Jahrhunderts waren die Christen die größte religiöse Gruppe in Mesopotamien. Hosro II. Parvis hatte zwei christliche Frauen. Er baute für sie eine Marienkirche und eine dem hl. Sergius geweihte Kirche. 614 entführte er aus Jerusalem das Heilige Kreuz; 629 wurde es nach dem Frieden zwischen Kavad II. und Heraklius wieder zurückgegeben.

778–79 übersiedelte der Bischof von Seleukia/Koke nach Bagdad. Die feierliche Ordinierung eines neu gewählten Patriarchen wurde jedoch weiterhin in Koke vorgenommen.

Hendrik Budde

Lit.: Kröger 2003.

Reliquientafel mit dem hl. Simeon auf der Säule 233

Syrien
Getriebenes Silber
Musée du Louvre, Paris

Auf hohem Niveau schufen die syrischen Goldschmiede ein reichhaltiges Repertoire an Juwelierkunst, das direkt von der Spätantike inspiriert war. Die Reliquientafel aus getriebenem Silber zeigt den Heiligen, der sein Leben auf einer Säule verbrachte. Um die Säule windet sich die Schlange der Versuchung. Die Muschel über dem Haupt des Heiligen ist eine Anleihe an klassische Vorstellungen.

Vier Evangelien nach der Peschitta 710

Syrien, Irak, 5./6. Jh.
Perg., 201 Bl., 33,5 x 26 cm
Staatsbibliothek zu Berlin, Preußischer Kulturbesitz, Orientabteilung,
Cod. Philipp 1388

Die kostbare Handschrift befand sich im Isaak-Kloster in Gabbula, 677 gehörte sie der Kirche von Beth-Bisa (Ort nicht bekannt), später war sie im Besitz des Säulenklosters bei Callinicus-Rakka. Die aufgeschlagenen Kanontafeln zeigen Textstellen, die übereinstimmend in je zwei bis vier Evangelien vorkommen. Wieder andere Tafeln führen Stellen auf, die nur bei einem Evangelisten vorkommen.

Die ältesten erhaltenen altsyrischen Handschriften sind in der Estrangelo-Schrift geschrieben. Die Peschitta oder «einfache» Übersetzung der Bibel ins Syrische (Aramäische) wurde wohl gegen Mitte des 5. Jahrhunderts angefertigt. Der

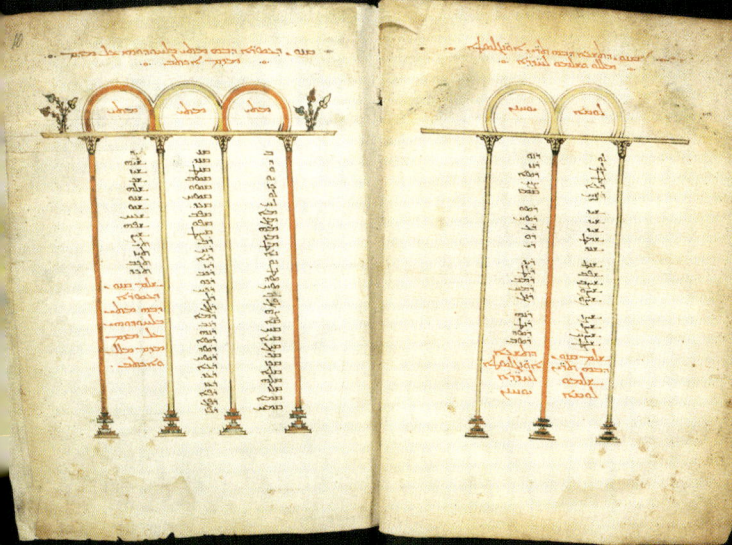

Begriff «peschitta» (oder auch «peschitto») bedeutet «einfach» und wird benutzt im Gegensatz zu der schwieriger zu lesenden Form, der Harklensis. Dies ist das von Thomas von Harkel 616 wesentlich sorgfältiger und viel direkter aus dem Griechischen übersetzte Neue Testament.

Hendrik Budde

Bibel nach der Peschitta   709

Irak, Tel-Kef, 8./9. Jh., 3 Teile: A: 8./9. Jh, (143 Bl), nestorianisch AT (Propheten) – B: 7.Jh. , 15 Bl., jakobitisch Petrus und Damian – C: 8./9. Jh (58 Bl), Teile NT Estrangelo
Perg., 220 Bl., 25 x 17,5 cm
Staatsbibliothek zu Berlin, Preußischer Kulturbesitz, Orientabteilung, Sachau 201

Evangeliar der monophysitischen Westsyrer   712
(Jakobiten)

Syrien, 12./13. Jh.
Pergament, 34 x 44 cm
Bayerische Staatsbibliothek, München, Cod. syr. 22

Nestorianisches Evangeliar   823

Syrien, 13. Jh.
Pergamenthandschrift, 195 Bl.
Aufgeschlagen: fol. 162v/163r: Die Auffindung des Wahren Kreuzes
Staatsbibliothek zu Berlin, Preußischer Kulturbesitz, Orientabteilung, Sachau 304, Bd. 3

Die aufgeschlagenen Seiten des nestorianischen Evangeliars zeigen vier Szenen der Kreuzlegende. Die beiden linken Abbildungen illustrieren den Traum Konstantins, der Juden nach dem Kreuze Christi graben sieht. Die untere rechte Abbildung illustriert die Legende, daß Helena drei Kreuze auffand. Um das Wahre Kreuz Christi zu identifizieren, wurde es einem soeben Verstorbenen aufgelegt, der wieder zum Leben erwachte.

Hendrik Budde

Neues Testament (Peschitta-Version)   459

Syrisch, Nestorianisch, Estrangelo-Schrift
Nordirak, 8. Jh. (?)
Fragment: Teile der Apostelgeschichte und den Beginn des Jakobusbriefs. Mit Lücken Paulusbriefe von 1 Kor 9,17 bis Hebr 10,2.
Pergamenthandschrift, 51 Bl. 25,5 x 17,5 cm
Bayerische Staatsbibliothek, München, Cod. syr. 8

Nach Lagenzählung und Paginierung zu urteilen, bot die Handschrift ursprünglich alle 22 Bücher der Peschitta in der üblichen Abfolge und Gruppierung (Teil 1–4: Mt, Mk, Lk,

823

Jo. Teil 5: Apg, Jak, 1 Petr, 1 Jo. Teil 6: Paulusbriefe). Der Text ist mit schwarzer, die Über- und Nachschriften sind mit roter Tinte geschrieben. Einzelne Wörter sind durch feine Punkte vokalisiert. Akzente (Punkte über, auf oder unter der Zeile) gliedern den Text in Sätze und Kola und geben verbindliche Anweisungen für die Rezitation. Abschnitte sind im Text durch Dreierpunkte, auf dem Außenrand durch Viererpunkte gekennzeichnet. Die syrischen Sektionszahlen sind auf dem Außenrand senkrecht zwischen Dreierpunkten notiert. Die übrigen Randnotizen dienen der Übersichtlichkeit des Textes und seiner liturgischen Verwendung.

Hendrik Budde

Lit.: Ausst. Kat. München 1983, Nr. 71.

574

Wandungsscherbe mit Stempeldekor «ein Gott» 574

Ktesiphon, 6.–7. Jh.
5 Stempelabdrücke, griechische Inschrift «ein Gott», im Zentrum Christusmonogramm, Wandungsscherbe aus unglasiertem Ton, schwarze Tinte, 7,8 x 6,5 cm, Dicke 0,7–0,9 cm
Museum für Islamische Kunst, Berlin, Inv.-Nr. Kt. o. Nr.

Während der Ktesiphon-Ausgrabungen wurden zwei unglasierte Scherben mit Stempeldekor gefunden. Es handelt sich um alltägliche Gebrauchsgegenstände. Wahrscheinlich stammen die Scherben von größeren Gefäßen, in denen Wein oder Öl transportiert wurde.

Ostrakon mit Estrangelo-Beschriftung 585

Ktesiphon, Kirche auf dem Hügel Qasr bint al-Qadi in der Rundstadt Weh-Ardashir/Koke, 6.–7. Jh.
15 Worte, vielleicht Schreibübungen, Texte und Zitate aus der Bibel (?), Wandungsscherbe aus unglasiertem Ton, schwarze Tinte, 7,8 x 6,5 cm, Dicke 7–9 cm
Museum für Islamische Kunst, Berlin, Inv.-Nr. Kt. W. 295

Unter einem Fußboden des Altarraumes der Kirche wurde ein Ostrakon, eine in Syrisch beschriftete Wandungsscherbe, gefunden, deren Schrift das nestorianische Estrengelo ist. Möglicherweise handelt es sich um eine Schreibübung. Nach der Lesung scheint es sich um einen liturgischen Text und Zitate aus der Bibel zu handeln, in dem der Gott Abrahams, Isaaks und Jakobs angerufen wird.

Bleisarkophag aus Tyrus mit christlichen Motiven 572

Syrien, wohl 3. Jh.
Blei
Musées Royaux d'Art et d'Histoire, Brüssel, A 929

Weihrauchbrenner mit christlichen Motiven 301

Syrien oder Palästina, 8. Jh.
Gegossene Bronze, Höhe 11 cm
David Collection, Kopenhagen, 7/1994

Der bronzene Weihrauchbrenner ist in Art einer Ampel an drei Ketten befestigt. Er zeigt christliche Motive, unter anderem die Kreuzigung Christi. Diese Motivwahl deutet auf die Verwendung des Weihrauchbrenners im liturgischen Gebrauch hin. Auffällig ist die Inschrift des Weihrauchbrenners,

572

eine Art Künstlersignatur: «gemacht von Yaqub, Sohn von Isaad von Damaskus».

Heike Nelsen-Minkenberg

Lit.: Folsach, Kjeld von, Art from World of Islam. The David Collection, Kopenhagen, 2001.

Vase   188
Homs
Keramik
Musée du Louvre, Paris

Die Vase aus Homs zeigt ein von zwei Kordeln eingefaßtes Zierband, auf dem florale Motive mit Personenmedaillons abwechseln, darunter solche mit Christus und Maria. Das Vorbild hierfür ist in griechisch-römischer Kunst zu finden.

Heike Nelsen-Minkenberg

Lit.: R. Casanelli und E. Carbonell, Von Mohammad zu Karl dem Großen, Stuttgart, 2001.

Relieffigur eines Heiligen   575
Ktesiphon, Kirche auf dem Hügel Qasr bint al-Qadi in der
Rundstadt Weh-Ardaschir/Koke, 6.–7. Jh.
Stuck, Reste der farbigen Fassung, H. 105 cm; B. 49 cm; T. 17 cm
Museum für Islamische Kunst, Berlin, Inv.-Nr. I. 7727

Die Relieffigur wurde 1928 bei den Ktesiphon-Ausgrabungen in der Kirche auf dem Hügel Qasr bint al-Qadi im Gebiet der

Rundstadt gefunden. Sie lag im Altarraum auf dem Rücken unter einem späteren Fußboden. Nach der Eroberung durch die islamischen Truppen wurde die Kirche umgewandelt, wahrscheinlich in ein Bad.

Da die Figur auf der Rückseite nicht ausgearbeitet ist, wird sie wahrscheinlich vor einer Wand gestanden haben. Für die Gläubigen wird die Figur in ihrer Farbigkeit und durch die Vergoldung eine besondere Aura gehabt haben. Ob hier der Heilige verehrt wurde, nach dem die Kirche benannt war, oder ob ein Schutzheiliger oder gar der Stifter der Kirche gemeint war, haben die Grabungen nicht klären können.

5.2.2.2 Nicht-monotheistische Religionen

Manichäismus

Mit dem in Mesopotamien entstandenen Manichäismus erwuchs dem frühen Christentum eine starke konkurriende Religion, die sich um das Mittelmeer ausbreitete. Die Lehre des Mani (216–276/77), der in der Täufersekte im Zweistromland aufwuchs, vereint in seiner Religion hellenistische, christliche, iranische und auch hinduistische Elemente. Der strenge Dualismus zwischen Licht und Finsternis kennzeichnet die starken Einflüsse der zoroastrischen Religion. Mani betrachtete das «Selbst» des Mensch als zum Lichtreich gehörig, das aber in der Materie der Finsternis gefangen ist und befreit werden muß. Er selbst verstand sich als der «Lichtapostel», der Licht und Materie endgültig trennen und die Welt retten würde. Als seine Vorgänger bezeichnete er Zoroaster, Buddha, Jesus und den Apostel Paulus.

Die Erhebung des Christentums zur Staatsreligion im Römischen Reich machte die Manichäer zu Verfolgten. Sie zogen sich entlang der Seidenstraße bis in den Norden Chinas zurück und verbreiteten sich auch in Indien. Noch bis ins 16. Jahrhundert soll es in China Manichäer gegeben haben. Ihre intensiven Missionsbestrebungen erforderten die Übersetzung ihrer Schriften in Türkisch, Koptisch, Chinesisch und viele andere Sprachen. Zur besseren Verbreitung ihrer Religion wurden die Handschriften oft reich illustriert. Es waren besonders die Anhänger des Manichäismus unter den sogdischen Kaufleuten, die die Lehre auf der Seidenstraße bis nach Xinjiang trugen. Die mit den Sogdern in enger Verbindung stehenden Uiguren gründeten Mitte des 9. Jahrhunderts das Königreich von Khocho, dessen Adel sich zu den Lehren des Mani bekannte.

Lit.: Yaldiz 2000, 362.

Zoroaster

Die auf den legendären Religionsstifter Zarathustra zurück-
gehende Lehre scheint ihren Ursprung in Baktrien genommen zu haben. Sie wird als erste monotheistische Religion
bezeichnet, doch sind die Lebensdaten Zarathustras unbekannt (wahrscheinlich zwischen dem 13. und 6. Jahrhundert v. Chr.). Die gegen den zeitgenössischen Polytheismus
gerichtete Religion verehrt Ahura-Mazda, für den es jedoch
kein Bildnis gibt, sondern nur das Symbol des reinigenden
Feuers, das zu den vier Grundelementen des Lebens – Wasser,
Erde, Wind und Feuer – zählt. Als das Heer Alexanders des
Großen Baktrien eroberte, nannten die Griechen sie fälschlich
«Feueranbeter»: Zoroaster (aster bedeutet Stern). Das persische Herrschergeschlecht der Hachamanischa (gr. Achai-
meniden, 8.–3. Jahrhundert v. Chr.) erhob die Lehre Zarathustras zur Staatsreligion (Parsismus). Diese Lehre blieb bis zur
islamischen Zeit die ethische Richtlinie der großpersischen
Reiche. Noch heute leben Anhänger dieser Lehre in verschiedenen Ländern der Welt, die Mehrzahl als Parsen in Indien.

Neben dem Eingottglauben basiert die Philosophie Zarathustras auf den drei Grundsätzen «gut zu denken», «gut zu
reden» und «gut zu handeln». In der Lehre Zarathustras
wurde im Gegensatz zu anderen Religionen Sklavenhaltung
abgelehnt.

Buddhismus

Der Verbreitung des Buddhismus im nordöstlichen Teil des
persischen Reiches wurde von den zoroastrischen sasanidischen Herrschern genauso geduldet wie die des Christentum,
Judentum und Manichäismus. Getragen wurden die buddhistischen Einflüsse von der Gandhara-Kultur (5. Jh. v. Chr. bis
6. Jh. n. Chr.), deren Hauptstadt Pushkalavati nahe Peshavara
an der heutigen pakistanisch-afghanischen Grenze lag. Ihr
kulturelles Zentrum war lange Zeit Taxila.

Beachtlichen künstlerischen Einfluß auf die Gandhara-Kultur hatten die Griechen, die unter Alexander dem Großen
327 v. Chr. das Land eroberten. Die Gandhara-Kultur war eine
Mischkultur aus hellenistischen, indischen und auch iranischen Einflüssen.

In abbasidischer Zeit lebte der Buddhismus weiter. Die
mächtige Familie der Barmakiden, die die obersten Berater
und Minister des Kalifats stellte, kam aus Baktrien. Es wird
angenommen, daß die Barmakiden Oberpriester des buddhistischen Tempels von Balkh waren. Erst in den letzten Jahren
der Omaiyadenherrschaft traten sie zum Islam über.

Hendrik Budde

689

Manichäisches Bet- und Beichtbuch   689

China, Khocho (Xinjiang), 8.–9. Jh.
Papier; 9,1 x 7,4 cm
Museum für Indische Kunst, Staatliche Museen zu Berlin, Preußischer Kulturbesitz

Das Buch umfaßt zwei unterschiedliche Teile, zum einen den Teil einer Bema-Liturgie in persisch-partischer Sprache und zum anderen einen Beichttext für Geistliche in sogdischer Sprache.

Hendrik Budde

Lit.: Gulácsi 2001, Nr. 28.

Skulptur eines anthropomorphen Elefanten   137
(Ganesha)

Quizil, Turfan, ca. 700
Lehm
Museum für Indische Kunst, Staatliche Museen zu Berlin, Preußischer Kulturbesitz, III 8206

Dem hinduistischen elefantenköpfigen Gott Ganesha entspricht im tantrischen Buddhismus Nepals die Göttin Gani-

137

patihardaya. Sie ist eine Manifestation der Muttergöttin Shakti und verkörpert damit die kosmische weibliche Kraft.

Heike Nelsen-Minkenberg

Bodhisattva Guanyin (Avalokitesvara)   557
China, Tang-Zeit, 7.–8. Jh.
Bronze, vergoldet; H. 8 cm
Museum für angewandte Kunst, Wien, BR 1440

Bodhisattva Puxian (Samantabhadra)   554
China, Tang-Zeit, 618–907
Marmor, 60 x 40 cm
Museum für angewandte Kunst, Wien, PI 651/1948

554

Bodhisattva Guanyin (Avalokitesvara)   556
China, Tang-Zeit, 7. Jh.
Bronze, vergoldet; H. 11 cm
Museum für angewandte Kunst, Wien, BR 1439

Bodhisattva Guanyin (Avalokitesvara)   555
China, Tang-Dynastie, 7.–8. Jh.
Bronze, vergoldet, H. 9 cm
Museum für angewandte Kunst, Wien, BR 1438

Stehender Buddha 691

Aghanistan, Gandhara, Svat (?), Kusana-Epoche (2./3. Jh.)
Schiefer, H. 74 cm; B. 32 cm; T. 13 cm
Museum für Indische Kunst, Staatliche Museen zu Berlin, Preußischer Kultur-
besitz, I 217

Die Figur ist ein Zeugnis der gräco-(romano-)buddhistischen
Gandhara-Kunst, deren Kerngebiet das Svattal war, wo es
mehr als 1400 Klöster gab. Die Figur entspricht eher dem griechischen Schönheitsideal, als daß sie das meditative Element
bei der Charakterisierung Buddhas zum Ausdruck bringt: Sie
ist mit einer griechischen Aurea umgeben, das Gewand erinnert an den Faltenwurf griechischer Plastiken.

Hendrik Budde

Lit.: Yaldis 2000, 30.

691

687

Manichäische Handschrift (Fragment)   687

China, Khocho (Xinjiang), Ruine a, 11. Jh. (?)
Papier, 18,8 x 29,2 cm
Museum für Indische Kunst, Staatliche Museen zu Berlin, Preußischer Kultur-
besitz, III 8259

Die Illustration zeigt eine zeremoniale Szene. Im unteren
Bereich ist die uigurische Königsfamilie dargestellt, darüber
befinden sich zwei manichäische Geistliche auf einem Lotus-
blütensitz. Das Fragment einer Doppelseite ist die größte aller
bekannten illuminierten manichäischen Handschriften.

Hendrik Budde

Lit.: Gulácsi 2001, Nr. 28.

581

Sasanidischer Feueraltar   581

Nord-Iran, Provinz Aserbaidschan, 6. Jh.
Aus dem Feuertempel in Takht-i Sulaiman
Kalkstein, 88 x 32 x 31 cm
Museum für Islamische Kunst, Berlin,
Inv.-Nr. I. 22/69

Während der Ausgrabungen auf
dem Takht-i Sulaiman in der
Provinz Aserbaidschan in Nord-
iran wurde ein Schaft gefunden,
der von einem Feueraltar stammen könnte. Wie die Münzdar-
stellungen zeigen, fehlt eine
größere Platte, die auf dem
Schaft aufsaß. Vielleicht wurde
der Schaft auch als Räucheraltar
verwendet.

580

Vier Sasanidische Silberdrachmen mit Feueraltar   580

Ardaschir I. (224–241), Schapur I. (241–272), Ardaschir III. (628/630),
Kavad II. (628)
Museum für Islamische Kunst, Berlin (Inv.-Nr. I. 5382)

Sasanidische Silbermünzen zeichnen sich durch feste Grund-
bestandteile aus. Auf der Vorderseite ist stets die Büste des
Großkönigs mit einer für jeden Herrscher typischen Krone
wiedergegeben. Auf der Rückseite befindet sich der Feueraltar, gewöhnlich mit zwei Assitenzfiguren. Die Pahlawi-In-
schriften nennen die Königstitulatur, das Münzamt und das
Regierungsjahr des jeweiligen Herrschers. Sasanidische Silbermünzen haben ein festes Gewicht von rund 4 g und waren
ein international gültiges Zahlungsmittel, so daß sie bei Ausgrabungen von Schweden bis China gefunden werden. Die
Organisation der sasanidischen Münzämter war so vorbild-
lich, daß sie in frühislamischer Zeit übernommen wurden.

Jens Kröger

5.2.2.3   *Juden in Bagdad*

Die Jüdische Gemeinde in «Babylonien»:

Das Zeitalter der Geonim (650–1000)

Während der Zeit der Abbasiden erlebte die in «Babylonien»
(Irak/Iran) lebende jüdische Gemeinde eine religiöse und kulturelle Blütezeit. Die Gemeinde, die ihre Geschichte bis auf
das «Babylonische Exil» zurückführen konnte, lebte bereits
während der Zeit der sasanidischen Herrscher freier als die
jüdischen Gemeinden Palästinas unter christlich-byzantini-
scher Herrschaft. Die religiöse Grundlage des sasanidischen
Königtums bildete der Zoroastrismus und seine Priester-
schaft, doch unterlagen die Beziehungen zwischen Königs-
herrschaft und der Priestermacht starken Schwankungen. Der
Zoroastrismus hatte, im Gegensatz zum Christentum, nicht

die Stellung einer Staatsreligion und war gegenüber der christlichen und jüdischen Religion relativ tolerant. Der sasanidische Herrscher Jezdegerd I. (reg. 399 bis 420/421) war sogar mit einer Jüdin verheiratet.

Unter der muslimischen Herrschaft lebten die Juden zwar in steuerlicher Abhängigkeit, besaßen aber ihre eigenen Gerichtshöfe und ihren eigenen Führer, den Exilarchen oder Resch Galluta. Der erste Resch Galluta, der öffentlich durch den Kalifen anerkannt und am Hof empfangen wurde, war Bustanai ben Haninai (590–670). Die Jüdische Gemeinde in Bagdad wuchs in abbasidischer Zeit zur größten in «Babylonien» heran. Die Toleranz der muslimischen Herrscher gegenüber den jüdischen Untertanen und der Ausübung ihrer Religion war allerdings Schwankungen unterworfen. Besonders einschneidende Verordnungen erließ Harun ar-Raschid, der verlangte, daß Juden und Christen auf ihrer Kleidung sichtbare Zeichen tragen sollten. Zu den sonstigen Auflagen zählte auch das Verbot für Juden, Pferde zu reiten. Unter Kalif Al-Mutawakkil (880) waren die Restriktionen gegen die Juden besonders stark. Es wurden sogar Synagogen zu Moscheen umgewandelt. Dennoch konnten jüdische Gelehrte ihren Einfluß wahren und hohe Staatsämter bekleiden.

Die Lehrhäuser (yeshivot) Babyloniens, die Akademien von Sura und Pumbedita, entwickelten sich zum Mittelpunkt jüdischer Gelehrsamkeit, die für große Teile des Judentums richtungweisend wurden. Ihre Häupter, «Geonim», übertrafen noch das Ansehen des Exilarchen. Der Gaon von Sura war das Oberhaupt des gesamten religiösen Lebens der Juden. In Antwortbriefen, Responden, nahm er Stellung zu allen Fragen des jüdischen Lebens. Finanzielle Unterstützung erfuhren die Akademien von Sura und Pumpedita nicht nur durch die babylonische Gemeinde, sondern auch durch die Juden Europas, Asiens und Afrikas. Viele dieser Briefe und Spendennachweise sind in der Geniza von Kairo gefunden worden. Gegen Ende des 9. Jahrhunderts wurden die yeshivot von Sura und Pumbedita nach Bagdad verlegt. Der bedeutendste Denker des rabbinischen Judentums im Mittelalter war Saadja Gaon. Der berühmte jüdische Mystiker Aaron ben Samuel ha-Nasi trug im 9. Jahrhundert seine Lehre von Bagdad nach Italien, und seine Schüler verbreiteten sie weiter bis nach Frankreich und Deutschland.

Wie der Babylonische Talmud wurde auch der Babylonische Ritus kanonisch für viele jüdische Gemeinden. Das von Amram Ben Sheshna († ca. 875), Gaon von Sura, zusammengestellte früheste erhaltene Gemeinde-Gebetbuch «Seder Rav Amram» bringt zum ersten Mal die Gebete in eine systematische Ordnung für den gesamten Jahreszyklus. Neben der jüdischen Gemeinde in «Babylonien» (Irak/Iran) befolgten auch die sefardischen den babylonischen Ritus: auf der Iberischen Halbinsel und nach der Vertreibung 1492 in Marokko, im Nahen Osten, in den Niederlanden und anderen Teilen der

Welt. Der aschkenasische Ritus entwickelte sich in Frankreich und Italien und orientiert sich an der «palästinensischen» Überlieferung.

Hendrik Budde

Zauberschüssel mit magischen Formeln und biblischen Versen auf Aramäisch 814

Babylonien, ca. 600
Keramik
Jerusalem, Jewish National University Library

814

Saadja Gaon (882–942) 704

Arabische Übersetzung der Tora (siehe Abb. S. 124)
in hebräischer Schrift, Jemen, 19. Jh.
Papier, 159 Bl., 29 x 19,5 cm
Staatsbibliothek zu Berlin, Preußischer Kulturbesitz, Orientabteilung,
Ms or fol 1320

Die Kultursprache der Juden in Babylonien war das Arabische. Saadja al Fajjumi, das Oberhaupt der yeshivot, war der erste, der die hebräische Bibel ins Arabische übersetzte. Als erster bedeutender Denker des jüdischen Mittelalters schuf Saadja Gaon mit seinen philosophischen Schriften die Basis für das spekulative Denken. Grundlage seiner Philosophie war der Neoplatonismus und nicht die in der arabischen Welt vorherrschende Lehre des Aristoteles.

Hendrik Budde

704

Ardasirbuch (Ardasir-Nama)   705

Schahin (Sahin) aus Schiras (14. Jh.),
Persien (Umkreis Isphahan), 2. Hälfte 17. Jh.
Papier, 203 Bl., 15,5 x 21,5 cm
Staatsbibliothek zu Berlin, Preußischer Kulturbesitz, Orientabteilung,
Ms.or.qu.1680

Schahin, der berühmteste persische Dichter seiner Zeit, gehörte zur jüdischen Minderheit des Landes. Während der relativ religionstoleranten Herrschaft der mongolischen Khane
verfaßte er seine Werke, die biblische Themen mit der persischen Klassik verbanden. Das Ardasirbuch orientiert sich an
dem persischen Nationalepos «Shah-name» des Firdousi
(940–1020/21) und verbindet die Gestalt des Bahman (Arda-
sir/Artaxerxes) mit dem Buch Ester. Das Buch Ester beschreibt
die Rettung der persisch-babylonischen Juden im 5. Jahrhundert v. Chr. Der Triumph der Ester und des Mordechai über
Haman, den Minister des persischen Königs Ardasir/Artaxer-
xes, den Feind der Juden, und seine Söhne wird am 14. Adar
(Febr./März = 12 Monat des jüdischen Kalenders) mit dem
Purim-Fest gefeiert, an jenem Tag also, den Haman durch Los-
werfen (Pur) zur Vernichtung der Juden bestimmt hatte. In der
Synagoge wird am 14. Adar die Esterrolle verlesen. Sie gehört
zu den fünf Megillot (»Rollen«) – die fünf kleinen biblischen
Bücher: Hohelied, Rut, Prediger, Klagelieder und Ester –, die
neben der Torarolle in der Synagoge gelesen werden. Im Orient haben alle fünf Bücher die Form der Rolle beibehalten,
während dies im Aschkenas nur noch für die Esterrolle (Megilla) üblich ist und die anderen in Buchform gebunden sind.

705

Aufgeschlagen: Ardasir läßt durch seinen Wesir (Bishutan) die schönsten Jungfrauen des Landes vor sich versammeln. Darunter ist auch Ester (hebr. hadassah = die immergrüne Myrthe; pers. Venus), die Nichte des Mordechai.

Hendrik Budde

Lit.: Kurio 2002, S. 45; Lenfant 1995, 20.1/9.

5.2.2.4 Muslime in Bagdad

Von dem zweiten abbasidischen Kalifen, al-Mansur, als neue Residenz gegründet, kam Bagdad von Anbeginn an ein wichtiger Rang in der muslimischen Welt zu. Dieser Rang blieb der Stadt trotz des Ausweichens der späteren Kalifen in andere, neu erbaute Residenzen wie Raqqa oder Samarra erhalten.

Gerta K. Dohd

Grabtüren   147

Bagdad, Mitte 8. Jh.
Holz, zwei Flügel, H. 2,55 x 1,23 m
Athen, Benaki Museum, Inv. Nr. 9121

Al-Khatib listet in seiner Beschreibung von Bagdad eine Anzahl von Friedhöfen auf, die er aus verschiedenen Quellen
wiedergibt. Der älteste Friedhof lag demnach am Damaskus-
Tor. Zu al-Khatibs Zeiten gab es zahlreiche Grabstätten in der
Umgebung von al-Karkh. Er erwähnt die Namen der hier
bestatteten religiösen Führer und Gelehrten, gibt aber keine
Auskunft über die bauliche Form der Gräber. Die Türen, die
einen Sarkophag bedeckten, sind wahrscheinlich ursprünglich für einen anderen baulichen Zusammenhang verwendet
worden, denn Holz war ein wertvolles Baumaterial in Mesopotamien. Die Ausbildung des Türornaments steht umaiyadi-

schen und frühabbasidischen Dekoren sehr nahe. Das Hauptmotiv, das vier Mal auftritt, ist ein Baum, umgeben von üppigem Blattwerk und eingefaßt von einem Bogenfries: vielleicht das Symbol des Lebensbaumes.

Hendrik Budde

Lit.: Ausst. Kat. Amsterdam 1999, 105.

5.2.3 Leben in Bagdad

«Man findet überall Menschen, die Bagdad ihrem Herkunftsort vorziehen. Jede Völkerschaft besitzt ihre eigenen Viertel sowie Handels- und Marktzentren; das ist auch der Grund dafür, daß hier zusammengetragen ist, was es an keinem anderen Ort der Erde gibt. (…) Nicht nur ist das Klima geregelt, sondern auch der Ackerboden ist von bester Güte, das Wasser frisch, Bäume wachsen und gedeihen mit Früchten von perfekter Qualität. Ein weiterer Effekt dieses ausgeglichenen Klimas ist, daß die Einwohner von gutmütigem Wesen sind, intelligent und von weltoffener Haltung. Die Bagdader zeichnen sich darüber hinaus durch ihr Wissen, verständiges Wesen, Kompetenz und Fähigkeit in allen Berufen und Handelssparten aus.»

Auch wenn die Worte des im 9. Jahrhundert schreibenden arabischen Geographen und Historikers al-Yaʿqubi in einem für europäische Ohren sehr blumigen Sprachstil erklingen, so scheint doch eine «Weltoffenheit» als Leitmotiv hindurch. Eine solche Weltoffenheit ist schon durch den Tatbestand zu erklären, daß sich im Bagdad der Abbasidenzeit Hunderttausende von Einwohnern zusammenfanden, darunter – durch den regen Handel angezogen – zahlreiche «Ausländer» unterschiedlichster Herkunft und unterschiedlichen Glaubens, die mit den ihnen eigenen religiösen Traditionen und allgemeinen Gewohnheiten das Leben in der Stadt zu einem Gutteil mitprägten.

Heike Nelsen-Minkenberg

Felix Droese – Die heile Welt der Dummen, 2002   897
Schwarzer Karton, Papierschnitt, 2,80 x 3,44 m
Besitz des Künstlers

In einer scheinbar direkten künstlerischen Form argumentiert Felix Droese auf die Frage der politischen Strukturen zwischen dem Orient und dem Westen: In einer seiner großen wandfüllenden Scherenschnitt-Arbeiten ist hinter zwei Ölfässern ein in den Vorderläufen eingeknicktes Kamel zu sehen, anscheinend zusammengebrochen unter der Last dreier Symbole, des Kreuzes, des Krummsäbels und der Menorah. Die monumentalen, hölzern ausgeschnittenen

Gegenstände könnten wie eine simple Botschaft in einem volkstümlichen Medium wirken, doch durch seine bewußt rohe, antiästhetische Ausführung stellt sich ein vordergründiger Inhalt wieder selbst in Frage. Die Dinge erscheinen wie materialisierte Schattenrisse der Wirklichkeit, Schattenseiten des Lebens – und man muß laut Kierkegaard erst durch dies äußere Bild hindurchschauen, wenn man das «dahinter» liegende innere (d. h. seelische) Bild bemerken will. So ist jenseits des scherenschnittartig vereinfachten «Pamphlets» über die geschundene Kreatur, die stellvertretend für die Menschheit das aus den Ideologien resultierende Leid erträgt, über den Kampf um Land und Öl oder über die Last der Religionen (deren Symbole eher Kampfwerkzeugen gleichen) auch eine tiefere Sinn- oder Seelenhaftigkeit verborgen, von der die reale Gegenwart nur einen groben Widerschein abgibt.

Adam C. Oellers

897

Felix Droese – Priesterbetrug, 2003   898
Druckkarton, Fotokopie, Papierschnitt, 34,5 x 46 cm
Besitz des Künstlers

Die Mehrschichtigkeit oder die Verknüpfung scheinbar klischeeartiger Bilder und Begriffe mit verschlüsselten, hintergründigen Aussagen ist ein Arbeitsprinzip Droeses, welches sich auch in kleineren, seriellen Arbeiten fortsetzt: etwa in einer jüngsten Gruppe von Scherenschnitten, welche sich einer kartonierten Bildvorlage aus aufgedruckten Trauben

898

bedient, um in ihr eine Anzahl Wörter auszuschneiden, die zu einer Art Begriffs-Matrix zwischen Terror und Demokratie angeordnet sind und die wiederum auf einem neuen Bildträger fixiert wurden. Nicht nur die Begriffe übermitteln vielfältige Bezüge und Anspielungen, auch die Verdopplung der Farbbilder vermittelt eine spezielle Thematik: Die Trauben spielen auf die Paradiesverheißungen im Koran an, wo die Belohnung des Gläubigen mit der Traube als einer Gabe der Reinheit erfolgt (was dann später in eine Belohnung mittels reiner Jungfrauen umgedichtet wurde). Auch die den Schriftblättern unterlegten Bilder können wiederum politische Implikationen enthalten; auch dort findet der Antagonismus von ideologischem Anspruch und Wirklichkeit statt, denn in der vorliegenden Arbeit hat eine Abbildung des vergitterten zukünftigen Holocaustdenkmalplatzes in Berlin Verwendung gefunden – ein öffentliches Monument also, das sich selbst wiederum von der Gesellschaft ausgrenzen wird.

Adam C. Oellers

5.2.3.1   Parfum und Badekultur

Bäder – Die Rituelle Reinigung

«Siehe Allah liebt die sich Bekehrenden und liebt die sich Reinigenden.»

(Koran, II, 222).

Bäder haben in der islamischen wie auch in der jüdischen Welt religiösen Ursprung. Sie dienten in erster Linie der ritu-

ellen Waschung und in zweiter dem Vergnügen. Die Herrscher bauten sich für die seelische und körperliche Reinigung
prunkvolle Bäder in ihren Palästen.

Die öffentlichen Bäder in den Städten waren klein und
funktionell. Die Bedeutung einer Stadt konnte sich an der
Anzahl ihrer Bäder ablesen lassen. Meistens waren es Privat-
leute, die solch ein Bad aus religiösen Gründen stifteten.
Al-Khatib (1002–1071) berichtet in seiner Beschreibung von
Bagdad, daß nach Angaben früher Quellen «zu jedem Bad-
haus fünf Moscheen» gehörten und sich im Stadtgebiet von
Bagdad 60 000 Badhäuser befunden hätten. Diese Angaben,
so merkt er kritisch an, dürften zu hoch gegriffen sein; immer-
hin gibt er die Anzahl der Bäder zu seiner Zeit mit 10 000 an.
Bekannt ist, daß es in der spanisch-umaiyadischen Metropole
Córdoba – bei einer geschätzten Bevölkerung von 600 000
Einwohnern zu Ende des 10. Jahrhunderts– etwa 1500 Mo-
scheen und nahezu 1000 öffentliche Bäder gab.

Hendrik Budde

Harun ar-Raschid im Bad   820

Illustration in: Nisami (1141–1209), Chamsa,
Schiraz (?) Iran, datiert 974–975 H. (1566–68)
Papier, 381 Bl., 27 x 18 cm
Staatsbibliothek zu Berlin, Preußischer Kulturbesitz, Orientabteilung,
Ms or quart 1940

Die Darstellung illustriert die 19. Geschichte in Nizamis
«Machsan al-asra» (Schatzkammer der Geheimnisse), welche
die legendenhafte Geschichte des Kalifen Harun ar-Raschid
(768–809) und seines Barbiers, der ihn täglich im Bad rasier-
te, erzählt.

Nisami gilt neben Firdausi als berühmtester Dichter Per-
siens. Sein Ruhm gründet sich auf fünf Epen, die unabhängig
voneinander über einen jahrzehntelangen Zeitraum entstanden. Diese wurden zusammengefaßt und in der Reihenfolge
ihrer Entstehung als «Fünfer» (Chamsa) bezeichnet.

Hendrik Budde

Der Kalif im Bad   491

Illustration (Einzelblatt) in: Nisami (1141–1209), Chamsa, Schiraz, Iran,
2. Hälfte 16. Jh.
Papier, 30,4 x 21,1 cm (Illustration 22,4 x 16,7 cm)
Kopenhagen, The David Collection, 31/1981

Die Rasur gehörte für viele Muslime zur rituellen Reinigung,
insbesondere bevor eine Pilgerreise angetreten wurde.

Hendrik Budde

Lit.: Kat. Kopenhagen 1996.

820

Kleine Flasche 661

Iraq, Samarra, 9. Jh.
Farbloses Glas, Schnittdekor; H. 8,5 cm; Dm. 2,5 cm
Museum für Islamische Kunst, Berlin,
Inv.-Nr. Sam 183

Die kleine, während der Grabungen in Samarra gefundene
Flasche wurde zunächst in eine Form geblasen und anschließend dekoriert. Es ist charakteristisch für den islamischen Kulturkreis, daß auch einfache Gefäße für den täglichen
Gebrauch sorgfältig verziert wurden.

Tiegel   **632**

Ostiran, 9.–10. Jh.
Bronze, gegossen, L. 16,5 cm
Museum für Islamische Kunst, Berlin, Inv.-Nr. I. 5629

Die durch den langen Ausguß gekennzeichnete halbkugelige
Träufelschale diente als Behälter für Farbstoff. Der Dekor
dieses zwischen Afghanistan und Armenien verbreiteten
Gefäßtyps konzentriert sich auf die Griffplatte und den Rand.
Während hier seitlich vorkragende Flügel und den Ausguß
flankierende Haken das Vogelkopfmotiv aufnehmen, bilden
gegenständige Vogelköpfe die Augen der palmettenförmi-
gen Griffplatte.

Jens Kröger

Zahnflasche   **665**

Irak, Samarra, 9.–10. Jh.
Grünes Glas, 7 x 3 cm
Museum für Islamische Kunst, Berlin, Inv.-Nr. I. 4032

Zerstörungen der Oberfläche zeigen, daß die kleine Flasche
längere Zeit den Wüstenstürmen ausgesetzt war. Sie wurde
während der Grabungen in Samarra gefunden

Zierflasche   **664**

Ägypten, 9.–10. Jh.
Grünes Glas, 7 x 3 cm
Museum für Islamische Kunst, Berlin, Inv.-Nr. I. 6123

Die Flasche wurde in dem trockenen Klima Ägyptens bestens
konserviert. In der tropfenfömigen Kammer hat sich der
ursprüngliche Inhalt erhalten. Das bräunliche Pulver ergab
ein weißes Make-up für die Damenwelt. Die kleine Flasche ist

664, 665, 663

mit einem Stöpsel aus Palmfaser verschlossen. Flasche und Inhalt zeigen, daß die Mehrzahl dieser kleinen Gefäße dem Handel dienten und der Inhalt vornehmlich zum Schminken verwendet wurde.

Jens Kröger

Zahnflasche 663

Iran, 9.–11. Jh.
Blaues Glas, 7,5 x 3 cm
Museum für Islamische Kunst, Berlin, Inv.-Nr. I. 4415

Diese kleine Zahnflasche besticht durch die wunderbare dunkelblaue Farbe. Der kantig beschliffene Trichterhals ist mit einem Goldblech ausgelegt.

Zahnflasche 662

Iran, 9.–11. Jh.
Massiver Glaskörper mit Millefioriummantelung, 4,5 cm; Dm. 2 cm
Museum für Islamische Kunst, Berlin, Inv.-Nr. I. 2/73

Wenngleich die Form der für den islamischen Kulturkreis typischen Zahnflasche nicht leicht zu erkennen ist, weil sowohl die vier Füße als auch der Hals fehlen, ist doch deutlich sichtbar, daß die Plättchen aus Millefioriglas auf einen hellgrünen Glaskern aufgeschmolzen wurden. Erst danach wurde mit der Ausführung des Schnitt- und Schliffdekors begonnen. Es handelt sich daher um eine besonders kostbare Form der Zierflasche für den Schminktisch von Frauen.

Spiegel 544

China, Tang-Zeit, 618–906
Bronze mit sog. Lackpatina, Dm. 17 cm
Museum für angewandte Kunst, Wien, BR 1427

544

Flacon mit aufgelegtem Fadendekor in Tierform   299

Syrien, 7.–9. Jh.
Glas, frei geblasen mit angesetztem Dekor, 8,5 cm; Dm. 10 cm
Kopenhagen, The David Collection, 49/1979

Von diesen sicher für kostbares Rosenwasser oder für eine
andere Duftessenz benutzten Gefäßen sind eine Anzahl in
unterschiedlichem Erhaltungszustand überkommen.

Hendrik Budde

Lit.: Ausst. Kat. New York 2001, 29–32; Folsach 2001, Abb. 316.

Flacon mit aufgelegtem Fadendekor in Tierform   656

Syrien, 7.–9. Jh.
Glas, frei geblasen mit angesetztem Dekor, 8,5 cm; Dm. 10 cm
Museum für Islamische Kunst, Berlin, Inv.-Nr. I. 1951

Zu den typischen syrischen Gläsern gehören kleine Flaschen,
die auf dem Rücken eines Tieres sitzen. Hier handelt es sich
um ein Pferd. Mit Fadendekor versehen, war die Herstellung
für den Glasbläser eine Möglichkeit, um seine Virtuosität im
Umgang mit dem Material Glas zu demonstrieren.

5.2.3.2 *Tausendundeine Nacht*

Nahezu alle westlich-romantischen Vorstellungen vom Zau-
ber des Orients verbinden sich bis heute mit den Erzählungen
von Tausendundeiner Nacht, die im Bagdad der Zeit des
mächtigen und weisen Kalifen Harun ar-Raschid spielen.
Doch sind sie eine späte westliche Kompilation aus einem im
10. Jahrhundert entstandenen arabischen Textkorpus, die
ihrerseits wiederum die arabische Literatur beeinflußte.

Georg Minkenberg

Tausendundeine Nacht   428

Arabien, 14. Jh.
Papier, 26 x 18 cm
Bibliothéque Nationale de France, Ms. ar. 3610

Die Handschrift stammt aus dem Besitz des ersten europäischen Übersetzers von Tausendundeine Nacht, Antoine Galland (1646–1715). Der Orientalist hatte sich die Schrift für
seine Studien aus Syrien beschafft. Die Handschrift, die nach
der 282. Nacht abbricht, weist Arbeitsnotizen und andere
Spuren dafür auf, daß Galland sie als Quelle für seine berühmte Fassung verwendete. Die Sammlung der Märchen, Anekdoten, Fabeln und Liebesgeschichten, die Scheherazade dem
König Schehriyar von Samarkand erzählt, um ihr Leben zu ret-

656

ten, da dieser seine Frauen üblicherweise nach der Hoch-
zeitsnacht töten läßt, lag in arabischer Sprache bereits seit
dem 10. Jahrhundert vor.

Hendrik Budde

Lit.: L'Etrange et le Merveilleux en terre d'Islam, Paris 2001.

5.2.3.3 Genußmittel

Wiewohl der Islam sämtlichen Drogen, vor allem dem Alkohol,
ablehnend gegenübersteht, ist die städtische und vor allem
höfische Kultur Bagdads in der Zeit um 800 Genüssen und
vor allem dem Weinkonsum durchaus zugewandt, was nicht
zuletzt die literarischen Zeugnisse dokumentieren. Auch der
Kalif genoß den Wein, hinter einem Vorhang sitzend, bei den
wöchentlichen Abendkonzerten im Palast. Die christlichen
Klöster in Bagdad profitierten durch ihre Weinkeller nicht
schlecht von der Trinklust der jeunesse dorée der Stadt.

Georg Minkenberg

Tasse   388
Irak, 9. Jh.
Keramik, H. 9,5 cm; B. 12 cm; T. 12 cm
Ashmolean Museum of Art and Archaeology, Oxford

Zinnglasierte Tonwaren der abbasidischen Periode in anderer
Form als Teller oder niedrige Schale sind selten. Diese Tasse
mit blauer Palmettenbemalung auf weißer Glasur ist das ein-

zig bekannte Exemplar dieser Form, doch stellt das Palmettenmotiv eine typische Dekorationsform der Zeit dar.

Georg Minkenberg

Lit.: London, 1969, S. 11, Nr. 9; Kat. London 1976, S. 214, Nr. 253.

Kanne   209

Ägypten, 8. Jh.
Bronze, gegossen, H. 43 cm
Museum für Islamische Kunst, Berlin, Inv.-Nr. I. 3553

Die Kanne gehört zu den sechs Gefäßen, die bei Abusir al-Malaq (Fayyum) in der Nähe der Grabstätte des letzten Umaijadenkalifen Marwan II. (749 ermordet) gefunden wurden. Zwei Kannen im Museum für Islamische Kunst in Kairo zeigen eine ähnliche Form, die durch den kantigen Gefäßkörper bestimmt wird. Das von drei Füßen getragene Gefäß basiert hier auf einem Sechseck, das die vertikalen Kanten bedingt, während ein scharfer Umbruch in Schulterhöhe die

Horizontale betont. Das lange, schräg ausgestellte Ausguß-
rohr, das hier ansetzt, ist für den Kannentyp verbindlich.

Jens Kröger

Lit.: O. Rubensohn und F. Sarre: Jahrbuch der Preußischen Kunstsammlungen
50, 1929, 85–95.

Dessertplatte 038

Iran oder Irak, 9.–10. Jh.
Glasierter Ton, H. 3,2 cm; Dm. 25 cm
Museum für Islamische Kunst, Berlin, Inv.-Nr. I. 12/58

Die Dessertplatte, für Süßigkeiten und Nüsse, besteht aus
acht aneinandergefügten kleinen Schälchen. Die gespren-
kelte Glasur erinnert an chinesische Vorbilder der Tang-Zeit.

038

5.2.4 Die Ordnung des Lebens

Markt

Bereits zur Regierungzeit des Stadtgründers von Bagdad, al-
Mansur, wurde der Markt aus der Rundstadt heraus nach al-
Kharkh verlegt. Neben al-Kharkh entwickelte sich der »Diens-
tagsmarkt« (Suk ath-Thalatha) am Ostufer des Tigris zum Han-
delszentrum.

Über den Reichtum der Märkte in Bagdad schrieb al-Yakubi
(† 897) voller Begeisterung: «Da gibt es kein Volk aus irgend-
einem Land, das hier nicht sein Viertel hätte, einen Platz für

den Austausch seiner Produktion und einen eigenen Bezirk. Das, was man in keiner anderen Stadt der Welt finden kann, wird hier zusammengebracht. Auf jeder Seite fließen die zwei größten Ströme, Tigris und Euphrat. Zu Lande und zu Wasser gelangen Waren und Lebensmittel auf den einfachsten Wegen in die Stadt, so daß alle Handelsgüter, die man vom Osten und Westen der Länder des Islams gebracht hat – abgesehen von denen aus anderen Ländern –, hier vertreten sind. Soviel Handel wird mit Indien, Sind, China, Tibet, den Türken, Dailam, den Chazaren, den Äthiopiern und anderen Ländern betrieben, daß man in Bagdad mehr Waren finden kann als selbst in den Ursprungsländern.»

(Kitab al-Buldan, zit. n. Rührdanz)

Um die Ordnung auf den Märkten aufrechtzuerhalten, war ein Muhtasib genannter Staatsbeamter eingesetzt. Er achtete darauf, daß die Gewichte nicht gefälscht waren und die Waren zu einem ihrer Qualität angemessenen Preis geliefert wurden. Das Amt des Muhtasib kam wohl gleichzeitig mit der Besteuerung der Basare in Gebrauch. Der Überlieferung zufolge soll al-Mahdi (775–785) der erste Kalif gewesen sein, der die Bagdader Basare besteuerte.

Hendrik Budde

Lit.: Rührdanz 1991, S. 66.

Sahifat ʿAbd Allah ibn Lahiʿa – Rolle des Ibn Lahiʿa – 363 Schrift eines ägyptischen Kadi

Ägypten, 9. Jh.
Papyrus, 23 x 189 cm
Institut für Papyrologie der Ruprecht Karls-Universität, Heidelberg, Papyri Schott Reinhardt, 50–53

Vorschreibung für die Kopfsteuer 726

Ägypten, 10. Jh.
Papier, braune Tinte, H. 13,1 cm; B. 4,4 cm
Wien, Österreichische Nationalbibliothek, Papyrussammlung,
P. Vindob.ACh8788

«Im Namen Gottes des Barmherzigen, des Erbarmenden! Es ist für richtig befunden worden zu zahlen für Georgios, Sohn des Apa Laheu, den Hirten, gemäß dem, was ihm obliegt, von der Kopfsteuer für die Steuer des Jahres neunzig und dreihundert, einen Dinar und einen halben ʿAzizischen Gepräges. Geschrieben von al-Hassan, Sohn des Ishak, mit seinem eigenen Schriftzug.» Die Summe von $1^1/_2$ Dinar, die circa 6,21 g Gold entspricht, war für einen einfachen Hirten, der sicherlich nicht viel verdiente, schwer zu entrichten. Besonders die arme Bevölkerung hatte unter der Kopfsteuer zu leiden. Kopfsteuer mußte jeder Nicht-Muslim in Ägypten entrichten. Neben den Vorschriften für die Kopfsteuer haben sich auch Quittungen dafür erhalten.

Hendrik Budde

Hausurkunde (Fragment)   064

Ägypten (Fustat), 9.–10. Jh.
Holz, 17,2 x 61,5 cm
Museum für Islamische Kunst, Berlin, Inv.-Nr. I. 50/64

Die Holztafel trägt eine vierzeilige Urkunde in kufischem Duktus über die Anteile an einem Wohnhaus, das wahrscheinlich eine fromme Stiftung war. Die meisten an oder in Häusern angebrachten Urkunden kennen wir aus Ägypten, aber die rechtlichen Verhältnisse, die sie dokumentieren, dürften in allen Ländern islamischen Rechts ähnlich gewesen sein.

064

Glasgewicht für eine Balkenwaage   131

Ägypten, datiert 122 H./ 739
Glas, 6,5 cm
Museum für Islamische Kunst, Berlin, Inv.-Nr. I. 4/64

Es handelt sich um das Fragment eines Glasgewichtes für eine Balkenwaage. Der achtzeilige Eichstempel enthält den Text «im Namen Gottes! Gott gebot die treue Erfüllung, und er befahl das Anfertigen eines Fals al-Qasim Ibn Ubaidallah zu Händen von Zaffar Ibn Qutaibah im Jahr

131

zwei und zwanzig und hundert». Typisch für Ägypten sind die fromme Einführungsformel sowie die Nennung des Finanzdirektors.

Jens Kröger

Eichmarke   113

Ägypten, 720–734, von einem Gefäß für «ein Viertel Qist Olivenöl»,
Glas, 3,3 cm
Museum für Islamische Kunst, Berlin, Inv.-Nr. I. 21/66, a

Die Eichmarke stammt von einem Gefäß und hat eine fünf-
zeilige Inschrift. Sie besagt, daß mit dem Gefäß «ein volles
Viertel Qist Olivenöl» gemessen wurde. Außerdem nennt die
Inschrift den Namen des Finanzdirektors Ubaidallah Ibn al
Habhab (720–34 im Amt).

Jens Kröger

Meßglas für Gewichtseinheit   639

Ägypten, 900
Grüngelbes Glas, aufgesetzte runde geprägte Eichmarke, 3,8 x 5,2 cm
Museum für Islamische Kunst, Berlin, Inv.-Nr. I. 4043

Auf der Wandung dieses Meßglases wurde ein Glasbatzen
aufgesetzt und mit einem Stempel geprägt. Diese Eichmarke
für den Inhalt trägt die arabische Inschrift «… Gewicht, Stan-
dard des Jahres achtundachtzig». Die unvollständig zitierte
Datierung darf aus epigraphischen Gründen auf das Jahr
288 H./900 bezogen werden.

639

Glasgewicht   657

Östliches Mittelmeergebiet, 8./9. Jh.
Glas, 6 x 7,5 cm
Museum für Islamische Kunst, Berlin, GI 137

Laufgewichtswaage   505

Arabisch, 8.–9. Jh., Kufi-Inschrift: Lobpreisung Allahs
Bronze, L. 52,5 cm
Kopenhagen, The David Collection, 12/1994

Bereits im Altertum wurden Hängewaagen mit einem ver-
schiebbaren Gewicht benutzt. Für die Datierung der ausgestellten Waage kann ein beinahe identisches Stück heran-
gezogen werden, das den Namen des Umaijaden-Kalifen
Marwan II. (744–750) trägt. Als direktes Vorbild für diese im
Kalifat hergestellten Waagen dürften byzantinische Exemplare gedient haben.

Hendrik Budde

Lit.: Ausst. Kat. Kopenhagen, 1996, Nr. 184.

Eichmarke   658

Ägypten, erste Hlft. 8. Jh.
Glas, 4,5 cm
Museum für Islamische Kunst, Berlin, Inv.-Nr. I. 21/66, e

Münzgewicht für ½ Dinar

Ägypten, 8. Jh.
Glas, Dm. 2,2 cm
Museum für Islamische Kunst, Berlin, Inv.-Nr. I. 21/66, g

Glasgewicht

Ägypten, 8.–10. Jh.
Manganfarbiges Glas, Dm. 4,7 cm
Museum für Islamische Kunst, Berlin, Inv.-Nr. I. 21/66, i

Glasgewicht

Ägypten, 8.–10. Jh.
Glas, Dm. 4,5 cm
Museum für Islamische Kunst, Berlin, Inv.-Nr. I. 21/66, j

Diese Auswahl von Gewichten und Eichmarken ist charakteristisch für die ersten Jahrhunderte islamischer Herrschaft in
Ägypten. Die Gewichte haben die Form münzähnlicher Plättchen, dickerer Scheiben oder von Würfeln, so daß sie auf oder
an Waagen gehängt werden konnten. Eichmarken wurden
auf Normgefäße aufgeschmolzen.

Hendrik Budde

Golddenar des al-Mutawakkil   012

Gold, ohne Münzstättenangabe
Kunsthistorisches Museum Wien, Münzkabinett 7.283

Golddenar des al-Mutawakkil mit seiner Darstellung auf der
Vorderseite und der Darstellung eines Dromedars auf der
Rückseite, das an die arabischen Ursprünge als Wüsten-

Beduinen erinnert. Die Araber hatten ihre ersten Erfolge in der Tat mit diesen Tieren erkämpft.

Goldmünze (Dinar)   884

165 H./781
Gold, Dm. 2 cm
Museum für Islamische Kunst, Berlin, Inv.-Nr. I. 11/71

Die Goldmünze wurde in Amman/Jordanien gefunden und dem Berliner Museum 1971 von dem Jordanischen Museum geschenkt. Die umaiyadischen und abbasidischen Kalifen übernahmen die Prägung von Goldmünzen der römischen und byzantinischen Tradition. Auf der Vorderseite steht folgender Text: «Es gibt keinen Gott außer Gott; (er ist) einer; (er hat) keinen Teilhaber (an der Herrschaft)» (Koran, Sure 6 Vers 136). Am Rand durch eine gezahnte Kante begrenzt, «Muhammad ist der Gesandte Gottes; er hat ihn gesandt mit der Rechtleitung und der wahren Religion, um ihr zum Sieg zu verhelfen über alles, was es (sonst) an Religion gibt». (Koran, Sure 9, Vers 33)

Der Text der Rückseite lautet: «Muhammad ist der Gesandte Gottes». Am Rand steht, durch eine gezahnte Kante begrenzt: «Im Namen Gottes! Dieser Dinar wurde im Jahr einhundertfünfundsechzig geprägt». Im Jahr 165 H./ 781 regierte der Kalif al-Mahdi. Sein Vater, al-Mansur, hatte die abbasidische Hauptstadt Bagdad gegründet.

884

Abbasidischer Dinar   009

Arabien, 767–786
Silber, vergoldet, Dm. 1,8 cm
Lippisches Landesmuseum, U 1629

Der abbasidische Dinar wurde gefunden in Lage-Müssen. Er diente als Schmuckstück (Münzfibel).

5.2.5 Der Palast des Harun ar-Raschid

Bagdad

«Hast du jemals auf der großen weiten Welt eine Stadt wie Bagdad gesehen? In der Tat es ist das Paradies auf Erden».

Al Khatib al-Baghdadi, Die Geschichte von Bagdad

Das Zentrum des abbasidischen Weltreiches bildete Bagdad, geplant wie ein Rad, um dessen Nabe – der Palast und die Moschee – sich gleichsam alles drehte. Von al-Mansurs zwischen 762 und 766 gegründeter neuer Hauptstadt Madinat as-Salam «Stadt des Friedens» – persisch Bag dad «Gottesgabe» – haben sich keinerlei Spuren im heutigen Stadtbild erhalten. Gründlich wurde die Stadt von den mongolischen Eroberern zerstört und zusätzlich durch Öffnen der Dämme überflutet. Beim späteren Wiederaufbau der Stadt wurden die alten Strukturen überbaut. Durch detaillierte zeitgenössische Beschreibungen sind wir jedoch über die bauliche Anlage Bagdads besser informiert als über andere Städte der Zeit. Der kreisrunde Grundriß der Stadt hatte einen Durchmesser von über zweieinhalb Kilometern. Der Palast des Kalifen und die große Moschee als zentraler Bauklomplex waren von mehreren konzentrischen Mauerringen umgeben, die durch vier axiale Toranlagen erschlossen wurden. Vorbilder dieser Stadtanlage waren sicher vorislamische Rundstädte medischer, parthischer und sasanidischer Stadtplaner (Ekbatana, Darabgird, Firuzabad), die aber nicht diesen strengen axialen Grundriß der Stadtquartiere aufwiesen. Vermutlich wird al-Mansur aber auf die nur 32 km südöstlich gelegene sasanidische Hauptstadt Ktesiphon gedanklich Bezug genommen haben, die ebenfalls von einem runden Mauerkranz (Dm. ca. 2800 m) umgeben war. Mit der sich als Mittelpunkt der Welt betrachtenden Idealstadtkonzeption suchte das abbasidische Kalifat den direkten Anschluß an die imperiale sasanidische Tradition.

Der Palast und der Verwaltungsbezirk waren von der eigentlichen Stadt durch eine innere Mauer getrennt. Der reifenartige Stadtring war durch vier Hauptstraßen durchschnitten, die einen direkten Zugang zur Residenz gewährten. Die vier Stadtsegmente waren durch ein inneres speichenartiges Straßennetz erschlossen. Eine doppelte Ummauerung und ein Wassergraben umwehrten die Stadt. Die Namen der vier Stadttore – Damaskus (Nordwesten), Chorasan (Nordosten), Kufa (Südwesten), Basra (Südosten) – wie auch die Namen der Stadtquartiere und der meisten Straßen sind überliefert.

Al Khatib (1002–1071) berichtet, daß ein byzantinischer Gesandter, den al-Mansur in seiner neuen Residenz empfing, drei wesentliche Punkte an der städtebaulichen Konzeption Bagdads bemängelte: die große Entfernung zum Fluß und die dadurch erschwerte Versorgung der Bevölkerung mit Trinkwasser, das Fehlen von Gartenanlagen innerhalb der Mauern und die Nähe der Wohngebiete und des Marktes zum Palast. Vielleicht waren es solche Überlegungen, die al-Mansur bewegten, künstliche Wasserkanäle ausheben zu lassen, sich außerhalb der Mauer seiner Rundstadt einen Palast in al-Khuld und einen weiteren großen Palastkomplex mit einer Moschee in ar-Rusafah errichten zu lassen und den Markt nach al-Kharkh zu verlegen.

Weitere Wohnbezirke und Palastanlagen entstanden in späteren Jahren entlang des Tigris.

Der von al-Mansur geplante «Goldene Palast» soll eine Grundfläche von ca. 200 x 200 m eingenommen haben. Die von ihm neben seinem Palast aus Lehmziegeln gebaute Moschee (100 x 100 m) war Harun ar-Raschid nicht groß und prächtig genug, und er ließ sie auf vergrößertem Grundriß mit gebrannten Ziegeln 808/809 neu errichten. Al Khatib zitiert die Bauinschrift an der Außenmauer der Moschee, die den Kalifen als Bauherrn rühmt und die Namen des Architekten sowie des Holzbaumeisters nennt. Zur Zeit des Chronisten wurden im Stadtgebiet Bagdads neben der Palast-Moschee noch drei weitere größere Moscheen für das Freitagsgebet benutzt. In den Erzählungen aus Tausendundeiner Nacht wird auch eine Moschee erwähnt, die «die Herrin Zubaida», die überaus einflußreiche und gelehrte Frau Harun ar-Raschids, am Tigris hatte erbauen lassen. Kleinere Moscheen, zu denen meist ein Badhaus gehörte, gab es in großer Anzahl.

Hendrik Budde

5.2.5.1   Die Mauern des Palastes

Raqqa, die Residenz Harun ar-Raschids

Stadtgründungen waren schon immer Symbole der Macht. Unter den Abbasiden wechselten die Residenzen verschiedene Male. Al-Mansur hatte die Haupstadt von Damaskus nach Bagdad verlegt, Harun ar-Raschid regierte sein Reich die längste Zeit (786–808) von ar Raqqa aus.

Die von seinem Großvater gegründete Hauptstadt soll Harun ar-Raschid nie gemocht haben, die schlechte Luft Bagdads mißfiel ihm. Zunächst gründete er 100 km nördlich der alten Haupstadt, unweit des Tigris, eine neue Residenz, al-Mubarak, auf oktogonalem Grundriß, die er aber nicht vollendete. 796 verlegte Harun ar-Raschid seinen Wohn- und Regierungssitz nach Raqqa in Syrien. Die Nähe Raqqas zur Grenze des byzantinischen Reiches läßt vermuten, daß er von hier aus sein größtes politisches Vorhaben, die Eroberung der christlichen Metropole Konstantinopel, glaubte besser verfolgen zu können. Wahrscheinlich empfing Harun ar-Raschid hier und nicht in Bagdad die Gesandten Karls des Großen.

Die am Euphrat gelegene Stadt hat eine in die Antike zurückreichende Baugeschichte. Neben dem umaiyadischen Raqqa hatten al-Mansur und sein Sohn al-Mahdi eine neue Stadt bauen lassen, al-Rafiqa, (die «Gefährtin [Raqqas]»). Die heute noch weitgehend erhaltene bogenförmige Stadtmauer verrät den gleichen Bauwillen, wie er in Bagdad zum Tragen kam, konnte hier aber aus topographischen Gründen nicht vollständig realisiert werden. Es entstand eine geometrische Mischform aus einem Parallelogramm mit aufgesetztem Halbkreis, das, mit 1300 m Länge, den halben Durchmesser Madinat as-Salams aufwies. Daß auch Harun ar-Raschid vorislamische Idealstadtvorstellungen favorisierte, zeigt die Planung seines nie vollendeten Memorialbaus Heraqla (heute Eregli) bei Raqqa, welcher seinen Sieg über den byzantinischen Kaiser Nicephorus verewigen sollte. Ein quadratischer Zentralbau wurde von einer kreisrunden Mauer (Durchmesser 500 m) umgeben.

Lit.: Brentjes 1993.

Die abbasidische Residenzstadt Samarra (836–892)

Die Ausdehnung des Abbasidenreiches erwies sich schon bald nach seiner Entstehung als zu groß, um mit den üblichen Kommunikations-, Verkehrs- und Verwaltungstechniken zentral kontrolliert zu werden. In den Grenzregionen des Reiches bildeten sich lokale Dynastien, die weitgehend politisch und militärisch unabhängig waren. In der Hauptstadt Bagdad gewann die dort stationierte Leibgarde, welche sich zunehmend aus türkischen Truppen zusammensetzte, politisches Gewicht. Es kam zu schweren Konflikten zwischen diesen Truppen und der Bevölkerung, die den Kalifen al-Muʿtasim (reg. 833–842), einen Sohn des 809 verstorbenen Harun ar-Raschid, veranlaßten, seine Residenz aus Bagdad zu verlegen und sich eine neue 125 km nördlich der alten Hauptstadt am östlichen Tigrisufer zu errichten: Samarra. Drei riesige Palastkomplexe und eine große Moschee entstanden. Der Palast des al-Muʿtasim, Dar al-Khilafa (Djausaq al-Khaqani), hatte eine größere Ausdehnung als Versailles. Dem Einfluß der Prätorianer konnten sich die Kalifen aber auch hier nicht entziehen. So blieb Samarra auch nur bis 892 Sitz der Kalifen und Hauptstadt des abbasidischen Reiches. Die Kalifen kehrten nach Bagdad zurück, und Samarra verfiel allmählich. Nur eine kleine Stadt blieb bis heute bestehen.

Die unter der Leitung von Ernst Herzfeld 1911–1913 erfolgten Ausgrabungen in Samarra haben die Ruinen des 50 km langen und 8 km breiten Stadtgebietes freigelegt. Diese sicher größte städtebauliche Unternehmung der Abbasidenzeit kann eine gute Vorstellung von der Architektur der Paläste und Wohnquartiere der alten Hauptstadt Bagdad zur Zeit

Harun ar-Raschids geben, von der bis jetzt keinerlei architektonische Überreste archäologisch gesichert wurden. Die von Harun ar-Raschid 796 zu seiner Residenz ausgebaute Stadt Raqqa in Syrien kann als direkter Vorläufer von Samarra angesehen werden. Ein besonderes Merkmal Samarras sind die reichen Stuckverzierungen und Holzvertäfelungen der Paläste und Wohnhäuser.

Hendrik Budde

Kapitell mit christlichem Kreuz   573
Syrien/Irak 8.–9. Jh.
Alabaster
Kopenhagen, The David Collection, 2/2001

Neun Stuckplatten mit Reliefdekor   578
Ktesiphon Nord (Ma'aridgebiet), 6.–7. Jh., Villa Ma'arid VI
Stuck, H. 102 cm; B. 103 cm
Museum für Islamische Kunst, Berlin

579

Die Platten zeigen eine Eichelkomposition, deren Besonderheit darin besteht, daß sie auf einer Einzelplatte vollständig ist und darüber hinaus auch bei einer Aneinanderreihung mehrer Platten eine rapportmäßige Wiederholung und damit ein Flächenmotiv ergibt. Dadurch stellt sie einen Vorläufer frühislamischer Kompositionsmuster dar.

Iwanarchivoltenfragment eines Hauses 579

Ktesiphon Nord (Maʿaridgebiet), 6.–7. Jh., Villa Maʿarid V
Stuck, H. 1,30 m, B. 1,15 m
Museum für Islamische Kunst, Berlin, Inv.-Nr. I. 7732

In einem Haus des Ktesiphongebietes war ein Gewölbebogen mit diesem Wandfeld aus Oktogonen geschmückt. Die Komposition hat ihre Vorbilder in palmyrenischen Decken und kommt in frühislamischer Zeit in den Wandsockeln aus Stuck in der Stadt Samarra wieder vor.

Reliefplatte mit Senmurv 582

Iran, Chal Tarkhan, 7./8. Jh.
Stuck, 15,5 x 15,5 cm
Museum für Islamische Kunst, Berlin, Inv.-Nr. I. 6642

Das dargestellte Mischwesen ist ein Senmurv. Es wurde auch als Hundevogel bezeichnet. Als wohltätiges Wesen hatte es eine enge Verbindung zum sasanidischen Königtum und konnte so auch noch bis in die frühislamische Periode tradiert werden.

582

Fragment eines Fensters   590

Ar-Raqqa, Syrien, 796–808
Farbig gefaßter Stuck mit Glaseinlage
Museum für Islamische Kunst, Berlin, Inv.-Nr. Ra I. 240

Das Fragment stammt aus einem größeren durchbrochenen
Fenster. Sowohl der Stuck als auch das Glas waren bemalt.

Wanddekorfragment – Palmetten   592

Ar-Raqqa, Syrien 796–808
Stuck, 22 x 20 x 12 cm
Museum für Islamische Kunst, Berlin, Inv.-Nr. Ra I. 52

Das Fragment wurde in vorkragender Form verwendet und
stammt daher vielleicht von einem Gesims. Die Palmetten
und die Volute lassen deutlich die Formensprache Palmyras
erkennen, von wo aus ein starker Einfluß auf die syrischen
Künstler ausging.

592

Ornamentales Wandfeld mit zwei Nischen   597, 598

Samarra, Haus XIII., Zimmer 11, Westwand
Mittlere Zeit, 838–883 n. Chr., Stil C (Ornament 118)
Stuck, H. 9; L. 310; T. 10 cm; Nischen H. 126; B. 69; T. 45 cm
Museum für Islamische Kunst, Berlin, Inv.-Nr. I. 3487.1, Nischen I. 3487.2–3

Der Dekor dieses Wandfeldes gehört zu den schönsten der
in Samarra ausgegrabenen Ornamente. Das untere Wandfeld
besteht aus einer Abfolge von Rauten und an der Spitze
zusammengewachsenen Dreiecken. Sie sind mit Blüten und

Halbpalmetten gefüllt. Den oberen Abschluß bildet ein Fries von Hohlperlen, der auch um die Nischen herumgeführt wird. Die Nischen haben eine geschwungene Innenkontur und dienten zur Ablage. Da sich keine vollständig erhaltene Nische fand, mußten die Nischen rekonstruiert werden.

Ornamentales Wandfeld 601

Samarra, Haus II, Zimmer 41
Mittlere Zeit, 847–859, Stil B (Ornament 219)
Stuck, H. 98, L. 125, T. 9 cm
Museum für Islamische Kunst, Berlin, Inv.-Nr. I. 3522

Das Wandfeld besitzt eine Art Fliesenmuster aus zwei Reihen von Achtecken und Rauten, die mit Blütenbäumen gefüllt sind.

601

Kapitell aus dem Palast des Harun ar-Raschid 608

Ar-Raqqa, Syrien 796–808 (s. S. 150)
Alabaster, Halbpalmettendekor, H. 27 cm; B. 29 cm
Museum für Islamische Kunst, Berlin, Inv.-Nr. I. 2195

Da die Rückseite nicht ausgearbeitet ist, bekrönte das Kapitell eine Halbsäule. Der Dekor, der sich flächig über die Kapitellseiten hinzieht, besteht aus einer fortlaufenden Ranke von Palmetten und Halbpalmetten, die sich so über den Kapitellkörper hinzieht, daß ein breiter Friesstreifen ausgefüllt wird. Die Ecken waren mit kräftigen Palmetten besetzt. Obere und untere Begrenzung stellen schmale Rankenfriese dar. Der Dekoraufbau entspricht den Wandfeldern im Stuckdekor.

608

Zwei Malereifragmente,   613
Bruchstücke eines Najadenbildes
Samarra, Mitte 9. Jh.
Fresko auf Stuck, 3 x 3 cm
Museum für Islamische Kunst, Berlin

Ornamentales Wandfeld mit Weinblättern   883
Samarra , Haus II, Großer Hof
Mittlere Zeit, 847–859, Stil A (Ornament 272)
Stuck, Sockel H. 65; L. 80; T. 10 cm
Museum für Islamische Kunst, Berlin, Inv.-Nr. I. 3482

Der ursprüngliche Wandsockel in dem Hof des Hauses hatte
ein kompliziertes Ornament im Stil A aus Sechsecken, großen
Dreipaßformen und kleinen Dreiecken, die alle mit Weinblättern oder Weinblattrosetten gefüllt sind.

5.2.5.2 Gärten und Tierparks

Nach der Erzählung, die Al-Khatib und andere Chronisten
wiedergeben, zählte zu den Kritikpunkten des byzantinischen
Gesandten an der Stadtgründung al-Mansurs das Fehlen von
Gartenanlagen innerhalb der Mauern, worauf der Kalif geant-
wortet haben soll «wir sind nicht für sinnliche (frivole) Freu-
den und Spiele erschaffen worden». Diese sicher legendenhafte asketische Einstellung des abbasidischen Kalifen wurde
von seinen Nachfolgern nicht geteilt. In den Erzählungen aus
Tausendundeiner Nacht werden die Gärten Harun ar-Raschids
ausführlich beschrieben:

«Nun hieß dieser Garten der Lustgarten, und darin stand ein Schloß, das hieß das Schloß der schönen Aussicht und der Bilder; und das Ganze gehörte dem Kalifen Harun ar-Raschid, der diesen Garten und das Schloß zu besuchen und dort zu sitzen pflegte, wenn ihm die Brust beklommen war. Der Palast hatte achtzig vergitterte Fenster, und achtzig Lampen hingen darin mit einem großen, goldenen Kronleuchter in der Mitte … . Die Bäume, die dichten, waren beladen mit reifen, eßbaren Früchten und standen alle in doppelten Reihen: da war die Aprikose weiß wie Kampfer, eine andere mit süßem Kern, eine dritte aus Chorasan; die Pflaume war mit der Farbe der Schönheit angetan; die Weißkirsche leuchtete heller als ein Zahn; die Feigen sahen sich zweifarbig, rötlich und weißlich, an. Und Blumen waren da, wie Perlen und Korallen aufgereiht, die Rosen beschämten durch ihre Röte die Wangen der schönen Maid; … die Erde war mit Blumen aller Farben wie mit einem Teppich bedeckt; der Frühling war gekommen und hatte dort alles zu frohem Leben erweckt, den Bach zum Springen, die Vögel zum Singen, den Lufthauch zum Klingen in der allermildesten Jahreszeit.»

(Tausendundeine Nacht, 36. Nacht)

Der Palast des Kalifen al-Muʿtasim (reg. 833 bis 842), Dar al-Khilafa (Djausaq al-Khaqani), dessen Ausdehnung sich mit dem Schloß des französischen Sonnenkönigs in Versailles hätte messen können, hatte einen großen Garten. Von den 175 Hektar der Palastanlage wurden 71 Hektar von Gärten entlang des Tigris eingenommen.

Al-Khatib und al-Zubayr beschreiben anläßlich des Besuches einer byzantinischen Gesandtschaft (917) die Gartenanlagen und Tierparks des von dem Kalifen al-Muqtadir neu errichteten Palastes at-Taj in Bagdad:

«Dann wurden sie zu dem neuen Pavillon gebracht, der zwischen zwei Gärten lag. Im Zentrum lag ein Becken, das mit Blei ausgekleidet war, umgeben von einem Bach aus weißem Blei, strahlender als poliertes Silber. Das Becken war 15 x 15 m, und in ihm waren vier schöne Boote mit vergoldeten Sitzen und Polstern aus Goldbrokat. Umgegeben war dieser See von Rasenflächen (maydan), in welchen sich ein Hain befand, in dem, wie man sagt, vierhundert Palmen standen, jede 2,5 m hoch. Die Stämme waren mit kunstvoll gearbeiteten Teakholzbrettern verkleidet, die von vergoldeten Kupferringen gehalten wurden. Jeder Ast trug Datteln, die noch nicht ganz reif waren. Auf der anderen Seite des Gartens waren Zitronen- und andere fruchttragende Bäume» (Al-Khatib). Zu den Gartenanlagen zählten auch Freigehege von Tieren und Gebäude, in denen Raubtiere gehalten wurden. Die byzantinische Gesandtschaft wurde durch einen solchen zoologischen Garten (hayr al-wahsh) geführt. «Hier waren Herden von gezähmten wilden Tieren verschiedener Arten, die sehr nahe an die Besucher herankamen, an ihnen rochen und Futter aus ihren

Händen fraßen. Dann wurden sie zu einer Halle (dar) geführt, in der vier Elefanten waren, jeder von ihnen von acht Personen beaufsichtigt, und zwei Giraffen, welche die Gesandten sehr verwunderten. Dann wurden sie zu einer Halle geführt, wo sich hundert Löwen befanden, fünfzig auf der rechten Seite, fünfzig auf der linken Seite, jeder von einem Löwenbändiger (sabbaʾ) an einer um den Hals gelegten Eisenkette gehalten (al-Zubayr). Bei Al-Khatibs Beschreibung wird allerdings deutlich, daß es sich hier nicht um ein «Elefantenhaus» im heutigen Sinne gehandelt hat, sondern um die Vorführung von Kriegselefanten: «Auf jedem Elefanten waren acht Männer aus Sind (Indien) und Feuerwerfer», also Soldaten, die im Kriege Brandgeschosse schleuderten. «Einen gewaltigen Elefanten, den größten, den man je gesehen hatte» (al-Zubayr), hatte der Kalif im Jahre 884 von dem Herrscher von Sind als Geschenk erhalten.

Hendrik Budde

Garten-Teppich   522

Nordwestpersien, um 1800   (s. Abb. S. 153)
L. 8,85 m; B. 2,95 m
Museum für Islamische Kunst, Berlin, Inv.-Nr. I. 41/69

Palast mit Gartenanlagen   560

Miniatur aus einem Album «Palace Complex with Harem Gardens»
Faiz Allah (zugeschrieben)
Indien, Faizabad, um 1765
Kopenhagen, The David Collection, 46/1980

Die nach europäischen Perspektivregeln konstruierte Ansicht einer idealen Gartenlandschaft ist sicher kein genaues Abbild der Palastgärten von Bagdad und Samarra, doch zeigen die von symmetrisch angelegten Kanälen durchzogenen Gärten des Harems sehr eindrucksvoll die Grundideen der abbasidischen Gartenkultur. (Wasserpfeifen kommen erst in ottomanischer Zeit in islamischen Ländern in Gebrauch.)

Hendrik Budde

Lit.: Folsach, 2001, Abb. 82.

Zwei Kamelköpfe aus einem Relieffries   135, 618

Samarra, Palast Dar al-Khilafa, 9. Jh.   (s. S. 154)
Stuck mit Farbe, 18 x 21 cm und 15 x 13 cm
Museum für Islamische Kunst, Berlin, Inv.-Nr. Sam I. 342, Sam I. 343

Die beiden Kamelköpfe stammen von einem Fries, auf dem Kamele vor einem blauen Grund wiedergegeben waren. Ein zweiter Fries der Ausgrabung besaß größere Kamele, die aber offenbar ebenfalls als Karawane dargestellt waren. Die Fragmente wurden 1912 im großen Innenhof des Palastes Dar al-Khilafa gefunden. Der Vorsaal des kleinen Serdabs (unterirdi-

135, 618

scher Raum zur Abkühlung in der heißen Jahreszeit) hatte in
der Mitte einen Springbrunnen, und dieser Raum war mit den
Kamelen geschmückt.

Löwe aus Bergkristall   358

Ägypten, 1. Hälfte 10. Jh., Köln 13. Jh.
Bergkristall Silber vergoldet, H. 4,4 cm (mit Turm 6,5 cm); L. 6,5 cm; B. 3,2 cm
Köln, St. Ursula

Der Löwe ist im Orient seit dem Altertum ein Sinnbild der
herrscherlichen Macht und Stärke. Die Darstellungen von
Löwenjagden in der assyrischen bis zur sasanidischen Kunst
allegorisieren diesen herrschaftlichen Anspruch. Der liegende Löwe als Symbol des königlichen Wächters geht in
Mesopotamien auf sumerische Zeiten zurück und tradierte
sich in die islamische Zeit. Ein frühes Beispiel ist die voll-
plastisch ausgeführte Kalksteinfigur eines liegenden Löwen
aus der Audienzhalle von Mschatta (Jordanien, umaijadisch,
Mitte 8. Jh., Museum für Islamische Kunst, Berlin). Es ist davon

358

auszugehen, daß auch in Bagdad zur Zeit Harun ar-Raschids Löwen als Zierfiguren oder Spielsteine in dieser Form hergestellt wurden. Über die Bearbeitung von Bergkristall in der frühen Abbasiden-Zeit im Irak kann nur gemutmaßt werden. Al Biruni (973–1048) erwähnt, daß Bergkristall in Basra bearbeitet wurde.

Weitere elf liegende Bergkristall-Löwen in deutschen und italienischen Kirchenschätzen sind bekannt.

Der Löwe ist sicher zur Zeit der Kreuzzüge nach Köln gekommen und als Reliquienträger umgearbeitet worden.

Hendrik Budde

Lit.: Al-Quaddumi 1996, S. 267f., Pinder-Wilson 1988; Ausst. Kat. Köln 1985, E 108.

Silberschale mit Perlhuhn   577
Iran (Amlasch), 5.–7. Jh.
Silber, teilvergoldet, L. 17,2 cm; B. 12 cm
Museum für Islamische Kunst, Berlin, Inv.-Nr. I. 16/65

Die ovale Silberschale ist sparsam dekoriert. Um den Rand der Außenseite läuft eine wellenförmige Weinranke, die von Perlreihen gefaßt wird. Im Zentrum der Schale ist ein Perlhuhn innerhalb eines achtzackigen Flechtsternes wiedergegeben. Die Schale gehört in eine Gruppe spärlich dekorierter Silberschalen, die aus einem Gebiet am Kaspischen Meer kommen sollen. Die Form wird in islamischer Zeit nicht weitergeführt.

577

Lüsterschale mit Hasendekor   260
Irak oder Fustat / Ägypten, 10. Jh.
Keramik mit weißer Opakglasur und Überglasurmalerei in Lüstertechnik
Museum für Kunst und Gewerbe, Hamburg, 1962, 144

Flasche   487
Iran (?), 9.–10. Jh.
Grünliches Glas, geblasen, Schnittdekor
H. 21,5 cm; Dm. 12,4 cm
Kopenhagen, The David Collection, 10/1963

Da das Glas ursprünglich farblos war, kann mit dem Schnittdekor das wertvollere Bergkristall nachgeahmt worden sein.

Der Hals wird durch einen Fries mit zwei laufenden Hasen verziert. Der Dekor auf dem Flaschenkörper setzt sich aus Vögeln und vegetabilen Ornamenten zusammen. Die hohe Qualität des Stücks läßt vermuten, daß es im höfischen Bereich Verwendung fand.

Hendrik Budde

Lit.: Ausst. New York 2001, 96; Folsach 2001, Abb. 313.

5.2.5.3 Die Pracht des Inneren

Jedes Tor, jede Tür des Palastes, die sich öffnete, jedes Fenstergitter, durch das man schaute, mußte deutlich machen, daß in den Palästen des Harun ar-Raschid materialiter und formaliter ein Luxus herrschte, der westlichen Augen schier unbegrenzt erschien.

Georg Minkenberg

Fenstergitter   **586**
Palästina, Palast Khirbat al-Minya am See Genezareth bei Tabgha
Erbaut unter dem Kalifen al-Walid I., um 705–15, unvollendet
Stuck, Glas 20,5 x 21 cm
Museum für Islamische Kunst, Berlin

Es handelt sich um das Fragment eines Fenstergitters, dessen Ornament sich aus überschneidenden Flechtkreisen zusam-

586

mensetzte. Die Oberflächen der Flechtbänder sind gerillt. Das ursprüngliche Format des Fensters läßt sich nicht rekonstruieren, aber vergleichbare Fenster waren rundbogig. Auf der Rückseite waren farbig unterschiedliche Glasscheiben eingesetzt; die Ausgräber haben in diesem Fall eine Rekonstruktion aus den vorgefundenen Glasscheibenfragmenten vorgenommen.

In Marmor oder Stuck ausgeführt, sind solche Fenster aus dem Felsendom in Jerusalem, der Großen Moschee in Damaskus sowie aus umaiyadischen und abbasidischen Palästen bekannt.

Malereifragment – Vogel   609

Samarra, Palast Dar al-Khilafa, Harem, 9. Jh.
Fresko auf Stuck, 8 x 17 cm
Museum für Islamische Kunst, Berlin, Inv.-Nr. Sam I. 466

Der Vogel stammt von einem Fries gereihter Fasane, die sich in Sechsecken befinden.

Malereifragment – Vogel   615

Samarra, Palast Dar al-Khilafa, Harem (?), 9. Jh.
Fresko auf Stuck, 16 x 6 x 3 cm
Museum für Islamische Kunst, Berlin, Inv.-Nr. Sam I. 369

Der reiherähnliche Vogel stammt aus einer Komposition mit Schleiertänzerinnen.

615, 609

Zwei Malereifragmente – Frauenköpfe (?)   612

Samarra, Haus XVI, Bruchstücke vom Najadenbild, 9. Jh.
Fresko auf Stuck, 3 x 3 cm
Museum für Islamische Kunst, Berlin, Inv.-Nr. Sam I. 363 und Sam o. Nr.

Die beiden Köpfe stammen aus einem Gemälde, das der Ausgräber als Wandgemälde mit Frauen im Wasser interpretierte.
Leider reichten die Fragmente für eine genauere Zuordnung
nicht aus.

Vorzeichnung eines Männerkopfes   611

Samarra, 9. Jh.
Marmor, 9 x 7 x 3 cm
Museum für Islamische Kunst, Berlin, Inv.-Nr. Sam I. 469

Die Skizze zeigt einen Männerkopf von vorn, der eine eigen-
artige Kopfbedeckung trägt. Da die Skizze sich auf einem
Marmorfragment befindet, könnte sie deshalb von einem
Marmorarbeiter aus Syrien stammen.

611, 612

Wandmalerei – Fragment   588, 587

Ar-Raqqa, Syrien 796–808
Malerei auf Stuck, 7 x 10 x 3 cm und 8 x 13 x 3 cm
Museum für Islamische Kunst, Berlin, Inv.-Nr. Ra I. 36.1, Ra I. 37

Die beiden Fragmente stehen stellvertretend für die zahlreichen Fragmente von Wandmalereien, die während der Ausgrabungen in Raqqa gefunden wurden. Eine Rekonstruktion
der verwendeten Motive ist nicht möglich.

Fliesenfragment – Hahn   045

Samarra, Palast Dar al-Khilafa, 9. Jh.
Lüsterfayence, 28 x 28 cm
Museum für Islamische Kunst, Berlin, Inv.-Nr. Sam 785a

Die Fliese mit einem Hahn im Blattkreis auf marmoriertem
Grund gehört zu den herausragenden Keramikfunden in
Samarra. Technisch und künstlerisch von großer Qualität, wird
durch dieses Beispiel deutlich, weshalb irakische Meister aus
Bagdad zur Herstellung und Versetzung von Fliesen an der
Großen Moschee in Kairuan gerufen wurden.

Jens Kröger

Malereifragment – Reiherfries   610

Samarra, Haus XVI, 9. Jh.
Fresko auf Stuck, 38 x 19 x 3 cm
Museum für Islamische Kunst, Berlin, Inv.-Nr. Sam I. 372

Streifenartig übereinander waren Reiher auf einem Wandbild
in dem Privathaus XVI wiedergegeben.

045

Malereifragment – Männerkopf   614

Samarra, Palast Dar al-Khilafa, 9. Jh.
Fresko auf Stuck, 3 x 3 cm
Inv.-Nr. Sam o. Nr.
Museum für Islamische Kunst, Berlin

Der frontal wiedergegebene bärtige Mann stammt aus einer
Komposition stehender männlicher Gewandfiguren in Arka-
den, die im Kuppelsaal des Harem gefunden wurden.

Hendrik Budde

Malereifragment – Adler Flügel spreizend   616

Samarra, Palast Dar al-Khilafa, Harem, 9. Jh.
Fresko auf Stuck, 15 x 15 cm
Inv.-Nr. Sam I. 371
Museum für Islamische Kunst, Berlin

Glasmosaik   607

Samarra, 9. Jh.
Glas, farblos, Rauten, Ovale Dreiecke und Perlen, zusätzlich Rauten aus Perl-
mutt, 25 x 20,5 cm
Museum für Islamische Kunst, Berlin, Inv.-Nr. Sam 767

Kleine, zu einer Seite gewölbte Gläser in Rautenform, als
ovale Dreiecke oder in Perlform waren wahrscheinlich zusammen mit rautenförmigen Perlmuttplättchen im Kalifenpalast
als Wanddekor verwendet.

607

Zwei Stuckbett-fragmente für einen Glasfußboden 589

Ar-Raqqa, Syrien, 796–808
Stuck, zwei Teile, 6 (3) x 7 (3) cm
Museum für Islamische Kunst, Berlin,
Inv.-Nr. Ra I. 63. 1–2

Zwei Fragmente von einem
Glasfußboden aus Raqqa. Auf
den Stuckfragmenten lag ein
Glasboden. Meist wurde nur
noch der Stuckboden gefunden, weil das Glas als wertvolles Material recycelt wurde.

589

Fragment einer Wandfliese aus Glas 115

Samarra, Palast Dar al-Khilafa, 9. Jh.
Glas, Millefiori-Technik, 11 x 7,5 cm
Museum für Islamische Kunst, Berlin, Inv.-Nr. Sam 309

Einige Bruchstücke von Millefiorifliesen wurden während der
Grabungen in dem Kalifenpalast gefunden. Sie belegen die
hohe Qualität der Glaskünstler. Bislang wurden an keinem

anderen Ort vergleichbare Fliesen ergraben. Einzelne, bereits zusammengeschmolzene Glasstäbe mit sieben unterschiedlichen Mustern wurden in einer Form nebeneinandergelegt und dann so verschmolzen, daß quadratische Platten mit einer Seitenlänge von 16 cm mit einer glatten Seite entstanden. Nach Mörtelresten zu urteilen wurden sie dann in Wände oder Böden eingelassen.

Jens Kröger

Glasfußbodenfragment   605

Ar-Raqqa, Syrien (?) 796–808
Glas, 7 x 6,5 x 2 cm
Museum für Islamische Kunst, Berlin, Inv.-Nr. I. 1994.1

Bruchstück einer dicken Scheibe aus aquamarinfarbenem Glas, die auf einer Seite glatt ist, auf der anderen quadratische Noppen hat. Das Fragment war Teil eines gläsernen Fußbodens. Die genoppte Seite der Scheibe lag in einem Stuckbett. In mehreren Palästen in Raqqa lief man auf diesen Glasflächen. Da ein Fragment auch in Samarra gefunden wurde, scheint das Glasparkett auch dort im Kalifenpalast benutzt worden zu sein.

Jens Kröger

605

Ornamentales Wandfeld   600

Samarra, Haus XIV, nördlich Sur ʿIsa
Mittlere Zeit (?), 847–859, Stil C (Ornament 94)
Stuck, H. 106; L.101; T. 9 cm
Museum für Islamische Kunst, Berlin, Inv.-Nr. I. 3499

Zwei hochrechteckige Felder stehen nebeneinander. Jeweils ein Feld ist mit einer großen Mittelblüte ausgefüllt, die sich oben in zwei nach außen fallende Blätter teilt. Die Mittelblüte wird beidseitig von Blättern eingerahmt.

Holzvertäfelung – Fragment   604

Samarra, Palast Dar al-Khilafa, 9. Jh.
Teakholz, L. 26; B. 15,5; T. 3 cm
Museum für Islamische Kunst, Berlin, Inv.-Nr. Sam I. 797b

Möglicherweise stammt das Brett von einer Holzdecke des Kalifenpalastes. Im Zentrum befindet sich eine große Kelch-blüte, die auf Halbblättern sitzt.

604

Holzvertäfelung – Fragment　　　　　　606

Samarra, Palast Dar al-Khilafa, 9. Jh.　　　　　(s. Abb. S. 165)
Teakholz, L. 27; B. 33; T. 3 cm
Museum für Islamische Kunst, Berlin, Inv.-Nr. Sam I. 651

Von einem Mittelpunkt gehen zwei stilisierte Blüten ab.

Bemalte Leisten　　　　　　　　602 a, b

Samarra, Palast Dar al-Khilafa, 9. Jh.
Teakholz, L. 25 cm und 33,5 cm
Museum für Islamische Kunst, Berlin, Inv.-Nr. Sam I. 685 und Sam I. 786f

Die beiden Leisten stammen aus dem Kalifenpalast. Die eine besitzt eine Wellenranke mit abzweigenden stilisierten Halbpalmetten, die andere zeigt untereinander verbundene Rosetten.

Holzvertäfelung – Fragment　　　　　　603

Samarra, Palast Dar al-Khilafa, 836–39
Teakholz, farbige Bemalung, L. 1425; B.56; T. 3 cm
Museum für Islamische Kunst, Berlin, Inv.-Nr. Sam 874

Das große Brett stammt von einer Deckenverkleidung aus dem Kalifenpalast Dar al-Khilafa. Es wurde am quadratischen Hof hinter den Vorsälen gefunden und stammt aus der Anfangsphase von Samarra.

602 a, b

606

Tür   **568**

Irak, Samarra, 9. Jh.
Holz, H. 239 cm; B. 55 cm
Athen, Benaki-Museum, Inv. 9128

Der Stil der geschnitzten Tür repräsentiert den «Samarra-
Stil C», der wahrscheinlich erst in Samarra entwickelt wurde.
Die ursprüngliche Palasttür war in einer Felskapelle assyri-
scher Christen (Monophysiten?) in Takrit, nahe Samarra, ein-
gebaut.

Hendrik Budde

Lit.: Ausst. Kat. Art of Islam. Heavenly Art – Earthly Beauty, Amsterdam 1999,
Nr. 106.

Tür   **144**

Irak, Samarra, Palast des Jawsaq al-khaqanî, 9. Jh.
Holz, Reliefschnitzerei mit Farbspuren und Resten von Beschlägen.
H. 239 cm; B. 56 cm
Paris, Musée du Louvre, Arts de l'Islam, Inv. AA 267

Der Türflügel, dessen einzelne Teile mit Nut und Feder
zusammengefügt sind, bildete mit dem in Athen erhaltenen
Türflügel (568) eine reliefgeschnitzte und farbig gefaßte dop-
pelflügelige Palasttür. Die beiden Türflügel sind in der Ausstellung zum ersten Mal wieder vereint.

Sophie Makariou / Georg Minkenberg

Vorhang   **285**

Ägypten oder Palästina, 7./8. Jh.
Taqueté (Leinwand-Schuß-Komposit-Bindung), Leinen und Baumwolle,
H. 106 cm; B. 84 cm
Kopenhagen, The David Collection, 12/1988

Die Anzahl der Vorhänge im Palast des Kalifen al-Muqtadir
belief sich auf 38 000. Diese waren aus Goldbrokat, bestickt
mit Gold und verziert mit Darstellungen von Pokalen, Elefanten, Pferden und Kamelen, Löwen und Vögeln. Unter
den Vorhängen waren auch einfarbige und mehrfarbige
Tücher.

Hendrik Budde

Lit.: Folsach 2001, Abb. 621.

5.2.5.4 Schach – Das Spiel der Herrscher

Schach war zur Zeit Harun ar-Raschids in Bagdad und im
abbasidischen Reich ein verbreitetes Spiel, sowohl am Hof als

144

auch in der Bevölkerung. Al Gahiz (777–869) erwähnt einen Schachspieler, der auf Turnieren um Geld spielte: «Einer unserer Freunde hatte mir von Sukkar as-Sitrangi berichtet, der zwar der dümmste der Volkserzähler, aber der geschickteste von ihnen beim Schachspiel war. … Er erzählte, daß er einmal nach Gabbul ging, um sich seinen Lebensunterhalt durch das Schachspiel zu verdienen, und in eine Ortschaft kam, ohne zu wissen, ob er gewinnen oder verlieren würde … .» Wieweit das christliche Europa im 9. Jahrhundert von diesem Volkssport Kenntnis hatte, ist umstritten.

Daß Harun ar-Raschid Karl dem Großen zusammen mit dem Elefanten und den anderen Geschenken auch ein kostbares Schachspiel übersandt haben könnte, ist sehr wahrscheinlich. So werden verschiedene Schachsteine in europäischen Sammlungen mit Karl dem Großen in Verbindung gebracht. Alles spricht jedoch dafür, daß Karl der Große weder den ihm zugesprochenen «Elefanten-König», eine herrliche, in Paris (Bibliothèque Nationale de France) verwahrte Elfenbein-Skulptur, kennengelernt hat noch die wertvollen Schach-Spielsteine aus Bergkristall aus dem Domschatz zu Osnabrück, die gleichfalls seinen Namen tragen.

Besteht dennoch die Möglichkeit, daß zu seiner Zeit das Schachspiel bereits Kulturgut gewesen ist? In der Tat! Wo ist es entstanden? Wie kam es zu uns?

Als der Ursprung des Schachspiels kann ein sogenanntes «didaktisches Modell» indischer Kriegstheoretiker aus der Zeit um das 5./6. Jahrhundert zurückgeführt werden: Catur-anga, das vierteilige indische Heer, war Vorbild für die Idee, Kriegselefanten (Läufer), Reiter (Springer), Kampfwagen (Türme) – paarweise die militärischen Disziplinen repräsentierend – und Fußsoldaten (Bauern) auf eine bekannte Unterlage, das Ashtapada, ein 8 x 8-Felder-Planogramm, zu stellen, vervollständigt um den König und seinen Berater, die davor in persona als Lehrer die Kriegsstrategen gewesen sind. Damit hatte das Spiel Caturanga genau jene Formation, wie wir sie heute im Schach nach wie vor kennen.

Vieles spricht dafür, daß Krieger-Figuren aus Terrakotta, zunächst gewissermaßen für Übungen im ‹Sandkasten› in Gebrauch, anfangs auch im Spiel Verwendung fanden, daß dann aber sogleich auf Spielsteine zurückgegriffen wurde, die aus anderen indischen «Brett»-Spielen geläufig und verfügbar waren, zur Unterscheidung der «Ämter und Funktionen» im Schach entsprechend individuell markiert.

In solcher Gestalt hat wohl der König der Großkönige, aus der in Kanauj (Nordindien) residierenden Maukhari-Dynastie, Sarvavarman, das Schachspiel den Sasaniden vorstellen lassen, mit der diplomatischen Aufgabe, den Sinn des Spiels zu ergründen, was dem Hofstaat Chosrow I. Anushirvan in Ktesiphon der Legende nach gelang.

Das Schachspiel – aus Indien und aus dem Orient in den Okzident gelangt – und seine Geschichte sind geradezu

Symbol reicher kultureller Traditionen und Errungenschaften, die das Abendland dem Morgenland verdankt.

Manfred Eder, Hendrik Budde

Schachfigur: Elefant   225

Iran, 8.–9. Jh.
Bein, H. 5,5 cm; B. 1,7 cm; L. 4,5 cm
Museum für Islamische Kunst, Berlin, Inv.-Nr. I. 75/62

Aus Bein geschnitzte Figur eines gesattelten Elefanten mit einem Mann in der Sänfte und dem kleineren Treiber im Genick des Tieres. Seitdem eine Reihe vergleichbarer Spiel-

225

steine aus Mittelasien bekannt sind, die in das 7. Jahrhundert datiert werden, und außerdem eine vergleichbare Elefantenfigur aus seldschukischer Zeit aufgetaucht ist, kann angenommen werden, daß auch in islamischer Zeit figürliche Schachsteine verbreitet waren.

Kerzenständer in Form eines Elefanten mit Reiter   244

China, Sui-Dynastie, spätes 6. Jh. oder frühes 7. Jh.
Gräulich-weißes Steinzeug mit farbloser Glasur, 19,5 x 14 cm
Museum Rietberg, Zürich, RCH 548

868

Kriegselefant   868, 869
(Caturanga-Figur)

Reiter zu Pferd (Caturanga-Figur,
Springer)
Terrakotta, H. 4,6 cm;
B. 2 cm; T. 5,2 cm; H. 5 cm;
B. 2 cm; T. 4,8 cm
Nordindien, Mitte 6. Jh.
Deutsche Privatsammlung

Als großer Glücksfall darf
angesehen werden, daß es
in einer deutschen Privat-
Sammlung zwei Terrakot-
ta-Kleinskulpturen gibt,
deren Schachbezug (in
Übereinstimmung mit
Irving Finkel, British Museum London, und Jurij Bur-
jakow, Samarkand / Tasch-
kent, Usbekistan) kaum
in Frage gestellt werden
kann und die beide in den
von Syed exemplarisch
beschriebenen Terrakotta-
Elefanten- und -Pferderei-
tern ihre Vorbilder haben
dürften. Freilich hat sich
bisher kein komplettes
Terrakotta-Schachensem-
ble bilden lassen, da bei allen Fundbeschreibungen Figuren
fehlten, die sich als «König» und sein «Berater» (die «Dame»)
hätten interpretieren lassen.

Die Abwesenheit von «König» und «Berater» ist logische
Konsequenz, wenn die «Krieger» tatsächlich als Übungsma-
terial für das didaktische Modell Caturanga Verwendung fanden: Kriegsstrategien und Schlachtanordnungen wurden
lediglich mit den vier Gliedern (catur-anga) des indischen
Heeres nachvollzogen oder vorausgedacht – ohne die un-
mittelbare Beteiligung eines «Repräsentanten» für den König
oder den Berater/Minister!

Manfred Eder

«Elefanten-König» (Fragment)   832

Indien, 7. / 8. Jh., Elfenbein,
Museum für Indische Kunst, Berlin, 10001

Lit.: Petzold 1997.

Elefanten-König   860

Schachfigur?
Indischer Sub-Kontinent, 18. / 19. Jh. – vielleicht früher

832

860

Elfenbein; seitlich mit deutlichen Rissen, Bodenplatte im Materialverlauf oval gesprungen, H. 13,2 cm; Dm. Bodenplatte 7,2 bis 7,5 cm
Sammlung Karin und Manfred Eder

Elefanten-Figuren in dieser Größe dienten zumeist als Tisch-schmuck.

Schachstein: Bauer (baidaq)   670
Ägypten, 9.–10. Jh.
Bergkristall, H. 3,1 cm; Dm. 2,6 cm
Museum für Islamische Kunst, Berlin, Inv.-Nr. I. 4827

Der Körper dieses Schachsteines ist in drei Segmente einge-teilt. Die Segmente sind mit einer zentralen Kelchblüte gefüllt, die seitlich von kleineren Halbpalmetten gerahmt wird. In der Rundsicht entsteht ein Fries aus Kelchblüten und Palmetten. Das Ornament steht dem Stil C von Samarra nahe. Eine Besonderheit dieses Steines stellt die Gravur eines nach links springenden Löwen mit erhobenem Schwanz dar. Mög-licherweise wurde der Stein daher in einer Zweitverwendung als Siegelstein mit einem Löwen nach rechts benutzt.

Jens Kröger

Schachstein: Bauer (baidaq)   669
Ägypten, 9.–10. Jh.
Bergkristall, H. 4,6 cm; Dm. 3,6 cm
Museum für Islamische Kunst, Berlin, Inv.-Nr. I. 1012

Der Schachstein stammt aus einer Sammlung, die in Südruß-land zusammengetragen wurde. Im Unterschied zu dem zweiten Bergkristallstein ist der Boden hier glatt. Um den Kör-per läuft der Fries aus Kelchblüten und Palmetten. Die starke Bereibung läßt den Dekor nur mit Mühe erkennen. Der Dekor erinnert an den aus dem Irak nach Ägypten importierten Stil C, der im Stuckdekor von Samarra gebräuchlich war. Inso-fern kann eine Datierung in das 9.–10. Jahrhundert erwogen werden. Eine Entstehung in Irak kann nicht völlig ausge-schlossen werden.

Jens Kröger

Aboʾl-Qasem Mansur Ebne-e Hasan Ferdousi: 449
Shâh-nameh
Siraz?, um 1593
Staatsbibliothek zu Berlin, Diez A fol. 1

Der persische Dichter Aboʾl-Qasem Mansur Ebne-e Hasan Ferdousi (940–1010/26), in Europa als Firdausi bekannt,

449

erzählt in seinem Buch «Schach», daß der Gesandte des indischen Königs von Kanauj in der Mitte des 6. Jahrhunderts dem
sasanidischen König Khusrau Anushirvan in Ktesiphon ein
Schachspiel überbringt. Der Weise Buzurgmihr enträtselt im
Auftrage Khusraus den Sinn des unbekannten, rätselhaften
Spieles. Die ausgestellte Seite fol. 680v zeigt in einer Miniatur
Buzurgmihr und den indischen Gesandten am Schachbrett,
umgeben von Höflingen. Auf einem Podest hockt der interessiert zuschauende König.

Tatsächlich gelangte das Schachspiel wohl im 6. Jahrhundert aus seinem Ursprungsland Indien nach Persien. Nach
dessen Eroberung und Einbettung in die islamische Welt
durch Omar I. (638–651) erreichte es alle arabischen Länder
und um 800 auch das christliche Abendland. Der Name
Schach ist abgeleitet von persisch Shâh = Herrscher.

Georg Minkenberg

Lit.: Wichmann 1960, Abb. 4.

Schachspiel 343

Nischapur, Iran 9.–10. Jh.
Elfenbein (?)
Bamberg, Sammlung Lothar Schmidt

237

Schachfigur: Springer 237

Arabisch, 8./9. Jh.
Nashornbein, H. 5,3 cm
München, Bayerisches Nationalmuseum, MA 180

Lit.: Ausst. Kat. Europa und der Orient 4/60.

Schachfigur, Turm 238

Frankreich, 12. Jh.
Elfenbein, 6,8 x 6,4 x 2,4 cm
Musée du Louvre, OA 3297

Der rechteckige Block erinnert unmittelbar an die arabische
Figur des Kriegswagens, die dem Turm entspricht. Aufgrund
des Koran-Verbotes von Darstellungen menschlicher Figuren
waren arabische Schachsteine, im Gegensatz zu den indischen, unfigürlich abstrakt. Auf der einen Langseite des Steines ist ein Reiterkampf dargestellt, auf der anderen ist der
Sündenfall gezeigt. Die Darstellung der alttestamentlichen
Geschichte verwundert zunächst, durch die Eindeutigkeit der

Form konnte jedoch auf Darstellungen, die die Form erläutern, verzichtet werden.

Hendrik Budde

Lit.: Kat. Europa und der Orient.

Figur eines hockenden Kriegers mit Schwert und Schild 880

Schachspielfigur (?), Irak, Ktesiphongebiet, 6.–7. Jh. (?)
Ausgrabungsfund Haus Maᶜaridh II.
Elfenbein, H. 3 cm; B. 2,2 cm
Museum für Islamische Kunst, Berlin, Inv.-Nr. Kt. O. 1341

Wiedergegeben ist ein hockender Krieger, bewaffnet mit einer Art kurzem Schwert in einer erhobenen Hand und einem vor dem Körper gehaltenem Rundschild. Die kleine Figur stammt aus den Ausgrabungen in dem Haus Maᵓarid II im Ktesiphongebiet. Die Einordnung in die spätsasanidische oder frühislamische Kunst bereitet Schwierigkeiten. Es kann nicht ganz ausgeschlossen werden, daß es sich um einen Schachspielstein handelt.

Kniender Krieger mit Schild 833

Indien
Elfenbein, H. 4,5 cm; B. 4, 0 cm
Museum für Indische Kunst, Berlin, Inv. I. 1440

833

Kriegselefant – Caturanga-Figur (Läufer)   868

Nord-Indien, 2. Jh. (Naidu) oder Gupta-Periode (4. Jh.)
Terrakotta, bräunlich; H. 4,6 cm; Boden 5,2 x 3 cm, Körperlänge mit Rüssel
4,5 cm
Sammlung Karin und Manfred Eder

Der sich vor der Schlacht ausruhende kniende Elefant trägt
eine Kettendecke zu seinem Schutz.

«Läufer», halbiert   866

Spielstein
Indien über Pakistan, 6.–7. Jh. (?)
Elfenbein

Der «Läufer» ist halbiert und diente in Zweitverwendung, wie
möglicherweise auch seine andere Hälfte, als Anhänger
(Amulett?).

Die Geschichte (Taʾrikh) von Bagdad   311

Al Khatib al-Baghdadi (Abu Bakr Ahmad Ibn ʾAli Ibn Thabit Ibn Ahmad Ibn Ma
di al-Shafiʿi) (392–463H/1002–1071)
Handschrift ca. 500 H/1106, Papier, 185 Bl., 26 x 18 cm
Paris, Bibliothèque Nationale de France, Département des Manuscrits Division
des Manuscrits Orientaux, 2128

Al Khatibs Geschichte Bagdads ist die ausführlichste und
detailreichste aller bekannten Beschreibungen der Stadt. Al
Khatib war einer der bedeutendsten Hadith-Gelehrten seiner
Zeit, der über 100 Bücher zu religiösen und juristischen Fragen
verfaßt hat. Seine Stadtbeschreibung gibt den Zustand Bagdads im 11. Jahrhundert wieder, doch verwertet er zahlreiche
ältere Quellen, die bis zur Gründung der Rundstadt zurückrei-
chen und die kontinuierliche Ausdehnung der Stadt dokumentieren. Er vergleicht die Quellen, wie etwa die variieren-
den Angaben über die Baukosten «der Stadt mit ihrer
Moschee, dem Goldenen Palast (Qasr adh-Dhahab), den Toranlagen und dem Markt», die zwischen vier und hundert Mil-
lionen Dirham schwanken und setzt sie in Relation zu den
Gehältern der Arbeiter. Al Khatib beschreibt die Rundstadt,
die er als «den Nabel des Universums» betrachtet, mit ihren
verschiedenen Quartieren der West- und Ostseite, die Vor-
stadt al-Kharkh und die außerhalb der Stadt entstandenen
Palastanlagen. Er erwähnt, daß die Straßen und Plätze nach
Städten und Provinzen Chorasans sowie berühmten Persön-
lichkeiten benannt waren. Die Anzahl der Haupt- und Neben-
straßen gibt er für die Westseite mit 6000 und für die Ostseite
mit 4000 an. Im Zusammenhang mit der Beschreibung der
Wasserkanäle und Brücken wird auch das jüdische Viertel

erwähnt. Die ausgestellte Handschrift ist die älteste der bekannten Abschriften von al Khatibs Taʾrikh Bagdad.

Hendrik Budde

Lit.: Lassner 1970.

Abuʾl-Hasan ʿAli Ibn al-Husain al-Masudi – 515
Ahbar az-zaman waʾagaib al-budan
Syrien, 17. Jh.
Papier, 20,7 x 15 cm
Österreichische Nationalbibliothek, Wien, Cod. Mixt. 666

Es handelt sich um eine Abschrift der dreißigbändigen Weltgeschichte des in Bagdad geborenen al-Masudi. Er bereiste den indischen Subkontinent, den Nahen Osten und Afrika. Sein Werk brachte ihm den Titel eines «arabischen Herodot» ein.

Heike Nelsen-Minkenberg

Lit.: Kat. Die arabische Welt und Europa, Graz 1988.

5.2.5.5 Der Harem

Kein anderer Bereich des orientalischen Palastes ist so von westlichen Klischeevorstellungen – sei es von der weggesperrten oder aber auch der grenzenlos verfügbaren Frau – überlagert wie der Bereich der Frauen des Herrschers. Von hoher und höchster Kultur und verfeinerter Lebensführung bestimmt, läßt der tatsächliche Harem kaum Platz für das Bild des eifersüchtigen Herrschers oder des drohenden Eunuchen, statt dessen eher – nur als Beispiel genannt – für das Bild der weiblichen Erziehung junger Prinzen durch spätantike Tierfabeln in indischer Tradierung.

Georg Minkenberg

Shirin Neshat – Rapture series 887
(Woman with writings on Hand), 1999
Farbphotographie, 101,6 x 152,4 cm
Sammlung Olbricht

Die Iranerin Shirin Neshat war eine der ersten Künstlerinnen, die sich sehr konsequent und kritisch mit der Rolle der Frau in der islamischen Gesellschaft auseinandergesetzt hat. Die großformatige Farbphotographie zeigt eine Gruppe von schwarzgekleideten Frauen mit schwarzen Kopftüchern, wel-

che dem Betrachter ihre mit arabischen Schriftzügen versehenen Hände darbieten. Es handelt sich hier um fragmentarische Worte und Sätze, welche mit der Bedeutung und der
Rolle der Frauen assoziierbar sind. Die Arbeit soll im Bereich
des Harems dazu beitragen, die Diskussion über die Stellung
der Frauen im Islam zu versachlichen. Die scheinbare Mono-
tonie der strengen, verdichteten Figuren bricht sich in den
lebhaften, fröhlichen Gesichtszügen der Frauen – auch ein
Hinweis darauf, daß manche Klischees westlicher Islam-Kritik
von den einheimischen Künstlerinnen zurückgewiesen werden.

Adam C. Oellers

Ornamentales Wandfeld   599

Samarra, Dar al-Khilafa, Kuppelsaal des Harem
Zweite Bauperiode, 854–859, Stil C (Ornament 171)
Stuck, 2 Wandfelder, H. 108; L. 165 (90/75); T. 9 cm
Museum für Islamische Kunst, Berlin, Inv.-Nr. I. 3525. 1; I. 3525.2

Das Ornament läßt sich als Flächenmäander bezeichnen. Mit
Palmetten versehene Wellenranken bilden die Füllung. Um
das Wandfeld läuft ein Astragal. Der quadratische Saal hatte
vier breite Türen in den Seitenmitten, so daß acht genau
gleich breite Sockelfelder vorhanden waren. Die Einteilung
zeigt, daß die Werkleute sehr genau planten.

Einzelner Ohrring   193

Ägypten, 7.–8. Jh.
Gold, H. 6,5 cm; B. 5,8 cm; Gewicht 13,52 g
Museum für Islamische Kunst, Berlin, Inv.-Nr. I. 2333

Der in Kairo erworbene Ohrring besteht aus einer kreisrunden
Goldblechröhre und einem eingelöteten Zierteil mit freiste-
hendem Drahtwerk und freistehender Flächengranulation.
Der Ohrring zeigt Anklänge an die spätantike Goldschmiede-
kunst Ägyptens. Die Vereinfachung der Formen und die Ver-
gröberung der Technik verweisen auf die frühislamische Zeit.
Ähnliche Ohrreife werden im Museum für Islamische Kunst in
Kairo aufbewahrt.

Almut von Gladiss

Lit.: A. v. Gladiss: Schmuck im Museum für Islamische Kunst, Staatliche Museen
zu Berlin, 1998, Nr. 14.

Malereifragmente – Frauenkopf   617

Samarra, Palast Dar al-Khilafa, 9. Jh.
Fresko auf Stuck, 3 x 3 cm
Museum für Islamische Kunst, Berlin, Inv.-Nr. Sam o. Nr.

599

Das Fragment wurde im Kuppelsaal des Harem gefunden. Die im Dreiviertelprofil dargestellte Frau konnte keiner bestimmten Darstellung zugewiesen werden.

Hendrik Budde

193

Liebesgeschichten   517

Papier
Ägypten, Fustat, 9./10. Jh.
Wien, Österreichische Nationalbibliothek, Papyrussammlung, 25612

Das Fragment zählt zu den frühesten erhaltenen arabischen
Papierhandschriften. Die Seite ist mit der Zeichnung eines
Baumes geschmückt. Er ist gelbgrün gemalt und mit rotbraunen Früchten behangen. Neben dem Stamm sind zwei stu-
fenförmige Gebilde, vielleicht Grabmäler, dargestellt. Da der
Inhalt des Textes sich noch nicht hat deuten lassen, kann der
Zusammenhang nur vermutet werden. Vorgeschlagen wurde, daß es sich um die Illustration einer Liebesgeschichte handeln könnte: Zwischen den Grabsteinen der beiden Lieben-
den wächst eine Palme, die beide verbindet.

Hendrik Budde

5.2.5.6 Das Leben im Palast

Mit jeder sich tiefer in das Innere des Palastes öffnenden Tür
verloren die Gebote und Gesetze, die vor den Mauern des
Palastes galten, an Bedeutung, da die Mitte des Palastes der
Kalif selbst, der Nachfolger des Propheten, war.

Georg Minkenberg

Schattenspielfigur   679

Ägypten, 14.–15. Jh.
Kamelleder, H. 48 cm; B. 66 cm
Museum für Islamische Kunst, Berlin, Inv.-Nr. I. 1641

Die Schattenspielfigur zeigt ein Segelschiff mit Steuermann,
der im erhöhten Heck das mächtige Ruder umfaßt, und mit
dem Kapitän, der auf dem erhöhten Bug die Fahrtrichtung
bestimmt und dazu ein astronomisches Gerät, einen zur
Beobachtung der Gestirne nützlichen Quadranten, vor den
Augen hat. Außerdem erscheinen drei kniende Bogenschüt-
zen. Die Ausschnittarbeit gibt mit ihren geometrischen Ornamenten einen Anhaltspunkt für die Entstehung in der Mam-
lukenzeit. Das Schattentheater gehörte bereits seit der Abbasidenzeit zur volkstümlichen Unterhaltung, wie aus der
Beschreibung eines großen Volksfestes, das im Jahre 1095 in
Bagdad stattfand, hervorgeht.

Jens Kröger

Stabklappern   769

Orient, Mittelalter
Holz, L. 10,3 cm
Museum für Islamische Kunst, Berlin, Inv.-Nr. I. 3458a/b

679

Die beiden verzierten Holzstäbe wurden als Klappern identifiziert. Auf islamischen Darstellungen werden Musiker, Tänzer und Sänger dargestellt, die Klappern (chahar para) spielen. Die beiden Stäbe haben an einem Ende eine Öse, am anderen Ende sind sie nach außen gekrümmt. Sie wurden beim Spiel mit der abgeflachten Seite gegeneinandergeschlagen.

Jens Kröger

769

Metallform zur Glasherstellung 666

Syrien (?), 9.–10. Jh.
H. 10,5; Dm. 7 cm
Museum für Islamische Kunst, Berlin, Inv.-Nr. I. 3639

Der Glasbläser blies einen kleinen Glasballon in die Metallform, so daß sich das Muster auf dem Glas abzeichnete. Dann
sog er die Luft ein, so daß sich der Ballon wieder verkleinerte.
Dadurch konnte er den Ballon aus der Form holen. Wenn er
nun den Ballon wieder aufblies, zeichnete sich das Muster auf
der Außenseite des Glases ab. Je mehr er den Ballon aufblies,
desto schwächer zeichnete sich das Muster ab. Dieser Vorgang wird als optisches Blasen bezeichnet. Die Metallform
erlaubte einen häufigen Gebrauch durch das heiße Glas, ohne
daß die Form Schaden nahm.

Jens Kröger

Bodenfragment mit eingeritztem Mühlespiel 667

Samarra , 9.–10. Jh.
Stuckmörtel mit Gipsestrich, H. 6,5 cm; L. 26 cm; B. 31 cm
Museum für Islamische Kunst, Berlin, Inv.-Nr. Sam 721

Das Fragment aus dem Fußboden eines nicht näher bekannten Raumes zeigt ein schnell eingeritztes Mühlespiel.

Ibn al-Mukaffaʾ: Kalila wa Dimna 336 a, b

Syrien, um 1310 (s. Abb. S. 184, 185)
Papier, 129 f., 25,5 x 18,5 cm. Arabisch, Naskhi. Mit Illustrationen.
Bayerische Staatsbibliothek, Cod. arab. 616

Kalila wa Dimna ist eine weitverbreitete Sammlung orientalischer Fabeln, die ihren Ursprung in Indien hat. Der Sasa-
nidenkönig Khusrau Anuschirwan (reg. 531–579) beauftragte
seinen Hofarzt Bursuja, das als «Fabeln des Bidpai» bekannte
indische Weisheitsbuch nach Persien zu bringen. Das Buch
wurde aus dem Sanskrit zunächst ins Mittelpersische, die
Sprache des Sasanidenreiches, übersetzt und später in alle
Sprachen des Vorderen Orients und Europas übertragen. In
Deutschland wurde das Werk durch die Übersetzung des
Antonius von Pforr (gest. 1483) bekannt.

Die Übertragung des Kalila wa Dimna ins Arabische hing
mit der kulturellen Entwicklung des neu etablierten Abbasidenreiches zusammen, in dem eine rege Übersetzertätigkeit
von höchster Stelle angeregt und gefördert wurde. Ibn al-
Mukaffaʾ (720–756), ein äußerst gebildeter Literat und zu Einfluß gekommener Höfling, besorgte die Übertragung ins Arabische auf der Grundlage der mittelpersischen Version. Bis
heute gilt seine Übersetzung als unübertroffenes Meisterwerk arabischer Kunstprosa. Auf seiner arabischen Fassung

667

beruhen zahlreiche orientalische und europäische Versionen
des 10. bis 14. Jahrhunderts. Der Einfluß von Ibn al-Mukaffaʼs
Übersetzung läßt sich in den Fabeln La Fontaines und in Goe-
thes «Reinecke Fuchs» nachweisen.

Kalila wa Dimna ist eine Art Fürstenspiegel. Charakteristische, häufig konfliktbeladene Geschehnisse menschlichen
Zusammenlebens, Probleme herrscherlicher Klugheit und
damit verbundene Geschichten werden aufgezeigt und ins
Reich der Tiere in einprägsame Bildformeln transponiert. Die
zwei bekanntesten Tiere sind die mit Rede begabten Schaka-
le Kalila und Dimna, nach denen die Fabelsammlung benannt
ist. Die inhaltliche Spannbreite der Geschichten reicht von
derben Possen bis zu nachdenklichen Erzählungen.

Kalila wa Dimna gehört zu den wenigen arabischen Texten,
die durch Bilder veranschaulicht wurden. Während illustrierte naturwissenschaftliche Handschriften schon aus dem

336 a

11. Jahrhundert bekannt sind, sind Bilderhandschriften der Belletristik erst aus dem 13. Jahrhundert erhalten. Illustrierte Darstellungen zu Kalila wa Dimna hat es schon lange gegeben, doch erhalten sind sie erst aus dem 13. Jahrhundert. Von den vier arabischen illustrierten Handschriften des 14. Jahrhunderts ist die undatierte Münchner Ausgabe die älteste. Sie enthält 73 Bilder, die einen hohen künstlerischen Rang haben und somit ein bedeutendes Denkmal arabischer Buchmalerei sind. Die Handschrift ist in ihrer ursprünglichen Gestalt nicht komplett erhalten. Der Erhaltungszustand und zahlreiche, farblich angeglichene Ausbesserungen zeigen, daß die Handschrift immer wieder benutzt, hochgeschätzt und folglich fortwährend instand gehalten wurde.

Helga Rebhan

336 b

Lit.: H. C. von Bothmer: Kalila wa-Dimna. Ibn al-Muqaffaʾs Fabelbuch in einer
mittelalterlichen Bilderhandschrift. Cod. arab. 616 der Bayerischen Staatsbibliothek München. Wiesbaden 1981. – Das Buch im Orient. München 1982,
Nr. 90.

Tiraz des Kalifen Muʾtamid (870–892)   678

Irak, gefunden in Samarra, Palast Dar al-Khilafa, 9. Jh.
Baumwolle / Seide B. 12 cm; L. 18 cm
Museum für Islamische Kunst, Berlin, Inv.-Nr. Sam 750

Textilfragment, sog. Senmurvseide   375

Byzanz, 7. Jh.
Seidensamit, 35,5 x 44 cm
Musée Royaux d'Art et d'Histoire, Brüssel, ACO.Tx.609

375

Viele Seiden mit diesem aus einem Drachenkopf mit Flügeln
und Pfauenschwanz bestehenden Fabeltier sind erhalten
geblieben. Die meisten sind persischer Herkunft und zeigen
in rot und blaugrün ovale Medaillons. Das Fragment aus Brüssel mit seinen mit einer Art Schmucksteine sauber verbundenen runden Medaillons und den symmetrischen Zwickel-
rosetten ist eher die byzantinische Nachahmung einer persischen Seide.

Monica Paredis-Vroon

Abuʾl-Faradsch al-Isfahani –   **458**
Kitab al-Aghani Buch der Lieder

Ägypten?, 1216
Papier, 289 f., 29 x 23 cm. Arabisch, Naskhi und Thuluth
Bayerische Staatsbibliothek, Cod. arab. 470

Ende des 8. Jahrhunderts ließ der Kalif Harun ar-Raschid durch
drei seiner Hofmusiker eine Sammlung von hundert Liedern,

den ihrer Meinung nach besten, zusammenstellen. Diese Auswahl diente Abul-Faradsch al-Isfahani (897–967) neben seiner eigenen Sammlung als Grundlage für sein «Buch der Lieder», in dem alle Lieder der Form nach Kasiden, d.h. Gedichte sind. Zu jedem Lied vermerkt Abuʾl-Faradsch die musikalischen Vorschriften wie Melodie, Rhythmus und Spielweise. Das Kitab al-Aghani enthält fast die gesamte zu seiner Zeit bekannte arabische Dichtung von den Dichtern der vorislamischen Zeit bis zu den Dichtern der Omaijaden- und Abbasidenzeit. Abuʾl-Faradsch beschreibt nicht nur die Verfasser der «Lieder» und deren Lebensumstände, sondern verzeichnet auch ihre Komponisten bzw. die Sänger oder Sängerinnen und die Musikanten mit biographischen Ausführungen, die den Charakter von Anekdoten haben. Sein Werk gilt daher auch als historisches Zeugnis, das Angaben zur frühen Stammesgeschichte, zur Kultur- und Sozialgeschichte und zum Leben am Hofe der Omaijaden und Abbasiden enthält.

Für die frühislamische Geschichte ist das 20 bändige Werk eine Quelle allerhöchsten Ranges. Literaturhistorisch bedeutet das Kitab al-Aghani eine Enzyklopädie, mit der der Höhepunkt auf dem Gebiet der arabischen literarischen Biographie erreicht ist und in der Texte älterer Dichter dokumentiert sind, die sonst für die Nachwelt verloren gewesen wären. Schon früh erlangte das Werk, an dem Abuʾl-Faradsch nach eigener Aussage 50 Jahre lang gearbeitet hat, große Bedeutung. Abschriften waren sehr gesucht und mußten teuer bezahlt werden.

Die vorliegende Handschrift ist der siebte Band einer wahrscheinlich in Ägypten entstandenen Ausgabe. Auf der ersten beschriebenen Seite befindet sich unter dem Titel eine Art Inhaltsverzeichnis, in dem die behandelten Personen durch Goldpunkte voneinander getrennt sind. Die Textseiten der Handschrift sind durch Einrücken bestimmter Passagen und durch die Kombination der Schriftarten Naskhi und Thuluth abwechslungsreich gestaltet. Mit fein umrandeter Goldschrift

ist das Wort «sawt», das die Vortragsweise angibt, hervorgehoben.

Helga Rebhan

Lit.: Abuʾl-Faradsch: Und der Kalif beschenkte ihn reichlich. Ausz. aus dem
«Buch der Lieder». Übers. Von G. Rotter. Tübingen 1977. – Das Buch im Orient.
München 1982, Nr. 79.

Abu al-Faraj Ali al-Isfahan – Kitab al-Aghani (Buch der Lieder) 817

Abschrift von 1730, Papier, 33 x 21,5 cm
Staatsbibliothek zu Berlin, Preußischer Kulturbesitz,
Ms. Sprenger 1175

Abu al-Faraj Ali al-Isfahan – 818
Kitab al-Aghani (Buch der Lieder)

Abschrift von ca. 1300, Papier, 27,5 x 24,5 cm
Staatsbibliothek zu Berlin, Preußischer Kulturbesitz
Ms. Glaser 77

Räuchergerät in Vogelform 192

Irak, 9. Jh.
Bronze, H. 34,5 cm
Museum für Islamische Kunst, Berlin, Inv.-Nr. I. 5623

192

Aus der frühabbasidischen Zeit sind mehrere große Vogel-
Aquamanile bekannt, wobei ein auf das Jahr 180 H. (796–97)
datiertes Stück in St. Petersburg die Datierungsgrundlage
liefert. Der Vogelkopf, Flügel- und Schwanzgefieder sind plastisch durchgestaltet, während der flächige Körper für eine
feine Ornamentgravierung genutzt wird. Die ausgestellte
Vogelfigur zeigt hier eine besonders reiche Verzierung, in der
in ihren Umrissen geschwärzte große Wirbelrosetten die Glie-
derung übernehmen. Auf der Vogelbrust erscheinen außerdem Medaillons mit Hasen- und Vogelmotiven. Im Umfeld ist
das von schmalen fünflappigen Blättern gekennzeichnete
Rankenwerk, wiederum von Hasen belebt, die als Glückssym-
bole auf ein goldenes Zeitalter anzuspielen scheinen. Neben
einer eingeriebenen schwarzen Substanz trugen einst einge-
legte Kupferstreifen zur Farbbrillanz bei. Ein vergleichbares
Vogel-Aquamanile im Katharinenkloster auf dem Sinai zeigt
auf der Brust ebenfalls eine große Rosette mit begleitenden
Blattranken, die enge Beziehungen zum frühabbasidischen
Stuckdekor aufweisen.

Almut von Gladiss

Lit.: F. Sarre: Jahrbuch der Preußischen Kunstsammlungen 51, 1930, 159–164.

Bronzekanne   314

Syrien, Ende 7./Anf. 8. Jh.
Bronze, H. 34 cm; Öffnung Dm. 4 cm; Fuß Dm. 11 cm
Ham, The Keir Collection, No 2

Lit.: Fehérvári 1976, No. 2.

Bronzekanne 315

Mesopotamien oder Persien (Chorasan), Ende 7./Anf. 8. Jh.
Bronze, H. 40 cm (mit Henkelverzierung); Öffnung Dm. 7 cm; Fuß Dm. 9 cm
Ham, The Keir Collection, No 1

Es ist anzunehmen, daß die kunstvoll verzierte Bronzekanne, die zu den kostbarsten der frühen islamischen Zeit gehört, im höfischen Bereich in Gebrauch war. Der Kannenkörper ist mit einer Bogenreihe verziert, darunter ein Reliefband mit kleinen gehörnten Tieren und Hähnen.

Hendrik Budde

Lit.: Ausst.-Kat. Paris 2001b; Fehérvári 1976, No. 1.

Henkelkanne 630

Iran (aus Tiflis), 7.–8. Jh.   (s. Abb. S. 192)
Bronze, gegossen, H. 38,2 cm
Museum für Islamische Kunst, Berlin, Inv.-Nr. I. 3556

Die schwere Kanne gehört zu einem Gefäßtyp, der im 8. Jahrhundert im Kaukasus verbreitet war. Die monumentalen, 30 bis 40 cm großen Gefäße zeichnen sich durch flächig ausladendes Blattwerk aus, das im schlichten Flachrelief erscheint. Bei der ausgestellten Kanne ist es auf die Schulter begrenzt, wo eine Wellenranke mit großen gezackten Weinblättern und kleinen Dreiblättern verläuft, die an sasanidisches Pflanzendekor anschließen. Der walzenförmige, auf drei Füßen ruhende Körper endet in einem geschwungenen Hals, der abrupt in einen zylindrischen Ausguß mit abgewinkeltem Rand übergeht und im gesamten Verlauf leicht facettiert ist. Der Henkel ist kordelartig gedreht und endet in einem Pyramidenknauf.

Almut von Gladiss

Räucherschale 634

Südrußland, 9.–11. Jh.   (s. Abb. S. 193)
Bronze, H. 8,5 cm; Dm. 21 cm
Museum für Islamische Kunst, Berlin, Inv.-Nr. I. 915

Die in der Mitte nach unten abgesenkte Schale besitzt einen vertikal ansteigenden breiten Rand mit durchbrochen gearbeitetem Blattwerk. Drei mit klauenartigen Füßchen ausgestattete Stützen verhelfen der Schale zu einem sicheren Stand: Sie greifen unter den Schalenboden und legen sich klammerartig um den durchbrochenen Rand. Auf ihren ausschwingenden Enden erscheinen vollplastische Vogelpaare, die sich zu den in den Wulstrand eingelassenen Vogelfiguren, ursprünglich 27, gruppieren. Von den insgesamt 33 Vögeln sind noch 25 erhalten. Persische Räucherbecken zeigen andere Formen und weisen meist nur eine einzige Vogelfigur als Bekrönung auf. Bei der ausgestellten Schale ist eine lokale Tradition bestimmend, die vielleicht Anregungen der in by-

630

zantinischen Quellen erwähnten (Wasser-)Becken mit zahlreichen Randfiguren umsetzte.

Almut von Gladiss

Öllampe mit Inschrift   890
Terrakotta
Musée du Louvre, Paris, MAO 2006

Schale mit Figur aus Sternen von ad-dagaga   392
Irak, Samarra, Qasr al-Ashiq, Mitte 9. Jh.
Lüsterfayence, 8,5 cm; Dm. 26,7 cm
Museum für Islamische Kunst, Berlin, Inv.-Nr. Sam 1102

Die Schale gehört zu den frühen Lüsterkeramiken. Durch die
Bodenlagerung ist der Eindruck des edelmetallartigen Schim-

634

mers stark eingeschränkt. Die Darstellung wurde als Motiv eines frontal gesehenen, gestreckten Vogels (Sternbild Cygnus) interpretiert, dessen Flügel und Schwanz in Blattform erscheinen, während eine Palmettblüte den Leib ziert.

Almut von Gladiss

Pyxis 356

Ägypten oder Syrien (?), 7. Jh. (s. Abb. S. 194)
Elfenbein, H. 9,4 cm; Dm. 8,9 cm
Museum für Islamische Kunst, Berlin, Inv.-Nr. MSB 2977

Deckeldosen dieser Form mit christlichen Motiven sind in Ägypten und Syrien entstanden. Da bei dieser Dose der Gefäßkörper vollständig mit flächendeckenden Weinranken überzogen ist, die kleinen Vasen entwachsen, ist an eine Entstehung in frühislamischer Zeit für einen muslimischen Auftraggeber denkbar. Allein das kostbare Material Elfenbein sichert diesem kleinen Kunstwerk seine besondere Stellung.

Almut von Gladiss

Becher mit Ritzdekor 636

Gefunden in Ar-Raqqa/Syrien, Palast Harun ar-Raschids (s. Abb. S. 194)
796–808
Farbloses Glas, H. 7 cm; Dm. 8 cm
Museum für Islamische Kunst, Berlin, Inv.-Nr. Raqqa 14584

Dieser ritzdekorierte Becher stammt aus den Ausgrabungen in Raqqa. Typisch für Syrien ist das aquamarinfarbene Glas.

356

636

Der eingeritzte Dekor aus Friesen war besonders im 9. Jahrhundert beliebt. Ritzdekoriertes Glas verzierte man bevorzugt mit dem Flechtbandmotiv. Fragmente ritzdekorierter Gefäße aus den Ausgrabungen in Samarra weisen darauf hin, daß sie auch im Irak beliebt waren.

Jens Kröger

Glasbecher   640

Irak, 9. Jh. Samarra, Dar al-Khilafa, Palast des Kalifen al Muʾtasim
(erbaut 836–42), Esplanade
Hellgrünes Glas mit dunkelgrüner Auflage, Schnittdekor, H. 8 cm; Dm. 9,2 cm
Museum für Islamische Kunst, Berlin, Inv.-Nr. Sam 800

Aus dem Fundort läßt sich schließen, daß der mit grünem Überfang versehene, dann schliffdekorierte Becher in dem Kalifenpalast benutzt wurde. Die stark stilisierten pflanzlichen Motive erinnern entfernt an Motive, wie sie im Stuckdekor in Samarra vorkommen.

Jens Kröger

Glasschale   576

Iran, 3.–7. Jh.
Glas, 5, Dm. 16 cm
Museum für Islamische Kunst, Berlin, Inv.-Nr. I. 2/65

Die Glasschale hat eine flache kugelige Form. Der Dekor auf der Außenseite wurde eingeschliffen. Um eine zentrale Rosette legen sich Kreisflächen mit Zwischenmotiven aus vertikalen und horizontalen Doppelschliffen. Die Form wurde schon in römischer Zeit für Lampen verwendet, so daß man sich auch hier einen umlaufenden Metallreif, der an drei Ket-

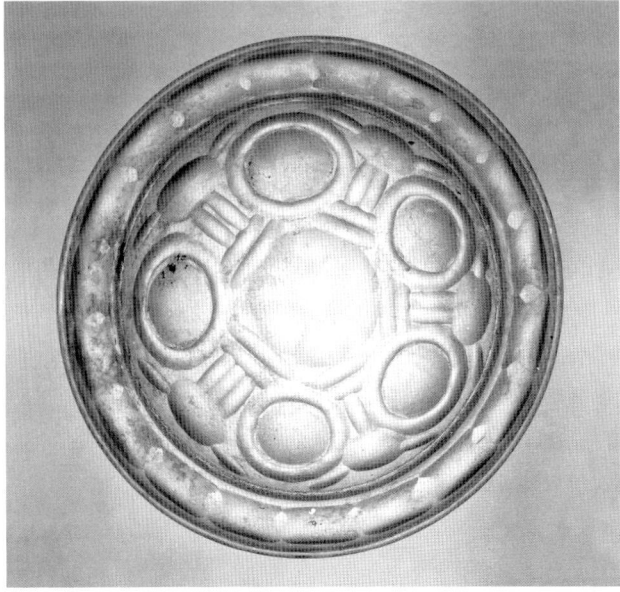

ten hing, als Aufhängung vorstellen kann. Durch die Füllung mit Wasser und Öl, ein Dochthalter wird aufgesteckt worden sein, muß sich der eingeschliffene Dekor auf dem Boden abgezeichnet haben.

Jens Kröger

Miniaturschale (Schminkschale?)   645

Iran, Nischapur (?), 9.–10. Jh.
Millefioriglas, Transparent grün in zwei Tönen, gelb und cremefarbig, Schnittdekor, L. 12,1 cm; B. 5,2 cm
Museum für Islamische Kunst, Berlin, Inv.-Nr. I. 3/73

Die kleine Schale entstand durch das Verschmelzen von einzelnen Plättchen aus Millefioriglas. Die Augenform weist vielleicht darauf hin, daß es sich um eine Schminkschale handelte, in der Tusche zum Schminken der Augen vorbereitet wurde.

Krug   559

Iran, 9.–10. Jh.
Glas, farblos und blau, gezwicktes Dekor, H. 19 cm
Kopenhagen, The David Collection, 9/1996

Henkelkanne   128

Iran (Nischapur ?), 9.–10. Jh.
Farbloses Glas, Schliffdekor, perlmuttfarbige Iris, H. 20 cm; Dm. 11,5 cm
Museum für Islamische Kunst, Berlin, Inv.-Nr. I. 35/61

Diese Kanne ist ein gutes Beispiel für Gefäße, die durch Schliff- und Schnittdekor veredelt wurden. Der mittlere Fries zeigt eine Abfolge von stilisierten Blüten. Die Partie um den Henkel blieb undekoriert. Die Daumenstütze auf dem Henkel fehlt.

Einzelner Ohrring   175

Iran, 9.–10. Jh.
Gold, H. 5 cm; B. 1,5 cm; Gewicht 2,6 g
Museum für Islamische Kunst, Berlin, Inv.-Nr. I. 1/57

Der Ohrring ist zur Hälfte mit einem Ziergitter ausgefüllt, das in seiner gesamten Ausdehnung eng aneinandergefügte S-förmige Drahtschlaufen enthält. Diese bilden über die Jahrhunderte ein wichtiges Element des islamischen Schmucks. Die drei Anhänger des Ohrrings bestehen aus Fuchsschwanzkettchen mit Stern- und Halbmondgliedern. Die doppelwandig gearbeiteten Sterne, die die großen Endglieder der Gehänge bilden, zeigen eine Verzierung durch konzentrische Kreise. Ein Gegenstück zu dem Ohrring wurde mit Münzen des 10. Jahrhunderts in der alten armenischen Hauptstadt Dvin (Erewan) gefunden.

Almut von Gladiss

Lit.: A. v. Gladiss: Schmuck im Museum für Islamische Kunst, Staatliche Museen zu Berlin, 1998, Nr. 15.

128

175

Halsschmuck 671

Syrien/Ägypten, 7.–8. Jh.
Gold mit 18 Natur- und 2 Korallenperlen, Kettenglied L. 2,4 cm; B. 0,9 cm
Museum für Islamische Kunst, Berlin, Inv.-Nr. I. 1986. 61

Die Kette umfaßt 21 Zierglieder, unter denen das Mittelstück durch seine Größe und ein aufwendiges Gehänge hervorgehoben ist. Die dreieckigen, mit Schlaufendraht verzierten Kettenglieder haben Perlenanhänger, die durch Goldblechröhrchen mit kelchartigen Kappen geschützt sind. Die tropfenförmige Korallenperle des Mittelstücks zeigt dagegen eine aus Drahtösen zusammengesetzte Zierkappe und darüber einen Würfel mit Granalienpyramide. Damit kommen verschiedene Verfahren der spätantiken Goldschmiedekunst zur Anwendung, die solange existierten, bis die islamischen Länder im 9.–10. Jahrhundert zu eigenen Schmuckstilen fanden.

Almut von Gladiss

Lit.: A. v. Gladiss: Schmuck im Museum für Islamische Kunst, Staatliche Museen zu Berlin, 1998, Nr. 43.

671

Ohrgehänge 672

Irak, 8. Jh.
Gold mit Perlen, L. 8,6–9 cm; B. 2,3 cm; Gewicht 8,23 g; 8,42 g
Museum für Islamische Kunst, Berlin, Inv.-Nr. I. 1986. 58

Die Ohrringe haben ein Gegenstück im Museum von Bagdad, so daß ihre Provenienz aus dem Zweistromland sicher ist. Das mittels eines Drahtstabs am Bügel befestigte Zierteil besteht aus einem Doppelbogen mit reichem Gehänge. Die Drahtstäbe tragen locker aufgesteckte Perlen aus unterschied-

lichen Materialien und zwischen ihnen goldene Granalien-
kränze. Die mit Zierösen besetzten Bögen des Zierteils sind
neu, während sonst an die Dekoration spätantiken Ohr-
schmucks angeknüpft wird, was die Entstehung in der frühislamischen Zeit wahrscheinlich macht.

Almut von Gladiss

Lit.: A. v. Gladiss: Schmuck im Museum für Islamische Kunst, Staatliche Museen
zu Berlin, 1998, Nr. 16.

672

Golddiadem 569

Vorderasien, 10.–11. Jh.
Gold, H. 5,5 cm; L. 25 cm
Athen, Benaki Museum, Inv.-Nr. 1856

Der Goldschmuck umfaßt 11 Einzelteile, die ein 25 cm langes
Diadem bilden. Es ist das einzige, das sich aus dem islamischen Mittelalter vollständig erhalten hat. Das Mittelstück hat
die Form einer Sonnenscheibe von 5,5 cm Durchmesser. Die

569

seitlichen Glieder sind mit diesem und den Endgliedern, die
die für Diademe typische dreieckige Grundform aufweisen,
durch Schnüre verbunden, die zwischen der doppelwan-
digen Blechkonstruktion verlaufen. Als Flächenverzierung finden sich zentrale Buckel mit Streugranulation, die die
Horizontalachse betonen, kleine Halbkugeln mit Granalien-
bekrönung und weitere Granalienformationen. Die Granula-
tion wird von feinster Filigranarbeit begleitet. Die Perfektion
der Ausführung verweist eher auf das 11. Jahrhundert. Der
Schmuckluxus der Oberschicht von Bagdad wurde im 10. Jahrhundert von dem Gelehrten Ibn al-Waschscha beschrieben.

Almut von Gladiss

Lit.: Segall 1938, Nr. 280. Ausst. Kat. Amsterdam 2000, Nr. 253.

5.2.5.7 Die Macht des Kalifen

**Die sasanidische Tradition des abbasidischen
Herrscherhauses**

«Wisse, o König: Ardaschir, genannt die feurige Kohle, der
dritte der Könige von Persien, eroberte die ganze Welt, teilte
sie in vier Teile ein und ließ sich vier Siegelringe machen, einen
für jeden Teil. Das erste Siegel war das des Meeres, der Sicherheit im Lande und des Rechtsbeistandes, und darauf stand
geschrieben: Staatsdienste. Das zweite Siegel war das Siegel
der Steuern und der Geldeinkünfte, und darauf stand: Kultur.
Das dritte war das Siegel der Ernährung, und darauf stand:
Fülle. Das vierte aber war das Siegel der Bedrückungen, und
darauf stand: Gerechtigkeit. Und diese Einrichtung blieb gül-
tig in Persien, bis der Islam offenbart wurde.»

Tausendundeine Nacht, 61. Nacht

Die Abbasiden, die zweite große islamische Kalifendynastie
(750–1258), die sich nach al-Abbas, einem Halbbruder des
Vaters des Propheten Muhammad benannte, entstand aus
einer Oppositionsbewegung iranischer Muslime im Osten
Irans gegen die arabisch-muslimischen Umaijaden. Dieser
Bewegung schlossen sich auch zahlreiche zoroastrische und
buddhistische Fürsten an, die nun erst zum Islam konvertier-
ten. 747 kam es in Khorasan zu einen Aufstand, der drei Jahre
später zur Entmachtung der herrschenden Umaijaden führte.
Der als Gegenkalif in Kufa ausgerufene Abd al-Abbas, ein
Nachkomme des Propheten väterlicherseits, begründete die

neue abbasidische Dynastie. Da das Zentrum des muslimischen Weltreiches sich nun nach Osten verschoben hatte, wurde die umaijadische Hauptstadt Damaskus aufgegeben. Der Kalif al Mansur gründete eine neue Hauptstadt, die er in der Nähe der sasanidischen Metropole Ktesiphon errichtete: Madinat as-Salam (Bagdad). Der kreisrunde Grundriß der Stadt orientiert sich an sasanidischen Stadtplanungen. In vielerlei Hinsicht knüpfte das abbasidische Kalifat an das vorislamische iranische Herrschertum an. Insbesondere das sich als Mittelpunkt der Welt betrachtende Selbstverständnis der Abbasiden und die enorme Prachtentfaltung sind der imperialen sasanidischen Tradition verpflichtet. Die Achse dieses Weltreiches bildete Bagdad, geplant wie ein Rad, um dessen Nabe, der Palast und die Hauptmoschee, sich gleichsam alles drehte. Das Hofzeremoniell und das zentrale Verwaltungssystem wurden nach sasanidischem Muster aufgebaut. Sie lagen maßgeblich in den Händen der überaus einflußreichen iranischen Familie der Barmakiden, welche die höchsten Staatsämter im Kalifat inne hatte. So wurden eine Reihe von Ministerien (diwan) gebildet, die nur von einem Wezir kontrolliert wurden. Diese Form der Administration blieb bis zum Beginn des Kolonialzeitalters für die islamischen Staaten erhalten. Im Grunde waren es die Abbasiden, die den Islam als einheitliches universales Kultursystem etablierten und die ethnische Vorherrschaft der Araber zurückdrängten. Auch in den Armeen ging der arabische Einfluß zugunsten von Persern und Türken zurück.

Die barmakidischen Wezire beeinflußten die Wissenschaft und Kultur. Sie legten den Grundstein für den liberalen Forschungs- und Diskussionsgeist, der das abbasidische Reich zu ihrer kulturellen Blüte brachte. Sie belebten die Tradition der großen sasanidischen Universität Gondi-Schapur, an der Wissenschaftler vieler Nationalitäten, auch aus Griechenland und Rom, lehrten und veranlaßten, die dort entstandenen und gesammelten Schriften ins Arabische zu übersetzen, auf diesem Wege wurden sie später auch der okzidentalen Welt bekannt.

Noch zur Zeit Harun ar-Raschids (786–809) gab es in Teilen Irans Bestrebungen, das Sasanidenreich wiederzubeleben. 816 kam es zu einer großen anti-islamischen Erhebung im Norden und Westen Irans. Die vollständige Islamisierung des Landes wurde schließlich erst unter den Saffawiden im 16. Jahrhundert erreicht.

Die von den Sasaniden gepflegten Handelsbeziehungen mit China über die Seidenstraße führten zu einer gegenseitigen kulturellen Beeinflussung, die in abbasidischer Zeit weiterlebte. Wie stark der Einfluß der sasanidischen Kultur war, bezeugen Kunstwerke benachbarter Kulturen, die, wie im Bereich der Seidenstraße, eindeutig sasanidische Stilmerkmale tragen.

Hendrik Budde

Kopffragment eines lebensgroßen Pferdes   584

Iran, Nizamabad (Gebiet von Waramin), 7. – Anfang 8. Jh.
Stuck, rote Farbspuren an der Kandare, L. 73 cm; B. 15 cm
Museum für Islamische Kunst, Berlin, Inv.-Nr. I. 4886

Der lebensgroße Kopf stammt wahrscheinlich von einem
lebensgroßen Reiterfries. Von dem Fundort sind auch kleinere Reiter bekannt, so daß offenbar Reiterdarstellungen
vorhanden waren, die an die bekannten sasanidischen Fels-
reliefs im Südiran erinnern. Möglicherweise stammt der
Pferdekopf bereits aus der frühislamischen Zeit. Reiter gehörten auch zum Repertoire umaijadischer Paläste in Syrien.

Jens Kröger

584

23 Münzen Harun ar-Raschids   831

Madinat as-Salam, 766–809
Münzkabinett der Staatlichen Museen zu Berlin, Preußischer Kulturbesitz

König auf der Jagd, sog. Jagdschale   234

Iran (aus Nowo Bejazit bei Eriwan), 7.–8. Jh.
Silberschale, teilvergoldet, H. 4 cm; Dm. 19 cm
Museum für Islamische Kunst, Berlin, Inv.-Nr. I. 4925

Die Silberschale gehört zu den sasanidischen Jagdschalen,
die zwischen dem 4. und 7. Jahrhundert zunächst für den
Sasanidenhof und später für lokale Machthaber hergestellt
wurden. Die königliche Jagd wird mit wenigen Figuren veranschaulicht. Der durch eine komplizierte Krone ausgezeich-
nete Herrscher, dessen permanenter Triumph durch einen mit
einem Diadem herabschwebenden Genius symbolisiert wird,
kommt auf einem feurigen Roß herangaloppiert, um einen

234

Eber zur Strecke zu bringen. Ein bereits erlegter Löwe und ein
Bär, der sich hinter einem Baum versteckt, tragen zum Mythos
des königlichen Helden bei, der sich durch Kraft und Kühnheit
auszeichnet und nicht nur aus dem Kampf mit wilden Tieren,
sondern auch mit politischen Gegnern als Sieger hervorgeht.

Almut von Gladiss

Federzeichnung eines Reiters mit Lanze   729
und Rundschild

Papyrus, 10. Jh.
10,4 x 8 cm
Österreichische Nationalbibliothek, Wien, P. Vindob. ACh 11416

Schale mit Reitermotiv   826

Iran, Nischapur, 9.–10. Jh.   (s. Abb. S. 204)
Irdenware mit Unterglasurmalerei, H. 6 cm; Dm. 22 cm
Museum für Islamische Kunst, Berlin, Inv.-Nr. I. 11/62

Das Bild des Reiters füllt das gesamte Schalenrund. Mit der
rechten Hand faßt er die Zügel, in der linken Hand hält er ein
Schwert. Das Pferd trägt eine lange Schabracke und aufwendiges, mit tropfenförmigen Anhängern geschmücktes Zaumzeug. Die gelbgrundige Keramik mit großzügiger Figurenma-

826

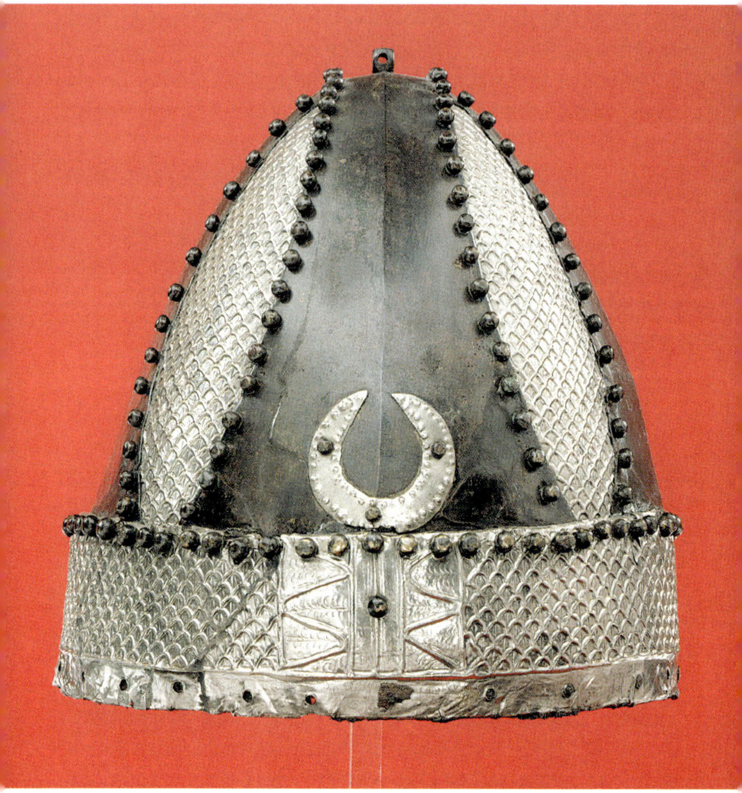

563

lerei wurde in Nishapur hergestellt, im 9. und 10. Jahrhundert eine Hauptstadt der Samaniden, die sich auf ihre sasanidischen Vorfahren beriefen. Die einstmals auf den sasanidischen Silberschalen beliebten Reiterbilder lebten in der Keramikmalerei wieder auf, doch wurde die Ornamentalisierung weit vorangetrieben.

Jens Kröger

Sasanidischer Helm   563

Iran, 6.–7. Jh.
Eisen, Silber, Bronze, 21,5 x 20,5 x 20,8 cm
Römisch-Germanisches Zentralmuseum, Mainz

Der Helm besteht aus vier eisernen Spangen, die oben miteinander verbunden sind. Auf dem Helm befindet sich eine Mondsichel aus Silberblech.

Sasanidisches Schwert mit Scheide   561

Iran, 6.–7. Jh.
Eisen, Silber, 102,5 x 5 cm
Römisch-Germanisches Zentralmuseum, Mainz, Inv. O. 38822

561

Samir
White Elefant on a Flying Carpet   (s. Abb. S. 206)
Video-Installation

Der in der Schweiz lebende Exiliraker hat zuletzt den viel-
beachteten Film «Forget Bagdad» über das Schicksal iraki-
scher Juden im Irak und in Israel gedreht.

Diese neue Installation entwickelt eine Darbietung weiter,
die zuletzt im ZKM Karlsruhe zu sehen war, ihr Titel «It was just
a job». Sie zeigte die Rezeption des ersten Golfkriegs in den
westlichen «Köpfen».

Für Samir hat sich die Situation seitdem radikalisiert, von
einem «Ausnahmekrieg» zur Regel eines neuen Empire. Die
noch in der ursprünglichen Installation vorhandene, wenn
auch verlogene «Gemütlichkeit» ist verschwunden, die Aus-
nahmesituation ist zu unserem Alltag geworden.

Im Vordergrund stehen unsere Orientbilder, die von unseren Träumen, Ängsten und nicht zuletzt von den Medien
geprägt werden.

Unsere neuesten Orientbilder werden uns vom Militär vermittelt. Der Orient wird zum Zielgebiet unserer politischen
und wirtschaftlichen Interessen.

Erst dahinter können wir die wirklichen Menschen im Orient wahrnehmen.

Die Museen in Bagdad wurden geplündert, während die
Ölzentren geschützt blieben. Samirs Installation inmitten der
vielen Schätze aus dem alten Bagdad erinnert uns auch daran, daß unsere Begeisterung über die vielen Kostbarkeiten
zynisch würde, wenn wir darüber die Menschen im heutigen
Bagdad vergäßen.

Wolfgang Dreßen

5.3 Jerusalem

Eine Stadt – drei Städte, so präsentiert sich der allen drei monotheistischen Weltreligionen heilige Ort dem Betrachter. Einige Stätten, wie der Felsendom, sind allen drei Religionen heilig, birgt er doch den Stein, auf dem Abraham seinen Sohn Isaak nicht opfern mußte. Dadurch, daß Mohammed von eben diesem Stein seine Himmelsreise angetreten haben soll, wird er den Muslimen ebenso heilig wie der benachbarte Ort des zerstörten Tempels den Juden. Für die nach Jerusalem pilgernden Christen steht die Grabeskirche als erste heilige Stätte im Mittelpunkt. An keinem anderen Ort begegnen Judentum, Christentum und Islam sich auf so gedrängtem Raum, kein anderer Ort ist konfliktträchtiger, aber auch geeigneter, zwischen allen Differenzen eine Perspektive der Gemeinsamkeit zu entwickeln.

Heike Nelsen-Minkenberg

5.3.1 Die drei heiligen Bücher

Die monotheistischen Religionen Judentum, Christentum und Islam gelten als sog. Buchreligionen. Der Selbstoffenbarung Gottes in Tun und Wort an den Menschen folgt eine Phase oraler Tradierung der göttlichen Offenbarung, die schließlich schriftlich fixiert wird. Das geschriebene Wort bildet die letztgültige Fassung der Offenbarung Gottes: heilige Schriften entstehen: Tora, Bibel und Koran. Weder Juden noch Christen oder Muslime beten ein Buch an, sondern Gott!

Georg Minkenberg

Schmuckseite aus einem Pentateuch mit Massora 697

Wohl Ägypten, 929
Pergament, 32,3 x 70,2 cm
National Library of Russia, St. Petersburg, Hebr. II B. 17, fol. IV–V

Das in der Genisa von Fustat gefundene Fragment ist nach neuesten Forschungen die früheste datierte, illuminierte hebräische Handschrift. Das Kolophon der ausgestellten Fragmente gibt den Namen des Schreibers Schlomo Halevi bar Buyaꜣa und das Datum an. Ähnlich den Einleitungsseiten in den Koranhandschriften sind dem Pentateuch ganzseitig dekorierte Seiten vorangestellt, sogenannte Teppichseiten. Die aufgeschlagene Doppelseite zeigt das Stiftzelt (Bundeszelt) mit den dazugehörigen Kultgeräten. Die bildliche Tradition dieser Darstellung hat ihre Vorläufer in Mosaikfußböden spätantiker Synagogen.

Der Codex gehört zu einer Gruppe von Handschriften, die wahrscheinlich im Auftrag der großen karäischen Gemeinde von Fustat ausgeführt wurde.

Hendrik Budde

Lit.: Kat. Jüdische Lebenswelten, Berlin 1991.

Einzelblatt aus einem Pentateuch mit Massora   828

Wohl Ägypten, 929
Pergament, 42,2 x 37,5 cm
National Library of Russia, St. Petersburg, Hebr. II B. 17, fol. II

Auch dieses Einzelblatt gehört zum Pentateuch des Schreibers Schlomo Halevi bar Buyaʾa. Die Handschrift ist wahrscheinlich im Auftrag der bedeutenden karäischen Gemeinde von Fustat entstanden. Die Karäer, eine schismatische jüdische Bewegung, die im 8. Jahrhundert in Mesopotamien entstanden war, betrachteten den Pentateuch als alleinige maßgebende Instanz und lehnten die Autorität des Talmud ab. Für sie war das Stiftzelt – «Zelt des Zusammentreffens» (ohel moʾed) – eine Metapher für die Heilige Schrift. Das Einzelblatt ist mit einem geometrischen Flechtwerk im Stil der Koranhandschriften verziert.

Hendrik Budde

Lit.: Kat. Jüdische Lebenswelten, Berlin 1991.

Koran (Fragment)   079

Irak oder Syrien, 9.–10. Jh.
Pergament, 22 Bl., 21,5 x 32,5 cm
Museum für Islamische Kunst, Berlin, Inv.-Nr. I. 2111

Diese Koranhandschrift besteht noch aus 22 Pergamentseiten, die mit je fünf Zeilen im kufischen Duktus beschrieben sind, sowie einer Titelseite und einer Zierseite, die hier aufgeschlagen sind. Geschrieben wurde die Handschrift mit der Rohrfeder und schwarzbrauner Tusche. Verziert sind die Seiten durch schwarze und rote diakritische Zeichen, goldverzierte Rosetten, die die Satzenden und die Verse markieren. Diese Verzierungen zeigen in den gefiederten Flügelpalmetten ihrer Ornamentik den Einfluß sasanidischer Tradition, in der Flecht- und Flächenmusterung Parallelen zur byzantinischen Kunst. Das schmale Format folgt aus dem Gebrauch in der Moschee, so daß mehrere Männer gleichzeitig den heiligen Text lesen können.

Jens Kröger und Heike Nelsen-Minkenberg

079

Karolingisches sog. Schatzkammer-Evangeliar 111

Aachen, Anfang 9. Jh.
Pergament, 30,5 x 24 cm
Domschatzkammer Aachen

Das karolingische sog. Schatzkammer-Evangeliar entstand zu Beginn des 9. Jahrhunderts am Aachener Hof Karls des Großen. Es ist derselben Handschriftengruppe zuzuordnen wie

111

das in Wien aufbewahrte sog. Reichsevangeliar. Wahrscheinlich hat die Handschrift von Anfang an zur Ausstattung der Marienkirche Karls des Großen gehört. Fol. 8v–14r wird von zwölf Kanontafeln eingenommen, und der Beginn des Johannes-Evangeliums (fol. 19v) ist durch eine Zierseite mit einem Ornamentrahmen und Purpurgrund betont. Der Codex verfügt nur über eine einzige, ganzseitige Illumination, die abgebildete Darstellung der vier Evangelisten. Es ist nicht nur ungewöhnlich, daß Markus, Matthäus, Lukas und Johannes alle auf einer Seite abgebildet sind anstelle von Einzelblättern am Beginn des jeweiligen Evangeliums, sondern auch die antikisierende Darstellung der Evangelisten samt ihrer Symbole in einer Hügellandschaft weicht von dem üblichen Rahmen ab.

Heike Nelsen-Minkenberg

Lit.: Grimme: Der Aachener Domschatz (AKB 42), Aachen [2]1973.

Modell des Herodianischen Tempels   001
Conrad Schick (1822–1901), Jerusalem, um 1879
Holz, 290 x 167 x 65 cm
Köln/Jerusalem, Deutscher Verein vom Heiligen Lande aus Jerusalem, Paulushaus

Das im Maßstab 1:200 gebaute Modell richtet sich nach den Beschreibungen des Flavius Josephus. Der gesamte Tempelplatz, dessen Grundfläche etwa dem heutigen Haram aschscharif entspricht, war von doppelreihigen hohen Säulenhallen aus weißem Marmor umgeben. Im Süden erweiterten sich die Kolonnaden zu prächtigen königlichen Hallen mit vier Säulenreihen. Hinter diesen Säulenhallen lag der äußere Vorhof, der sogenannte Hof der Ungläubigen, Zentrum des zivilen Lebens der Stadt. Von dem äußeren Vorhof gelangte man durch ein großes Tor in das innere Heiligtum, das in drei Bereiche unterteilt war. Von dem Hof der Frauen führten 15 Stufen in den nur den Männern vorbehaltenen Hof der Israeliten, wo geopfert wurde und die Zeremonien der Priester verfolgt werden konnten.

Der Tempel selbst, «hundert Ellen lang und hundertzwanzig Ellen hoch», war ein Meisterwerk hellenistischer Baukunst: «Der äußere Anblick des Tempels bot alles, was Auge und Herz entzücken konnte. Auf allen Seiten mit schweren goldenen Platten bekleidet, schimmerte er bei Sonnenaufgang im hellsten Glanz und blendete das Auge wie Sonnenstrahlen. Fremden, die nach Jerusalem pilgerten, erschien er von fern wie ein schneebedeckter Hügel, denn wo er nicht vergoldet war, leuchtete er in blendendem Weiß. Seine Spitze starrte von scharfen goldenen Spießen, damit er nicht von Vögeln, die sich auf ihm niederließen, verunreinigt würde.» (Bell 5, 5,6)

001

Der Mischna (Bawa batra 4a) ist allerdings zu entnehmen, daß Herodes zwar beabsichtigte, den Tempel mit Gold zu überziehen, die Priester ihn aber davon abhielten mit der Begründung: «Laß ihn, so ist er nämlich viel schöner; er sieht aus wie Schaum von Meereswellen».

Nach seiner Ausbildung in der Handwerkermissionsschule in Basel ging Conrad Schick 1846 nach Jerusalem und wurde 1850 zum Vorsteher des Handwerksinstituts der englischen Juden-Missionsgesellschaft ernannt. Sein besonderes Interesse an der Baugeschichte Jerusalems veranlaßte die türkischen Behörden, ihn mit Untersuchungen von historischen Gebäuden zu beauftragen. Seine Ergebnisse veröffentlichte er in zahlreichen Artikeln in der Zeitschrift des Deutschen Palaestina-Vereins, dem er seit 1877 angehörte. Als Baurat war er für verschiedene große Bauprojekte, z. B. das Waisenhaus «Talita kumi» und das Viertel «Mea Schearim» verantwortlich. Bereits in Basel hatte Schick mit dem Modellbau begonnen. Sein erster Auftrag war die Fertigung eines Modells der Stiftshütte für den Schulgebrauch. 16 weitere Modelle folgten. Schicks Modelle zeichnen sich besonders dadurch aus, daß sie sich schichtenweise auseinander nehmen lassen, um verschiedene Bauzustände zu veranschaulichen. Zur Erläuterung seiner hölzernen, mit Ölfarben gefaßten Modelle im Maßstab 1:200 erschienen von seiner Hand «Die Stiftshütte, der Tempel in Jerusalem und der Tempelplatz der Jetztzeit» (1896) und «Beit El Makdas, der alte Tempelplatz zu Jerusalem» (1887). Er unterteilt die Modelle in: Tempelberg, Salomonische Bauten, Neubauten des Serubbabel und des Herodes und die heutigen Bauten. Daneben hat er auch Modelle der

Grabeskirche und des Felsendoms geschaffen. Zudem war er an topographischen Aufnahmen der Stadt und ihrer Umgebung, an Ausgrabungen und anderem beteiligt.

Hendrik Budde

Lit.: Budde 1995, 1/38; Schick 1896, S. 171–215; Goren/Rubin 1996, S. 103–124; Lenfant 1995, 1/129.

5.3.2 Bilderstreit: Bild, Schrift und Wahrheit

Die Bedeutung des geschriebenen Wortes als Bewahrung der Selbstoffenbarung Gottes führt in Judentum, Christentum und Islam zu einer besonderen Wertschätzung der Schrift, der durch besondere Sorgfalt und besondere Regeln bei der Schriftgestalt vor allem der heiligen Bücher Rechnung getragen wird. Der Wahrheit der Schrift gegenüber ist die Wahrheit des Bildes in allen drei Religionen Gegenstand heftigster Diskussionen bis hin zur völligen Ablehnung des Bildes gewesen. Gott ist nicht darstellbar, Darstellung ist «Manipulation».

Das Christentum sieht allerdings in Jesus Christus die menschgewordene Selbstoffenbarung Gottes und erkennt daher im Bild des Menschen das Bild Gottes.

Im Mittelpunkt des um 800 die Christen zumindest in Jerusalem, Byzanz und Rom bewegenden Bilderstreites steht hingegen die Frage der Relation von Bild (Abbild) und Vorbild (Urbild). Wenn das Bild des Heiligen wesenhaften Anteil am Urbild hat, dann kommt ihm dem Urbild geltende Verehrung zu. Die Wahrheit des Bildes ist dann auch an strenge Gestaltungsregeln gebunden (Ikone). Für den Westen wird die Entscheidung Karls des Großen, in spätantiker Manier Bilder als erinnernde (Historienbilder) und propagierende Instrumente zu nutzen, zukunftsträchtig. Das im Vergleich zum Orient der Zeit des Harun ar-Raschid eingeschränkte westliche Verhältnis zur Kunst des Lesens und Schreibens erfordert sogar das Bild als «Bibel derjenigen, die des Lesens nicht kundig sind».

Georg Minkenberg

Arnulf Rainer – Ohne Titel, 1987   **886**
Öl auf Foto, montiert auf Holz
151 x 80 cm
Besitz des Künstlers

In der Domschatzkammer, am Eingang zum Bereich der alten Handschriften, sollen das dort zum Ausdruck gekommene Gottesbild ebenso wie das in der Ostkirche ausgebrochene Thema des Bilderstreites durch heutige Bildbeispiele eine Gegenüberstellung erfahren. Von Arnulf Rainer sehen wir die Übermalung der fotografischen Reproduktion eines byzantinischen Christuskopfes. Der monumentale, streng symme-

886

trisch ausgerichtete Kopf ist im Zentrum einer hochformatigen Holzplatte mit leicht ausgebildeten Kreuzarmen angebracht. Zu seiten des Kopfes fließen breite rote Farbströme sich langsam ausdünnend zu Boden; ein ähnlicher roter Farbstrom entspringt im Bereich der Mundpartie des Christuskopfes. Das von der brennend roten Farbe eingerahmte und

teilweise überdeckte Gesicht erscheint als nur schwarz-
weißes Abbild zurückverwiesen in den Bereich der Historie
und der Imagination, während die Farbe Rot durch ihre Intensität zu einem unmittelbar wirksamen Ausdruckselement
wird. Der historische Bilderstreit mit seinen Theorien über die
Abbildbarkeit Gottes wird in den Christusübermalungen von
Arnulf Rainer mit den Fragen zur Religion heute verbunden
und aktualisiert: nicht nur hinsichtlich der Bildhaftigkeit oder
des kultischen Vollzuges, sondern auch hinsichtlich der Existenz und der Wirksamkeit Gottes überhaupt.

Adam C. Oellers

Barnett Newman – Canto VII, 1964   **3004**
Lithographie
41,9 x 40,3 cm
Staatsgalerie Stuttgart, Graphische Sammlung

Aus der Lithographie-Mappe der 19 «Cantos» von Barnett
Newman wird das Blatt Nr. VII ausgestellt. Es gehört zu einer
Gruppe von Arbeiten, die sich mit den Texturen und Wir-
kungsweisen der stark meditativen Farbe Blau auseinander-
setzen (im Gegensatz zu den schwarzen und roten Blättern
der Cantos-Serie). Die ruhigen, vertikal nebeneinander stehenden Farbflächen definieren eine wechselhafte Abfolge
der Proportionen, der Farbintensitäten wie der Oberflächen-
strukturen und assoziieren somit auch einen mit musikali-

schen Bewegungen vergleichbaren Rhythmus. Die Arbeiten hat Newman mit Cantos (Gesänge) bezeichnet – ein Verweis darauf, daß es sich hier um eine geschlossene Werkgruppe handelt, welche sich durch eine archaische, feierlich-getragene Ausdrucksform auszeichnet. Die Lithographie mag auch einen Beitrag zu der seit langem umstrittenen Frage leisten, ob in den abstrakten, flächigen Bildern eines Newman (oder Rothko) eine eigene Spiritualität zum Ausdruck kommt, welche auf den jüdischen Ursprung der Künstler zurückverweist und eine spezifische Position hinsichtlich der Undarstellbarkeit Gottes beinhaltet.

Adam C. Oellers

Micha Ullman – Die Sandbücher I–V, 2001   893

Eisen, roter Sand
25 x 26/40 x 4/117 cm
Courtesy Galerie Cora Hölzl (II–V), Heinrich Heine Institut Düsseldorf (I)

Ein archaischer Umgang mit dem Material prägt die Skulpturen des israelischen Bildhauers Micha Ullman, der die Bedeutung der Dingwelt wie der Landschaft aus der Stofflichkeit der Erde herleitet. Ullman arbeitet – eingedenk des Archetypus von Adam als «Mann aus Erde» – mit dem Material selbst, formt es im Boden aus, füllt architektonisch-plastische Modelle mit Erde aus rotem Sand oder bildet aus Ton grabähnliche Körper mit verschlossenen Türen aus. Landschaft, Raum

und Menschenkörper gehen eine stille metaphysische Symbiose ein, ermöglichen es, daß dort ein «makom», ein Ort voll Assoziationen («da, wo Gott ist»), entstehen kann. «Erde ist für die Israelis, was Blut für die Juden ist» (Doreet LeVitté Harten).

Im Bereich der alten Handschriften werden von Ullman die «Fünf Sandbücher» ausgestellt, eine Reihe von fünf verschiedenen, geöffneten bis geschlossenen Buchkästen, deren Eisenrahmen mit gestrichenem Sand ausgefüllt sind. In ihren verschiedenen Zuständen erinnern sie an Möglichkeiten der Erkenntnis zwischen Kommunikation, imaginärer Botschaft und Konservierung des Wissens. Ihre materielle Substanz besteht aus Eisen und rotem Sand – Anspielungen auf die Dauerhaftigkeit der äußeren Form wie auf den Symbolgehalt der Erde in der jüdischen Religion. Ullman geht hinter die verbale Mitteilung, die Abstraktion der Begriffe im Buch, zurück und nähert sich der gemeinsamen substantiellen Grundlagen allen Lebens an. Weitere symbolische Bezüge sind in der Zahl Fünf (Fünf Bücher Moses) und – als profanes Element – im Wort Sand selbst zu finden, hinter welchem sich im Hebräischen die Zeit der Tage außerhalb des Sabbats verbirgt. Ullmans Arbeit steht beispielhaft für die häufigen Auseinandersetzungen israelischer Künstler mit alten Traditionen, Wortbedeutungen und neuen hintergründigen Anspielungen.

Adam C. Oellers

Bruchstück einer Bildsäule – Männerkopf   037

Samarra, Dar al-Khilafa, 9. Jh.
Fresko auf gebranntem Ton, 23 x 19 cm
Museum für Islamische Kunst, Berlin, Inv.-Nr. Sam I. 470

1912 fanden sich Bildsäulen in Form zylindrischer Töpfe und Fragmente davon unter dem Fußboden in den Thronsälen des Kalifenpalastes Dar al-Khilafa. Sie scheinen dort verborgen gewesen zu sein. Auf ihnen waren figürliche Darstellungen wie Ritter, Priester und Frauen wiedergegeben. Auf diesem Fragment befindet sich die Darstellung eines frontal gezeigten bärtigen Mannes mit waagerecht gestreifter Kappe und Tuch. Nach Überlegungen des Ausgräbers handelt es sich um einen Priester. Die Fundumstände deuten auf ein Versteck hin, vielleicht vor Bilderstürmern?

037

Sog. Trierer Apokalypse   **069**

Nordfrankreich, um 800
Pergament, 26,2 x 21,6 cm
Stadtbibliothek Trier, Hs. 31

Die wohl in Nordfrankreich entstandene Apokalypsenhand-
schrift ist bereits seit dem 10. Jahrhundert in St. Eucharius in
Trier nachzuweisen. Sie geht auf die gleiche Vorlage zurück
wie die Apokalypse von Cambrai, da sich Parallelen im Text-
und Bilderzyklus zeigen. Die Trierer Apokalypse wurde allerdings im 12./13. Jahrhundert einer Umarbeitung unterzogen,
die wahrscheinlich dazu diente, durch eine andere Textver-
teilung die jeweiligen Textseiten genau dem gegenüberliegenden Bild zuzuordnen. Jetzt erscheinen je eine Text- und
Bildseite nebeneinander. Unter den Bildern, die Illustrationen
zur Apokalypse darstellen, ist fol. 1v mit Johannes und dem
Engel wohl das bekannteste.

Heike Nelsen-Minkenberg

Lit.: Kat. 799 – Kunst und Kultur der Karolingerzeit, Mainz 1999; Kat. Karl der
Große. Werk und Wirkung, Aachen 1965.

Apokalypse des Beatus von Liebana   3067

Spanien, 9. Jh.
Pergament, 30,5 x 25 cm
Monasterio de Santo Domingo de Silos

Bei diesem Fragment handelt es sich um die älteste erhaltene Abschrift der Apokalypse des Beatus von Liebana. Erhalten ist die Stelle Off. Joh. 6,9–11.

Heike Nelsen-Minkenberg

5.3.3   Die karolingische Bibliothek

Während der Islam der Zeit um 800 in Bagdad mit größter Intensität sämtliches erreichbare spätantike Wissen sammelt und durch die Übersetzung ins Arabische fruchtbar macht, während Bücher in Bagdad auf dem Basar angeboten werden und jeder reiche Kaufmann seine Privatbibliothek zumindest als Statussymbol pflegt, während das billige Papier für Nutzschriften längst das teure Pergament ersetzt, während Lesen- und Schreibenkönnen auch als Voraussetzung profitablen Handels weit verbreitet sind, ist es das besondere Verdienst der Hofschule Karls des Großen, auch das westliche Wissen auf ein spätantikes Fundament gestellt zu haben, das unsere Kultur bis heute prägt. Im Laufe des Mittelalters reicherte sich der Wissenskanon durch Übersetzung spätantiker Texte aus dem Arabischen an. Im Gegensatz zu urbanen Strukturen wie etwa Bagdad im Orient boten im ländlichen Okzident fast ausschließlich die Klöster zu Forschung und Wissensvermittlung geeignete Strukturen, wodurch das Wissen im Westen eine klerikale Prägung erhielt.

Heike Nelsen-Minkenberg, Georg Minkenberg

Graduale von Laon   054

Lothringen (Metz, Laon), um 930
Pergament, H. 23,5 cm; B. 19 cm
Bibliothèque Municipale, Laon

Der Codex von Laon ist ein Meßbuch mit Proprium de tempore und integriertem Proprium de sanctis. Er ist das älteste und vollständigste Beispiel einer lothringischen Handschrift dieser Art.

Die Handschrift ist in karolingischen Minuskeln verfaßt. Metzer «paläofränkische» Neumen vermitteln den Sängern die richtige Ausführung der Gesänge. Die Neumen sind die frühesten Notenbezeichnung der liturgischen Einstimmigkeit im christlichen Abendland. Sie dienen in der Regel weniger dazu, die Melodie wiederzugeben, sondern zeigen den richtigen Rhythmus und die Dynamik des Sprachklanges an. Eine Besonderheit der lothringischen Notation liegt in ihrer Fähigkeit, durch die Stellung auf dem Pergament zusätzlich den Melodieverlauf anzudeuten.

Die frühen Neumenhandschriften liefern heute wichtige Anhaltspunkte für die musikwissenschaftliche Erforschung der gregorianischen Gesänge.

Martina Topp

Lit.: Kat. 799 – Kunst und Kultur der Karolingerzeit, Bd. II, Mainz 1999, S. 842–844.

Musiktraktate   058
Saint-Amand, um 900
Pergament, H. 24,5 cm; B. 18,5 cm
Bibliothèque Municipale, Valenciennes

Der aus mehreren Teilen zusammengefügte Codex stellt in seiner Gesamtheit eine Art Kompendium über die sieben freien Künste, unter besonderer Behandlung der Musik, dar.

Die Handschrift ist die früheste vollständige Ausgabe der beiden Enchiriadis-Traktate. Neben der Musica und der Scolica enchiriadis beinhaltet sie noch eine Liste der Kirchenmodi, sowie einen kürzeren musikalischen Text über den mehrstimmigen Gesang.

Auffällig an der Behandlung der musikalischen Lehrstoffe ist, daß nicht nur der numerische Ursprung der Musik, sondern auch ihre Erfassung durch Hören und Sehen vermittelt wird. In dem Manuskript vereint sich so die überlieferte griechische Musiktheorie mit der Praxis des täglichen Choralgesangs.

Martina Topp

Lit.: Kat. 799 – Kunst und Kultur der Karolingerzeit, Bd. II, Mainz 1999, S. 861.

Sammelhandschrift   67
Hamersleben, Ende 12. Jh.   (s. Abb. S. 220)
Pergament
Kestner-Museum, Hannover

Die Sammelhandschrift zeigt auf Folio Ir eine Darstellung Karls des Großen und Alkuins.

Alkuin (730–804) gehörte zu den bedeutendsten Gelehrten seiner Zeit. Von Karl dem Großen wurde er als Leiter an die Hofschule in Aachen berufen. Karl ließ sich persönlich von Alkuin in vielen verschiedenen Fächern unterrichten. Seine zahlreichen literarischen Werke geben Zeugnis von seinem umfangreichen Wissen.

Der enge Kontakt zwischen Kaiser und Gelehrten zeigt sich an den zugewendeten Körpern der beiden in dem Manuskript

067

dargestellten Personen, sowie an den gekreuzten Schriftbändern. Der Zeigegestus Alkuins deutet auf seine Lehrtätigkeit hin.

Martina Topp

Lit.: Kat. 799 – Kunst und Kultur der Karolingerzeit, Bd. II, Mainz 1999, S. 684.

Fragmente eines Graduale　　　　　　　　　073

Corvey (?), um 900
Pergament, H. 24,5 cm; B. 15 cm
Herzog August Bibliothek, Wolfenbüttel

Die Schriftfragmente wurden auf den Buchdeckeln einer älteren Handschrift beidseitig aufgeklebt entdeckt.

Die unscheinbar wirkenden Blätter stellen ein wichtiges Zeugnis der Musikgeschichte dar. Es handelt sich hier um das einzige erhaltene Beispiel eines Graduale mit «paläofränkischen» Neumen. Der Musikwissenschaft liefert das Manuskript wichtige Hinweise auf die Verbreitung dieser seltenen Notenschrift. Für einige Gesänge ist dieses Graduale sogar die früheste bekannte Quelle.

Martina Topp

Lit.: Kat. 799 – Kunst und Kultur der Karolingerzeit, Bd. II, Mainz 1999, S. 841–842.

Altes Testament   087
Mittelitalien, um 800
Pergament, H. 30 cm; B. 20,3 cm
Dombibliothek Köln

Die Handschrift beinhaltet nicht das gesamte, sondern nur Teile aus dem Alten Testament. Vertreten sind die Bücher Job, Tobias, Judith, Esra und Ester. Diesen werden zusätzlich die Hieronymus-Vorreden vorangestellt.

Erst unter Karl dem Großen entstanden einbändige Bibelausgaben, die sogenannten Pandekten. Ihnen dienten die unterschiedlichen Teilausgaben als Grundlage.

An der aufwendigen Gestaltung des Textes läßt sich die Hochachtung vor dem Bibelwort ablesen.

Martina Topp

Lit.: Kat. Glaube und Wissen im Mittelalter, S. 68–70.

Lehrtexte zur Grammatik, Rhetorik und Dialektik   097
2. Hälfte 8. Jh.
Pergament, H. 28,7 cm; B. 20,5 cm
Dombibliothek Köln

Die Handschrift ist ein Schulbuch über die sprachlichen Fächer der Sieben Freien Künste (Grammatik, Rhetorik und Dialektik). Hergestellt wurde das Manuskript von mehreren gleichgeschulten Schreibern aus einer frühkarolingischen Schreibschule. Kontinentale und insulare Einflüsse vereinen sich in dem Werk.

Zu den in den Text aufgenommenen spätantiken Autoren zählen bedeutende Sprachgelehrte, wie z.B. Gaius Chirius Fortunatanius und der hl. Augustinus.

Martina Topp

Lit.: Kat. Glaube und Wissen im Mittelalter, S. 125–129.

Musiktraktat (Fragment der Scolica enchiriadis)   102
Werden, Ende 9. Jh.   (s. Abb. S. 222)
Pergament
Universitätsbibliothek Düsseldorf

Das ausgestellte Fragment ist das früheste Beispiel dieses Musiktraktats.

102

Neben dem vorliegenden Teil, der Scolica enchiriadis, gab es noch einen zweiten Band, die Musica enchiriadis. Während sich die Musica enchiriadis, das Handbuch der Musik, an den vorgebildeten Sänger richtet, ist die Scolica enchiriadis, das Handbuch der Auszüge, als didaktischer Dialog zwischen Magister und Schüler aufgebaut.

Beide Schriften zeigen sich stark von der antiken Musiktheorie beeinflußt, verarbeiten aber auch überlieferte Traditionen und wenden diese auf den täglichen Gebrauch in der Messe an.

Zu den behandelten Themenbereichen gehören die Kirchentonarten, die Kon- und Dissonanzen, das Organum und – für die beiden Traktate charakteristisch – die Entwicklung des Tonsystems auf Tetrachorden.

Martina Topp

Lit.: Kat. 799 – Kunst und Kultur der Karolingerzeit, Bd. II, Mainz 1999, S. 858–860.

Erzengel Michael als Drachentöter　　　　　150

Aachen Hofschule, Anfang 9. Jh.
Elfenbein, H. 33,6 cm; B. 9,3 cm
Museum für Kunsthandwerk/Grassimuseum, Leipzig

Das an den Rändern teilweise beschädigte Relief aus der Aachener Domschule zeigt den Erzengel Michael als Drachentöter. An der rechten oberen Ecke sind nur noch zwei ausgestreckte Finger der Hand Gottes zu erkennen, von der Michael den Befehl erhält.

Das dargestellte Motiv gewinnt erst in karolingischer Zeit an Bedeutung. Besonders beachtenswert ist die attributhafte Behandlung des getöteten Drachen und die feine Bearbeitung des Faltenwurfs.

Im Vergleich mit dem ebenfalls ausgestellten Elfenbeinrelief einer Himmelfahrt (Nr. 151) können die unterschiedlichen künstlerischen Auffassungen der Hofschule nachvollzogen werden.

Martina Topp

Lit.: Kat. 799 – Kunst und Kultur der Karolingerzeit, Bd. II, Mainz 1999, S. 747–748.

Elfenbeinfragment einer Himmelfahrt   151

Aachen Hofschule, Anfang 9. Jh.
Elfenbein, H. 14 cm; B. 9,3 cm
Hessisches Landesmuseum, Darmstadt

Die Platte stellt die verbliebenen elf Apostel und die Jungfrau Maria als Zeugen der Himmelfahrt Christi dar. Das Relief mit der Figur des Erlösers ist verlorengegangen.

Stilistische Vergleiche bringen das Fragment mit den Elfenbeinen des Lorscher Evangeliars in Verbindung, wobei das vorliegende Objekt einen dynamischeren Aufbau aufweist. Die Bohrungen am unteren Bildrand sprechen dafür, daß das Werk ursprünglich auf einem Buchdeckel angebracht war.

Durch die unvergleichlich einheitliche Auffassung der Figurengruppe, die Körperlichkeit des Dargestellten und die hohe künstlerische Verarbeitung zeichnet sich das Relief als Hauptwerk der karolingischen Elfenbeinskulptur aus.

Martina Topp

Lit.: Kat. 799 – Kunst und Kultur der Karolingerzeit, Bd. II, Mainz 1999, S. 745–747.

Der hl. Gregor mit drei Schreibern (Gregorplatte)   152
Lothringen (Metz?), karolingisch
Elfenbein, H. 20,5 cm; B. 12,8 cm
Kunsthistorisches Museum Wien, Kunstkammer

Das Elfenbeinrelief zeigt den schreibenden Kirchenvater Gregor. Der Text wird ihm von der Taube des heiligen Geistes auf seiner Schulter eingegeben. Im unteren Bildstreifen sind drei Schreiber in verschiedenen Körperhaltungen zu erkennen. Bemerkenswert ist die Verschmelzung von Außen- und Innenarchitektur, von der der Heilige umgeben ist. Die Körperlichkeit der Figuren und die genaue Detailwiedergabe bezeugen das Können des Schnitzers.

Papst Gregor I. (590–604) gilt als einer der ersten Verfasser einer römischen Liturgieordnung. Ein vermeintlich von Gregor stammendes Sakramentar ließ sich Karl der Große von Papst Hadrian I. zusenden. In der Folgezeit hatte es großen Einfluß auf die fränkische Liturgie.

Die Platte zeigt in ihrer qualitätvollen Darstellung, welch hoher Stellenwert der Schreibkunst seit der Karolingerzeit eingeräumt wurde. Ursprünglich war das Relief das Mittelstück auf dem Buchdeckel eines Sakramentars.

Martina Topp

Lit.: Kat. 799 – Kunst und Kultur der Karolingerzeit, Bd. II, Mainz 1999, S. 826–828.

Bildnis Ludwigs des Frommen als «defensor fidei»   421
Original: Fulda, um 840
Pergament
ADEVA-Verlag GmbH, Graz

Ludwig der Fromme, jüngster Sohn und Nachfolger Karls des Großen, wird in dem Bildnis als Verteidiger des Glaubens, defensor fidei, dargestellt. Die Figur ist kunstvoll in ein quadratisches Buchstabengitter eingefügt. Die Schriftzeichen

152

innerhalb der farbig gestalteten Flächen, z. B. Kreuz, Nimbus
und Schild, ergeben eigene Sinnzusammenhänge.
    Es handelt sich hier um eine Faksimileausgabe des Werkes
von Hrabanus Maurus «De laudibus sanctae crucis». Die Schrift
des Fuldaer Abtes und späteren Mainzer Erzbischofs zählt zu
den Hauptwerken der mittelalterlichen Figurendichtung.

Martina Topp

Lit.: Kat. Krönungen, Mainz 2000, S. 238–239.

Carmina figurata   422

(s. Abb. S. 226)

Nordwestfrankreich, kurz nach 800
Pergament, H. 29,5 cm; B. 21,5 cm
Burgerbibliothek Bern, Ms. 212 II

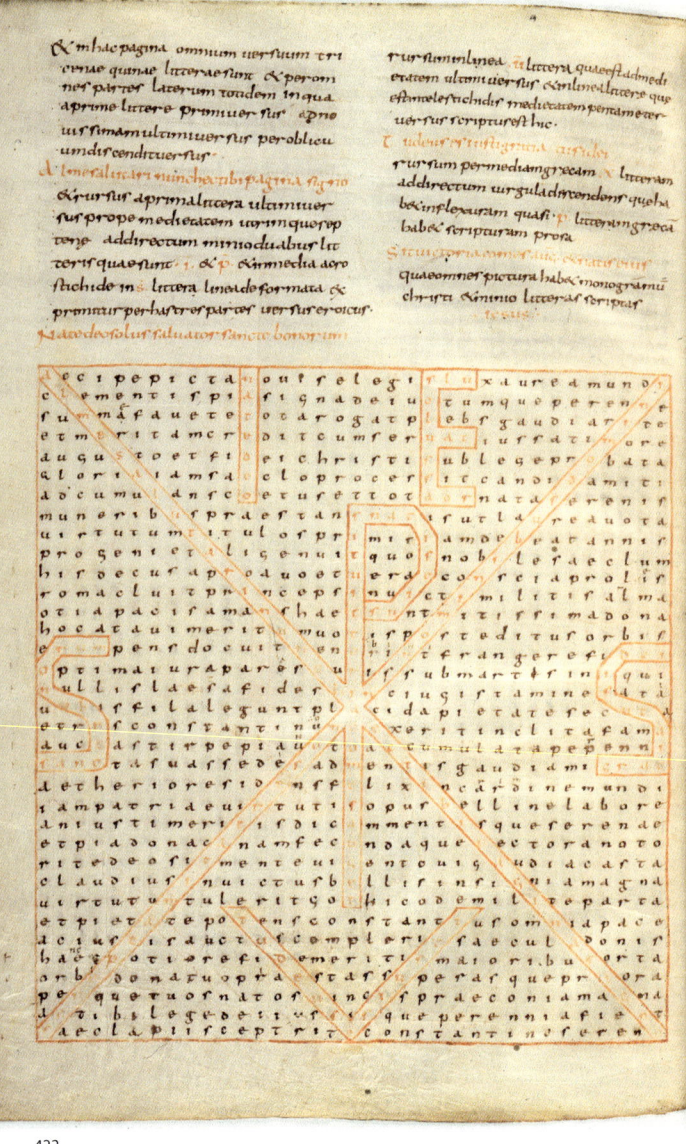

422

Um die verlorene Gunst Kaiser Konstantins des Großen wie-
derzugewinnen, widmete ihm Optatianus Porphyrius um 325
ein Buch mit 28 kunstreichen Gedichten, in denen genau
gesetzte Buchstaben teils Figuren, teils innerhalb großer
Buchstabenquadrate Inschriften oder Muster mit lesbarem
Text, sogar in Versen, bildeten. Das Buch gelangte, wohl in
Abschrift, an den Hof Karls des Großen und brachte dort
bereits in den achtziger Jahren des 8. Jahrhunderts Nachah-
mungen zum Lob des Kreuzes, aber auch des Herrschers hervor. Besonders die angelsächsische Ornamentauffassung in
Verbindung mit Schrift war von diesen spätantiken Kunstge-
bilden im Grenzbereich zwischen Text und Schrift angezogen.

So versuchten sich Alkuin und sein irischer Schüler Joseph, auf Wunsch Karls aber auch Theodulf von Orleans, an der Erneuerung dieser schwierigen Kunst.

In der einzigartigen, nur 16 Blätter umfassenden Berner Handschrift ist das spätantike Vorbild des Optatianus Porphyrius mit karolingischen Figurengedichten Alkuins, Josephs und Teodulfs vereinigt. In der Ausstellung aufgeschlagen ist fol. 113v mit dem karolingischen, auf den griechischen Buchstaben CHI und RHO beruhenden Jesus-Christus-Gedicht. Zu den Schreibern der kleinen, aber höfisch-anspruchsvollen Handschrift gehören je ein Schreiber der Hofschule sowie aus den Schulen von St.-Amand und Metz.

Georg Minkenberg

Lit.: Kat. Aachen 1965, S. 204 Nr. 362.

Evangeliar Cod. Wings 1   888

St. Galler Schreibschule, 890–920
323 Pergamentblätter, 22 x 16 cm
Öffentliche Bibliothek der Stadt Aachen, Dauerleihgabe im Suermondt-Ludwig-Museum Aachen

Der wohl unter Abt Salomon III. im Scriptorium des Klosters von St. Gallen angefertigte Codex gelangte 1893 als Schenkung aus dem Nachlaß des Kunstsammlers an die Stadt Aachen. Innerhalb der reichen Handschriftenproduktion des Klosters mit seinen verschiedenen Stilstufen des 9. und frühen 10. Jahrhunderts markiert der Codex Wings eine Spätform, welche häufig durch eine mehr handwerkliche Übernahme der stilistischen Merkmale der Schreibschule geprägt ist. So zeigen auch die künstlerischen Schmuckseiten (die Eingangszierseite, die Initialseiten der vier Evangelien sowie die Bögen der Kanontafeln) eine kunsthandwerklich hochstehende Verarbeitung eines älteren ornamentalen Formenschatzes, ohne jedoch individuelle Akzente zu setzen. Die langgezogenen I – L – F-Initialen öffnen sich zu goldumrahmten Flächen, die inwendig mit teppichartigen Ornamentstreifen, meist auf dunklem Grund, geschmückt sind; ihre Enden münden in verschlungenem Rankenwerk, in welchem Tierköpfe und Blattformen sichtbar werden. Gegenüber der strengen Vertikalität der übrigen Initialen zeigt der Beginn des Matthäus-Evangeliums («Liber generationis») eine kräftig geschwungene Gestaltung, welche wiederum mit der Feierlichkeit und Ruhe des Textbildes bzw. auch der gegenüberliegenden Eingangs-Zierseite in eine harmonische Beziehung tritt.

Adam C. Oellers

Lit.: Arno Mentzel-Reuters: Ein Evangeliar aus der St. Galler Schreibschule unter Salomon III., in: Aachener Kunstblätter, Bd. 59, 1991–93, S. 71ff.

Michael Buthe – Ohne Titel, 1975   847

Gouache auf Papier, 42 x 29 cm
Ribbentrop Contemporary Art

Buthe liebte es häufiger, Kulturzeugnisse aus Ost und West, aus Orient und Okzident miteinander zu vermischen. Ein kleines Beispiel dafür ist eine unbetitelte Collage von 1975, auf der rosettenartige, gezackte Papierplättchen zusammen mit dem bunten Deckblatt einer Dattelschachtel das Faksimile einer mittelalterlichen Handschrift, darstellend die Belehrungsszene des Schreibers aus der Bibel des Abtes Frowin von Engelberg (12. Jh.), künstlerisch «entwerten» oder versinnlichen. Das Blatt mag eine ironische Variante zum hohen Ideal eines Austauschs der Kulturen sein, denn neben strengem geistigem Wissen lebt der Mensch auch von der Verführung und vom Genuß süßer, exotischer Früchte.

Adam C. Oellers

847

5.3.4   Das Judentum in Jerusalem

Gottes «Wohnung» auf Erden: Der Tempel in Jerusalem

Der «Erste Tempel» – Der Tempel Salomons

Gemäß der biblischen Überlieferung wurde Abraham von Gott das Land der Kanaaniter «vom Bach Ägyptens bis zu dem großen Strom, dem Euphratfluß» (Gen 15, 18) als Siedlungsgebiet seiner Nachkommen verheißen. Diese Abrahamitische Tradition erstreckt sich auch auf Jerusalem und den Tempel, denn der Berg im «Land Moria», auf dem Abraham auf Geheiß Gottes seinen Sohn Isaak als Brandopfer darbringen sollte (Gen 15, 18), wird in der jüdischen Tradition mit dem Berg Moria, auf dem Salomon den Tempel errichtete, gleichgesetzt.

David, von den Ältesten der Stämme Israels zum König gesalbt, eroberte die zwischen den Reichsteilen Juda und Israel liegende Festung «Zion», ein anderer Name für Jerusalem, und baute sie zu seiner Residenz aus. Mit der Überführung der Bundeslade von Kiriath-Jearim nach Jerusalem wurde die Stadt auch kultisches Zentrum des Reiches. Ein festes Bauwerk zu Aufbewahrung der Bundeslade, die seit dem Bau der Stiftshütte von den Stämmen Israels als tragbares Heiligtum mitgeführt wurde, errichtete aber erst Davids Sohn Salomon. Salomon folgte bei dem Bau des Tempels den Planungen seines Vaters, der, den Darstellungen im deuteronomischen Geschichtswerk zufolge, nicht nur den Standort auf dem Berg Moria bestimmte, sondern David auch «Vorbilder» (Zeichnungen) des Tempels und seiner Vorhöfe einschließlich der Innenausstattung und der Tempelgerätschaften übergab. Auch die Ordnung der Priester und Leviten und die Priesterdienste wurden bereits von David festgelegt.

Die bauliche Struktur und Ausstattung des Tempels ist im sogenannten Baubericht im ersten Buch der Könige (6–8), der zwischen 620 und 607 v.Chr. verfaßt wurde, beschrieben. Der wohl 200 bis 300 Jahre später entstandene Bericht im 2. Buch der Chroniken (2–5) übernimmt im wesentlichen diese Ausführungen. Hinzu kommt noch die Tempelvision des Ezechiel (40, 1–44, 3; 46, 19–47, 2), die er im Babylonischen Exil um 573 niederschrieb. Seine Angaben zum Tempel selbst entsprechen denen im Buch der Könige, doch setzt er den Tempel in eine achsial symmetrische Gesamtanlage, in deren Zentrum der Brandopferaltar steht und umgibt sie mit einer quadratischen Umfassungsmauer. Auch die Beschreibung des architektonischen Urbilds des Tempels, der Stiftshütte, in Exodus (26, 15–30; 36, 20–34) dürfte von dem sogenannten Baubericht abhängig sein, da sie wahrscheinlich erst nach dem Tempelbau entstanden ist. Der Tempel und seine Vorhöfe waren Teil des Salomonischen Palastkomplexes, dessen lange Bauzeit von 13 Jahren – die des Tempels hatte sieben Jahre betragen – gewaltige Dimensionen vermuten läßt.

Der von der Ostseite her zu betretende, nach Westen orientierte, etwa 27 Meter lange, 9 Meter breite und 11 Meter hohe Tempel war in drei Bezirke unterteilt: Elam (Vorraum), Hekal (Hauptschiff) und Debir (Allerheiligstes). Im fensterlosen Allerheiligsten, das nur einmal im Jahr, am Tag der Versöhnung (Jom Kippur), von dem Hohenpriester betreten wurde, standen zwei Cherubim aus vergoldetem Olivenholz. Hier wurde die Bundeslade mit den beiden Dekalogtafeln aufbewahrt, die zur Tempeleinweihung in einer feierlichen Prozession «samt der Hütte des Stifts und allen Geräten des Heiligtums» aus der «Stadt Davids, das ist Zion» hinauf in den Tempel getragen wurde.

Zwischen den ägyptischen und mesopotamischen «Weltreichen» liegend, wurde Israel häufig Opfer der hegemonialen Bestrebungen einer der beiden Mächte. Als sich König Jojakim (608–598) der Oberhoheit Nebukadnezars II. nicht beugen wollte, wurde Jerusalem erobert. Der babylonische Herrscher «führte alle Schätze des Tempels Gottes von dort weg […] und zerbrach alle goldenen Gefäße, die Salomon, der König von Israel, im Tempel Gottes hatte anfertigen lassen, wie es Gott verkündet hatte. / Er führte ganz Jerusalem gefangen fort, alle Obersten und kriegstüchtigen Männer, zehntausend Gefangene, überdies alle Schmiede und Schlosser; nichts blieb übrig als das geringe Volk des Landes.» (2. Kön 24, 14; Jer 27, 20)

Der «Zweite Tempel»

Nach dem fast 50 Jahre dauernden babylonischen Exil entließ 538 v. Chr. der persische König Kyros, der das (neu)babylonische Reich eroberte, die Juden aus der Verbannung und verfügte den Wiederaufbau des Tempels (Esr 1, 2–4). Die von Nebukadnezar geraubten Tempelgerätschaften wurden zurückgegeben. Mit der Pracht des Salomonischen Tempels konnte sich der Bau des «Zweiten Tempels», der in nur vier Jahren errichtet wurde, nicht messen. Das Allerheiligste blieb leer. Nur außerbiblische Legenden behaupten, daß die Bundeslade versteckt und vor den Babyloniern gerettet werden konnte.

Nach 200jähriger achämenidischer Herrschaft wurde Jerusalem 332 v. Chr. Teil des hellenistischen Reiches. Unter der Herrschaft der Ptolemäer und der Seleukiden genoß Jerusalem, nun «Hierosolyma» genannt, die Privilegien eines Tempelstaates. Zu einer radikalen Hellenisierung Jerusalems kam es erst unter dem Seleukidenherrscher Antiochos IV. Epiphanes, der Dekrete gegen den jüdischen Glauben erließ, 169 v. Chr. den Tempel schändete und in ihm einen Zeusaltar aufstellte. Der von dem Priester Mattathias dem Hasmonäer und seinen fünf Söhnen, bekannt als Makkabäer, angeführte Volksaufstand verdrängte die seleukidischen Machthaber, und 164 v. Chr. wurde der Tempel neu eingeweiht, woran das Chanukkafest erinnert. Die Dynastie der Hasmonäer machte Jerusalem zur Hauptstadt eines großen, hellenistisch beeinflußten Reiches, das 63 v. Chr. von Pompejus erobert und dem Römischen Reich eingegliedert wurde.

Der Tempel des Herodes

Herodes, Verwalter Galiläas, wurde für seine Unterstützung des Antonius gegen Cäsar vom römischen Senat belohnt und zum «verbündeten König» in Judäa ernannt. Obwohl die Stadt grundsätzlich dem römischen Recht unterlag, hielt Herodes weitestgehend die Selbständigkeit der jüdischen Institutionen in Jerusalem aufrecht. Er sah sich in der Tradition von David und Salomon zugleich. Die Ausdehnung seines Reiches hatte davidische Dimension, der Tempel sollte salomonische Pracht erreichen. In einer Rede an die Priester und das jüdische Volk begründete er seine Absicht, den alten Tempel abzutragen und an seiner Stelle einen neuen, prächtigeren zu errichten: «Dieser Tempel ist von euren Vorfahren dem höchsten Gott erbaut worden, als sie aus Babylon zurückgekehrt waren. Doch fehlen ihm an seiner Höhe noch sechzig Ellen, um welche der früher von Salomon errichtete Tempel ihn überragte.» Ausführlich wird der Bau des Tempels von dem jüdisch-römischen Chronisten Flavius Josephus beschrieben. Herodes «ließ zunächst die alten Fundamente durch neue ersetzen und erbaute dann auf diesen den Tempel selbst». Die Tempelplattform wurde durch gewaltige Substruktionen erweitert. Die Flächen der Tempelvorhöfe waren so bemessen, daß sie die große Anzahl der jährlichen Wallfahrer aufnehmen konnten. Insbesondere zu den vier hohen Feiertagen – Pessach, Shawuot, Sukkot und Jom Kippur, dem höchsten Feiertag des jüdischen Jahres, an dem der Hohepriester das Allerheiligste betrat – besuchten Pilger aus ganz Judäa, aus Syrien, Phönizien, Griechenland, Ägypten und Zypern den Tempel.

Die Zerstörung des Tempels

Thronstreitigkeiten unter den Nachfolgern Herodes' des Großen veranlaßten Augustus im Jahre 6, Judäa zu einem Teil der römischen Provinz Syrien zu erklären, die dem Prokurator von Caesarea unterstellt war. Nur für kurze Zeit wurde Jerusalem noch einmal Hauptstadt ganz Palästinas, unter dem letzten jüdischen Herrscher Herodes Agrippa (41–44 n. Chr.). Nach seiner Absetzung unterstand die Stadt wieder römischen Statthaltern, verwaltet von dem Hohenpriesteramt und dem Sanhedrin (jüdischen Gerichtshof). Gegen die Römer und die mit ihnen verbündete jüdische Oberschicht entbrannte

64 ein Volksaufstand (1. Jüdischer Krieg). Kaiser Vespasian, dem Judäa als selbständige Konsularprovinz unterstand, beauftragte seinen Sohn Titus mit der Unterdrückung des Aufstandes. Nach längerer Belagerung wurde Jerusalem 70 erstürmt und am 9. Av (August), dem Jahrestag der Zerstörung des Ersten Tempels, der Herodianische Tempel in Schutt und Asche gelegt. Die Zahl der jüdischen Opfer war sehr hoch, «denn aus dem ganzen Land waren sie zum Fest des ungesäuerten Brotes zusammengeströmt» und von der römischen Belagerung überrascht worden. Die an der Pest und Hungersnot Gestorbenen gibt Flavius Josephus (Bell 6, 9) mit über einer Million an, die Zahl der Gefangenen mit 97 000. In der zerstörten Stadt bezog die 10. Legion ihr Lager.

Aelia Capitolina

130 n. Chr. besuchte Kaiser Hadrian Jerusalem. Während dieses Aufenthaltes beschloß er, eine römische Stadt auf den Trümmern zu gründen und einen heidnischen Kultbau auf dem Tempelberg zu errichten. In Kombination mit religionsfeindlichen Bestimmungen gegen die Juden wurde dieses Vorhaben zum Anlaß für einen erneuten jüdischen Volksaufstand. Anführer dieser Insurrektion war Simon Ben Kosiba, genannt Bar Kochba. Noch brutaler als unter Titus' Führung schlug die 10. römische Legion das Aufbegehren im «zweiten jüdischen Krieg» – der zugleich letzten Erhebung gegen die römische Herrschaft – nieder. In der Folge wurde die jüdische Bevölkerung ausgerottet oder versklavt. Der Provinz Judäa gab Hadrian einen neuen Namen «Syria-Palaestina», Jerusalem verwandelte er ab 135 in eine hellenistisch-römische Polis, die seinen Namen «Aelia» (Aelius Hadrianus) und den des Schutzgottes Roms «Capitolina» (Jupiter Capitolinus) trug. Nach dem Muster eines römischen Lagers wurden ein Cardo Maximus in west-östlicher Richtung – Säulenarkaden haben sich im jüdischen Teil der Altstadt erhalten – und ein nordsüdlich verlaufender Decumanus durch die Stadt gelegt. Der Haupttempel der Stadt, der kapitolinischen Trias geweiht, lag nahe dem Forum. Direkt am Forum lag der Venustempel, an der heutigen Stelle der Grabeskirche. Der Tempelberg mit seiner viereckigen Plattform, «Quadra» genannt, war dem Jupiter geweiht und hat wahrscheinlich einen kleineren Kultbau getragen.

Hadrian verbot allen Beschnittenen, auch Judenchristen, den Aufenthalt in Jerusalem (einschließlich der Toparchien Oreine, Gophna und Herodium). Dieses Edikt blieb jahrhundertelang in Kraft, konnte aber nur für das Wohnen exekutiert werden, nicht aber Händler und Pilger am Betreten der Stadt hindern. Einmal im Jahr, am 9. Av, durften Juden den Tempelberg betreten, um die Zerstörung des Tempels zu betrauern. Der Pilger von Bordeaux, der Anfang des 4. Jahrhunderts Jerusalem besuchte, berichtet von einem «durchlöcherten Stein (lapis perputuus), zu dem die Juden jedes Jahr kommen, um ihn zu salben, zu klagen und voll Schmerz die Kleidung zu zerreißen». Wahrscheinlich ist dieser Stein identisch mit dem Felsen, der später von den muslimischen Eroberern durch den Felsendom eingefaßt und überbaut wurde.

Hadrians Nachfolger Antoninus Pius (138–161), der die Verfolgung der Christen im Reich verbot, hob auch das hadrianische Verbot der Beschneidung auf und gewährte den Juden Religions- und Lehrfreiheit. In Jamnia (Jabne), wo bereits seit 70 die berühmte, von Rabban Jochanan ben Zakkai gegründete Gelehrtenschule bestand, wurde ein jüdisches Patriarchat gegründet. Die Schule wurde 235–250 nach Tiberias verlegt, wo dann auch die meisten Patriarchen residierten. Der Sanhedrin (Gerichtshof) hatte sich um 140 in Uscha neu gebildet.

Die messianische Erwartung der göttlichen Wiedererrichtung des Tempels gehört zum Selbstverständnis des jüdischen Volkes. Umstritten ist jedoch, wieweit Menschenhand an dem Aufbau des «dritten Tempels» teilhaben darf.

Hendrik Budde

Inschrift der Legio X Fretensi auf einer Säule   805

*IMP CAESAR / VESPASIAN[US] / AUG IMPT C[AE] /
SAR VESP AUG / L. [FLAVIUS SILVA] AUG PR PR / LEG X FR*

Jerusalem, 70–79
Kalkstein, H. 85 cm, Dm. 45 cm
The Israel Antiquities Authority, IAA 94/1682

In einem großangelegten Feldzug gegen das judäisch-galiläische Landvolk gelang es der von Titus befehligten 10. Legion (Legio X Fretensis), nach längerer Belagerung im Jahre 70 Jerusalem zu erstürmen. Die Inschrift auf der Säule, die südlich des Tempelberges in einem Fundament entdeckt wurde, ist dem römischen Kaiser Augustus Imperator Caesar Vespasian (69–79) und seinem Sohn Augustus Imperator Titus Caesar Vespasian (79–81) gewidmet. Die fünfte Zeile trug den Namen des Anführers der Legio X Fretensis, wahrscheinlich Lucius Flavius Silva, Gouverneur von Judaea 73–79, und wurde später ausgemeißelt. Die 10. Legion, deren Lager sich in dem Gebiet des ehemaligen Palastes des Herodes befunden haben wird, blieb bis 250 n. Chr. in Jerusalem stationiert.

Hendrik Budde

Lit.: Budde, 1995, 1/53; Westenholz, 1994, 137f.

004

Modell von Jerusalem vor seiner Zerstörung   004

G. J. van Duinkerken, 1989
Holz, Kunststoff, 28 x 114 x 83 cm
Amsterdam, Bijbels Museum, BMA 496

Das Stadtbild Jerusalems wurde in der Regierungzeit Herodes
des Großen (37 v. Chr. – 4 n. Chr.) durch umfassende Baumaß-
nahmen entscheidend verändert. Das größte Bauvorhaben
des Herodes in Jerusalem war der Tempel. Reste der westlichen Substruktionsmauer, die sogenannte Klagemauer, vermitteln einen Eindruck der gewaltigen architektonischen Dimensionen dieser Anlage. An der Nordseite des Tempelberges baute Herodes eine Festung, die er zu Ehren Marc Antons
«Antonia» benannte. Er verstärkte die Stadtbefestigungen,
errichtete große kommunale Gebäude und Gartenanlagen.
Seinen von hohen Mauern umgebenen Palast baute er in der
von Priestern und der jüdischen Aristokratie bewohnten
Oberstadt. Unter den Bauten der nachherodianischen Zeit ist
besonders der unter Pontius Pilatus (26–30) gebaute erste
Aquädukt zu nennen. Die Bevölkerung Jerusalems wird vor
der Zerstörung durch die Römer auf 80 000 Einwohner geschätzt.

Hendrik Budde

Grundriß des Herodianischen Tempels   695

In: Moses Maimonides, 1138–1204   (s. Abb. S. 236/237)
Kommentar zur Mischna – Traktat Middot
Sanaa (Jemen), 1386
Papier, 296 Bl., 25 x 19,5 cm
Staatsbibliothek der Staatlichen Museen, Berlin, Preußischer Kulturbesitz,
Orientabteilung, Ms or qu 570

Der Talmud ist neben den Büchern des Flavius Josephus die wichtigste Quelle über die bauliche Struktur des Herodianischen Tempels und der Tempeldienste. Die ausführlichste Beschreibung des Tempels findet sich im Traktat Middot («Maße», 4, 7), der sehr genau die Dimensionen des Tempelbezirkes beschreibt. Die Angaben scheinen aber von der Tempelvision Ezechiels beeinflußt zu sein – etwa, daß der Tempelbezirk 500 Ellen im Quadrat maß – und widersprechen zum Teil denen des Josephus. Der Tempel selbst wird als rechteckige Halle beschrieben, deren oberes Drittel vom Allerheiligsten eingenommen wurde. Der Ausgang nach Osten öffnete sich in einen Vorraum. Umgeben war der Tempel von dreigeschossigen Vorratsbauten. Der aufgeschlagene, nach Westen orientierte Grundriß entspricht nur sehr ungenau dieser Beschreibung. Weitere Angaben über den Tempel finden sich im Traktat Menachot (Speiseopfer), Tamid (Ständige Opfer), Joma (Versöhnungstag) und Schekalim (Schekelsteuer).

Hendrik Budde

Lit.: Nachama/Sievernich, 1991, Nr. 12/41; Wischnitzer, 1974, 16–27.

Weihrauchschaufel aus der Bar Kochba Höhle   806

1./2. Jh., gefunden in einer der Höhlen bei Nahal Hever
Bronze, B. 13,3 cm; L. 35,8 cm
Jerusalem, The Israel Antiquities Authority

Die Gründung einer heidnischen römischen Stadt – Aelia Capitolina – auf den Ruinen Jerusalems führte zu einem Volksaufstand, der von Simon ben Koseba, genannt Bar Kochba, angeführt wurde. Dieser «zweite jüdische Krieg» war zugleich der letzte gegen die römische Herrschaft. Erst nach langen grausamen Kämpfen konnte der Aufstand von der 10. Legion niedergeschlagen werden. 135 wurde das Hauptquartier bar Kochbars in Betha, das auch Sitz des obersten jüdischen Gerichtshofes (Sanhedrin) und des religiösen Führers (Nasi) war, erobert. In den umliegenden Höhlen von Wadi Murabba'at and Nahal Hever versteckten sich viele Anhänger Bar Kochbas vor den Römern. Zahlreiche Münzfunde belegen, daß es im Kernland des jüdischen Widerstandes, dem Bergland von Judäa südlich von Jerusalem, eine effizient arbeitende Zivilverwaltung und ein geordnetes Wirtschaftsleben gegeben hat. Die Münzbilder zeigen die Fassade des Tempels von Jerusalem mit der Bundeslade oder liturgische Geräte, die

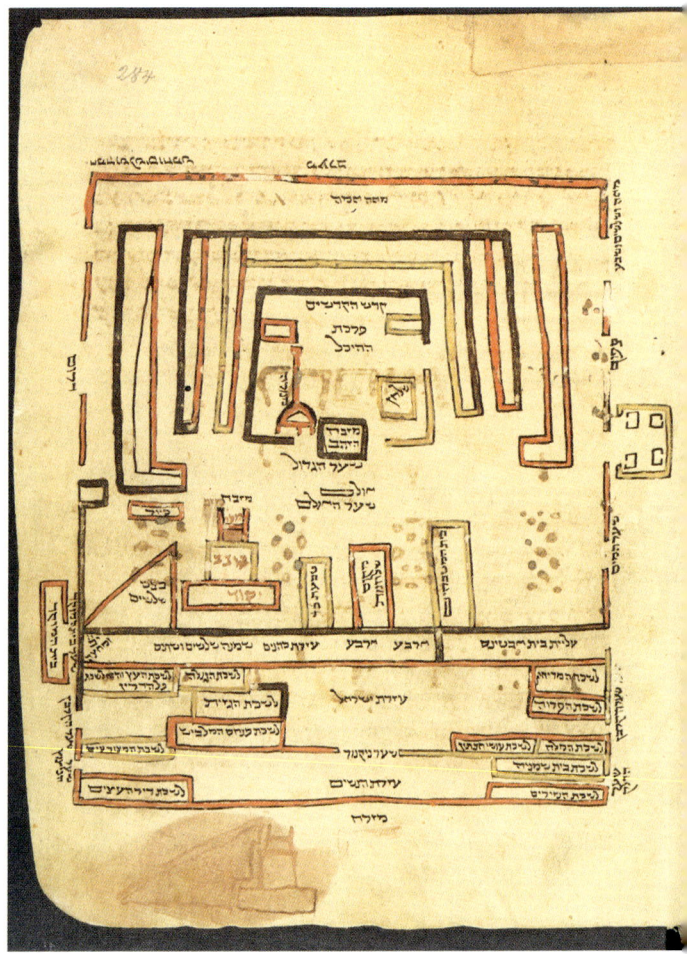

695

symbolisch an den Tempel erinnern. Die Weihrauchschaufel, die zusammen mit anderen ähnlich ausgebildeten Schaufeln in unterschiedlichen Größen in der Höhle gefunden wurde, gehörte sicher zu einem Weihrauchaltar, der in der Tradition des Tempeldienstes stand.

Hendrik Budde

5.3.5   Juden in der Diaspora

Seit der Zerstörung des Jerusalemer Tempels ist jüdisches Leben durch die Diasporasituation geprägt. Sämtlichen auch heute stattfindenden Diskussionen um den Stellenwert Jerusalems bleibt aber dessen eschatologische, auf die endzeitliche Wiederkehr des Messias bezogene Dimension im jüdischen Glauben gemeinsam.

Georg Minkenberg

Jüdischer Grabstein – Trauer um den Tempel   900

Zoar südöstl. Küste des Toten Meeres, 5./6. Jh.
Kalkstein, Inschrift mit roter Farbe gefaßt, 36 x 21 x 6 cm
Jerusalem, The Israel Antiquities Authority

Der in der aramäischen Volkssprache beschriftete Stein stellt
Symbole des Tempels dar: Menora, Lulav (Palmenblatt), Scho-
var (Widderhorn). Die Inschrift nennt den Namen des Verstorbenen und den Todestag. Die Datierung orientiert sich an der
Zerstörung des Tempels.

«Das ist der Grabstein von … der Sohn von Megelos (?)
der verstarb am Sabbat, dem fünfundzwanzigsten Tag des
Monats Tevet, im ersten Jahr des sabbatischen Kreislaufs,
dem Jahre 386 nach der Zerstörung des Tempels. Friede,
Friede über Israel».

Hendrik Budde

5.3.6   Tora und Talmud

Der Talmud – wörtlich «Studium» oder «lernen» – ist ein Kompendium von Verhandlungen der jüdischen religiösen Lehrer und Rechtsgelehrten (Rabbiner) aus biblischen Zeiten (Esra) bis zum 5./6. Jahrhundert. Er setzt sich zusammen aus der «Mischna» – wörtlich «wiederholen» –, einer Sammlung von Gesetzen und Lehrsätzen auf Grundlage der Tora, die sich mündlich tradierten, und der «Gemara» – «Vollendung» –, den rabbinischen Verhandlungen über die Mischna. Die Mischna, von dem Tannaiten (Lehrer der mündlichen Religionsvorschriften) und Oberhaupt der Juden Palästinas Jehuda ha-Nassi um 200 im Lehrhaus von Zippori (Sepphoris) zu einer Sammlung geformt, war der Ausgangspunkt für die wissenschaftlichen Disputationen der theologischen Hochschulen Palästinas (Tiberias, Cäsarea, Sepphoris, Ludd) und Babyloniens (Nehardea, Pumbedita, Machusa), zwischen denen ein enger geistiger Austausch stattfand.

Die Mischna ist in sechs «Sederim» («Ordnungen») gegliedert, die wiederum in 63 Traktate mit insgesamt 525 Lehrsätzen unterteilt sind. Der Palästinensische Talmud enthält zu 39 Mischnatraktaten eine Gemara, der Babylonische nur zu 36, doch sind diese viel umfangreicher; der Anteil der «Agada», die erbaulichen und lehrhaften Ergänzungen zur «Halacha», den legalistischen Lehrsätzen, ist im Babylonischen Talmud weit größer. Obwohl beide Lehrhäuser von der Mischna des Jehoda ha-Nassi ausgingen, unterscheiden sich die Texte zum Teil in den beiden Bearbeitungen, und die Lehrsätze widersprechen sich.

Die Kompilation der Gemara mußte in Palästina aufgrund der christlichen Verfolgungen und der Schließung des Lehrhauses von Tiberias Anfang des 5. Jahrhunderts abgeschlossen werden. Erst 100 Jahre später wurden die Arbeiten am Babylonischen Talmud beendet. Während der Palästinensische Talmud in Palästina die oberste Instanz blieb, konnte sich der Babylonische Talmud in der Region, in der er entstanden ist, dem heutigen Irak, und in Europa kanonische Geltung verschaffen.

Hendrik Budde

Torarolle   702

Jemen, 15./16. Jh.
Leder, H. 55 cm
Staatsbibliothek der Staatlichen Museen, Berlin, Preußischer Kulturbesitz,
Orientabteilung, Ms or fol. 1209

Für die im Gottesdienst gelesene Tora (fünf Bücher Mose) ist bis heute die ursprüngliche Form der Rolle beibehalten worden. Da die Tora nach der jüdischen Tradition die Offenbarung Gottes ist, wird ihr heiliger geistiger Inhalt auf die Rolle selbst übertragen und sie fast als Erscheinung des Göttlichen ver-

702

ehrt. Die Vorschriften für die Niederschrift einer Torarolle haben sich seit der Antike nicht geändert und sind im Talmud festgelegt. Sie muß auf Leder oder Pergament rituell reiner Tiere – meistens Kalbshaut – mit schwarzer Tinte, die keine metallischen Zusätze haben darf, geschrieben sein. Fehler dürfen bei der Niederschrift nicht unterlaufen; keinerlei Verzierungen des Textes sind erlaubt. Die Tora wird auf zwei Stäbe gerollt und oben und unten durch Querscheiben vor dem Verrutschen geschützt. Sie wird feierlich geweiht, und wenn sie unbrauchbar geworden ist, entweiht und bestattet. Da Pergament erst in hellenistischer Zeit (Pergamon) als Schreibmaterial Verbreitung fand, kann davon ausgegangen werden, daß die Tora-Rollen bis zur Zerstörung des Tempels auf Leder geschrieben waren. Während sich im Orient und auch in Spanien diese Tradition erhielt, wurde im aschkenasischen Judentum ausschließlich Pergament benutzt.

Hendrik Budde

Lit.: Kurio 2002, S. 38.

Palästinensischer (Jerusalemischer) Talmud (»Talmud Yerushalmi«) 698

Schreiber: Jekutiel ben Benjamin ha-Rofe
Italien, datiert 25 Adar I 5049, 17. Februar 1289
Papier, 372 Bl.
Leiden, Bibliothek der Rijksuniversiteit, Or. 4720 a

Haben relativ viele mittelalterliche hebräische Bibelhandschriften und Gebetbücher die Verfolgungen der Juden überdauert, verhält sich dieses mit den Talmudhandschriften
anders. In ihnen erkannten die christlichen Verfolger den
eigentlichen Kern der jüdischen Kultur, den sie zu zerstören
trachteten. Nur zwei vollständige Talmudhandschriften
haben sich aus dem Mittelalter erhalten: der ausgestellte
«Palästinensische» oder «Jerusalemische» und ein «Babylo-
nischer Talmud» (München, Bayerische Staatsbibliothek, Cod.
hebr. 95).

Hendrik Budde

Talmud Babli   699
päpstlich genehmigter Druck des Talmud
Basel 1578
Papier
Herzog-August-Bibliothek, Wolfenbüttel, Le 2° 3:9

Mit Erlaubnis Papst Leos X. durfte Daniel Bomberg sowohl
den Babylonischen als auch den Palästinensischen Talmud
1523–24 herausgeben. Der Streit zwischen christlichen Druk-
kern hebräischer Bücher führte jedoch dazu, daß der Papst
1553 den Talmud wegen angeblicher Schmähungen des
Christentums zu einem blasphemischen Werk erklärte und
seine Verbrennung anordnete. Im 16. Jahrhundert erschienen
keine weiteren Talmudausgaben in Italien. Der einzige vollständige Druck des Talmud außerhalb Italiens im 16. Jahrhundert erfolgte in Basel durch den christlichen Drucker Ambro-
sius Froben, bei dem der italienische Gelehrte Israel Zifroni als
Korrektor beschäftigt war. Obwohl diese 15bändige Ausgabe
von christlichen Mönchen zensiert war, wollte die Kirche auch
diese Ausgabe nicht dulden. 1592 verbot der Papst erneut das
Studium des Talmud. Die Anordnung der Texte, in der Mitte
Mischna und Gemara, rechts der Kommentar Raschis und
links die Glossen der Tossafisten, entspricht Bombergs Ausgabe.

Hendrik Budde

Lit.: Kat. Jüdische Lebenswelten, Berlin/Frankfurt 1991.

Haggada nach sefardischem Ritus   703
Italien o. Spanien?, um 1400, Sefardische Quadratschrift, Initialfelder von roten
Filigranfeldern umgeben.
Pergament, 139 Bl., 26,7 x 20,7 cm
Staatsbibliothek der Staatlichen Museen, Berlin, Preußischer Kulturbesitz,
Orientabteilung, Ms or fol. 569

Die Haggada – wörtlich «Bericht, Erzählung» – ist eine Sammlung von Versen aus der Bibel, Mischna und Midrasch sowie
von Aufzeichnungen religiöser Bräuche, die sich auf die
Befreiung aus der ägyptischen Knechtschaft beziehen. Mit

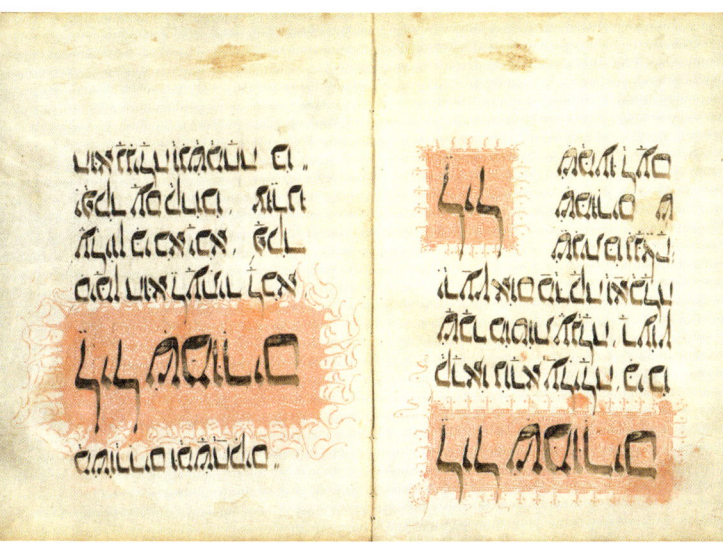

703

dem Gedanken an den Auszug aus Ägypten verknüpften sich schon zur Zeit der römischen Besetzung Palästinas messianische Hoffnungen. Ausgehend von den antiken Traditionen und der in der Mischna vorgeschriebenen Seder-Feier, wurde die Pessach-Liturgie in der Grundform, wie sie heute noch üblich ist, zwischen dem 8. und 10. Jahrhundert in Babylonien festgelegt. Die von Amram Gaʾon von Babylon in seinem Gebetbuch Seder Rav Amram aufgenommene Version der Haggada wurde für das Judentum kanonisch. Allerdings erfuhren die Texte der Haggada ab dem 11. Jahrhundert in Europa Erweiterungen. Der heute gebräuchliche Text, der kaum Unterschiede zwischen dem aschkenasischen und sefardischen Ritus aufweist, geht im wesentlichen zurück auf die Mishneh Torah von Maimonides (1135–1204). Die Haggadot waren ursprünglich unbebildert und Teil des Gebetbuches. Da die Haggada für den häuslichen Bereich gedacht war – sie wird an den ersten beiden Abenden des Pessachfestes vorgelesen – ist sie häufig sehr reich mit Buchmalerei ausgestattet. Die ersten illuminierten Haggadot sind aus Spanien bekannt. Sie werden durch einen dem Text vorangestellten ganzseitigen Bilderzyklus eingeleitet.

Hendrik Budde

Lit.: Burkhardt, 2002, S. 99.

5.3.7   Christen in Jerusalem – Die Bibel

Die hebräische Bibel, die in christlicher Terminologie «Altes Testament» (= Alter Bund) genannt wird, ist das kulturelle Gedächtnis des jüdischen Volkes. Nach der Zerstörung Jerusalems und des Tempels (70) blieb sie das Verbin-

dende der jüdischen Gemeinden in allen Teilen der Welt, ihre
«Heimat».

Die mit dem Auszug (griechisch: Exodus) der Kinder Israels
(protoisraelitischer Sippen) aus Ägypten gegen Ende des
13. Jahrhunderts v. Chr. beginnende Geschichte des jüdischen Volkes ist in 24 Büchern, die zu unterschiedlichen Zeiten niedergeschrieben wurden, zusammengefaßt. Sie gliedern sich in drei Abteilungen: Tora (Pentateuch), Propheten
und Hagiographen. Die Tora, die fünf Bücher Mose, war spä-
testens in der zweiten Hälfte des 4. Jahrhunderts v. Chr. abgeschlossen, die jüngsten Bücher, die Hagiographen, im 1. Jahrhundert v. Chr. Die Schrift und Sprache der Bibel ist das Hebräische. Sie wurde aber auch in die seit dem babylonischen Exil
vorherrschende aramäische Umgangssprache übersetzt (Tar-
gume). Ab dem 6. Jahrhundert n. Chr. wurden von jüdischen
Schriftgelehrten – Massoreten – die biblischen Texte verein-
heitlicht. Diese Vereinheitlichung bezog sich insbesondere
auf die richtige Lesung einzelner Buchstaben und Wörter, die
ursprünglich nur aus Konsonanten bestehende hebräische
Schrift wurde vokalisiert und akzentuiert. Die Bibeltexte wurden von späteren Zufügungen gereinigt und in Abschnitte
und Verse unterteilt. Die textkritischen Beifügungen, Massora
(Überlieferung), wurden von den Kopisten um die hebräischen Bibeltexte herum niedergeschrieben, in ausführlicher
Form am oberen und unteren Blattrand (Masora marginalis
magna) und verkürzt an den Seiten und zwischen den Kolum-
nen (Masora marginalis parva). Das Zentrum dieser massore-
tischen Arbeiten, die im 10. Jahrhundert zum Abschluß
kamen, war Tiberias (Palästina). Alle älteren überarbeiteten
Bibelhandschriften wurden ausgeschieden.

Hendrik Budde

Darstellung der Tempelgeräte – 701
eschatologische Hoffnung auf die Neuerrichtung
des Tempels

Bibel mit Massora, Südfrankreich, Roussillon?, 1301
Manuskript, Pergament, 532 Bl., 31,9 x 24,2 cm
Kopenhagen, The Royal Library, Hebraica & Judaica Department, Cod. Hebr. II,
fol. 11 v/12

Die Umschrift um die zweiseitige Abbildung der Tempelgeräte bezieht sich auf die Kultgeräte, die alle vorhanden waren,
«als der Tempel an seinem Platz stand und das Allerheiligste
auf seinen Fundamenten ruhte» und gibt der eschatologischen Hoffnung auf die Neuerrichtung des Tempels Ausdruck.
Darstellungen der Tempelgeräte am Anfang des Pentateuchs
sind ein typisches Kennzeichen spanischer und südfranzösi-
scher hebräischer (sefardischer) Bibeln. Sie veranschaulichen,
daß das Wort Gottes, der Pentateuch, und seine «Wohnstätte», der Tempel, eine Einheit bilden und verleihen der Handschrift gleichsam einen heiligen Charakter. Die Abfolge der

701

Geräte folgt den biblischen Vorschriften für den Bau der Stiftshütte (Mishkan, Wohnstätte Gottes, Ex 25–40), dem Babylonischen Talmud (Menachot, Speiseopfer, 98b) und Maimonides Mischne Tora («Awoda», Buch des Tempelgottesdien-
stes). So sind auf einer Bildseite links oben die Bundeslade
(Kapporet, Ex 25, 17 ff.) mit den Dekalogtafen, daneben die vor
dem Vorhang (Parochet) des «Allerheiligsten» stehende
Menora – flankiert von zwei Stufen, Zangen und Schaufeln –
der Schaubrottisch mit zwölf Broten (Schulhan hatahor, Ex
25, 35 ff., l. u.) sowie dem Manakrug (Sisenet haman, Ex 16, 33),
dem dürren Stab (Matte) und dem blühenden Stab des
Hohenpriesters Aaron (Num 17, 18, r. u.) dargestellt. Die andere Bildseite zeigt den Räucheraltar (Misbeach ketoret, Ex
30, 1), die zwei silbernen Trompeten (Hazozerot, Num 10, 2)
und das Widderhorn (Schofar, Lev 25, 9), das am Neujahrstag

und am Versöhnungstag geblasen wird (r. o.), den vor dem Tempel stehenden Brandopferaltar mit seiner Rampe (Misbeach ha-ʿola, Ex 27, 1) und darunter den Priesterwaschkrug (Kijjor) mit seinem Ständer (Kan, Ex 30, 18). Im unteren Register sind Gerätschaften für den Opferdienst abgebildet.

Hendrik Budde

Lit.: Nachama/Sievernich, 1991, Nr. 20:1/11; Ausst. Kat. Paris, 1985, Nr. 174; Gutmann, 1978, 7; Narkiss, 1974, 14.

5.3.8   Die Synagoge

Die Synagoge als Institution war vor der Zerstörung des Tempels gemäß der griechischen Bedeutung des Wortes Versammlungshaus (hebr. Bet knesset), Stätte des Bibelstudiums und Herberge für Reisende; ihr Leiter war ein Archsynogogus (hebr. rosh ha-knesset). Synagogen gab es wahrscheinlich bereits zur Zeit des babylonischen Exils, als die vom Tempel unabhängigen Bräuche, wie die Beschneidung und der Schabbat, für den Zusammenhalt der jüdischen Gemeinde von großer Bedeutung waren und der Opfergottesdienst durch den Wortgottesdienst ersetzt werden mußte. Nach dem Jerusalemer Talmud (Megilla 73b) gab es zur Zeit Vespasians 394 Synagogen. Archäologische Grabungen haben Reste von über 200 antiken Synagogen im Mittelmeerraum zu Tage gebracht, allerdings lassen sich nur zwei davon – in Masada und Herodium – auf die Zeit vor der Zerstörung des Zweiten Tempels datieren. Erhalten hat sich auch eine griechische Weiheinschrift einer Synagoge aus der Zeit Herodes d. Gr. (37 v. Chr. – 4 n. Chr.), die in einer Zisterne in Jerusalem (Ophel) gefunden wurde.

Nach der Zerstörung des Tempels entwickelte sich die Synagoge von einem Ort der Versammlung und des Studiums zu einem «Ersatztempel». Die Synagogen setzen symbolisch die Tempeldienste fort, die Opferungen werden jedoch durch Gebete ersetzt. Der Thoraschrein (Aron ha-Kodesch) mit den Tororollen symbolisierte die Bundeslade und ist in jeder Synagoge nach Jerusalem ausgerichtet. In den antiken Synagogen fanden sich die Menora und die anderen Tempelgeräte in der Nähe des Toraschreines als Steinrelief, als Fresko oder im Mosaikboden dargestellt.

Hendrik Budde

Modell und Plan der Mikwe von Friedberg/Hessen   693

Hessen, 20. Jh.
Holz, Pappmaché, 156 x 41 x 42 cm
Wetterau-Museum der Stadt Friedberg

Das Tauchbad der jüdischen Gemeinde von Friedberg, die urkundlich seit 1241 nachgewiesen ist, wurde von Isaak Kob-

JUDENBAD IN FRIEDBERG

Maßstab für Durchschnitt und Grundriß ⅟₇₅ d. nat. L.

= 5 Meter

Maßstab zur Thüre ⅟₂₅ d. nat. Länge.

693

lenz gestiftet und um 1260 erbaut. 72 Steinstufen führen von der gotischen Eingangspforte durch den 25 m tiefen, ausgemauerten Schacht zum Wasserbecken. Er ist von einer Flachtonne überwölbt, das Licht fällt durch den Schlußstein eines achteckigen Aufsatzes ein. Identische Steinmetzzeichen in der Mikwe und im Chor der Stadtkirche weisen darauf hin, daß beide Bauwerke von denselben Handwerkern gefertigt wurden.

Hendrik Budde

Mosaikboden der Synagoge von Jafia   3001

Yala/Yafit en Nasra (Nähe Nazaret), 5./6. Jh.
Mosaik, 2 Teile: 62 x 90, 78 x 105 cm
Jerusalem, The Israel Antiquities Authority

Mit der Erhebung des Christentums zur Staatsreligion 325 verschlechtert sich die Lage der Juden sehr und die Ausübung des Glaubens wurde weitgehend unterdrückt. Im 5. Jahrhundert wurde der Bau von neuen Synagogen verboten. Da die Synagogenbauten äußerlich möglichst unauffällig erscheinen sollten, konnte sich nur im Inneren eine gewisse Pracht entfalten. Die Repressalien führten daher zu einer Blütezeit der jüdischen Mosaikkunst. Neben dem Toraschrein, der Menora und den Tempelgeräten sind auch häufig heidnische Motive, insbesondere der Zodiakus mit den zwölf Tierkreiszeichen dargestellt. Die Reste des erhaltenen Mosaiks von Jafia zeigen in der Mitte Teile von zwei Medaillons, die zu einer Gruppe von zwölf Medaillons gehörten, die um einen zentralen Kreis angeordnet waren. Wahrscheinlich handelt es sich um einen Tierkreis und nicht um die Darstellung der 12 Stämme. Ausgestellt sind ein Stier und ein Panther auf schwarzem Grund, der zur Verzierung eines Bandornaments des Mosaikteppichs gehörte.

Hendrik Budde

Synagogenschranke mit Menora (Gipsabguß)   278

Original Ashkelon, 6./7. Jh.
Abguß Jerusalem, 20. Jh., Gips
Deutsches Evangelisches Institut, Jerusalem, Inv. A II.1-G

Das originale Marmorfragment war Teil einer hüfthohen Zwischenwand aus Marmorplatten, die in den Synagogen der byzantinischen Epoche zur Abteilung von Raumkompartimenten dienten. In den Marmor eingemeißelt ist zur rechten eine Menora, begleitet von Lulaw (Palmzweig), Etrog (Zitronenfrucht) und Shofar.

5.3.6.1   Die Menora

Der siebenarmige Leuchter ist das alle Juden in ihrer Sehnsucht nach Jerusalem verbindende wichtigste jüdische Symbol und ist in seiner Bedeutung mit dem Kreuz-Symbol des Christentum vergleichbar. Erinnert das Kreuz an das Martyrium Christi, so erinnert die Menora an das Martyrium des jüdischen Volkes, an die Zerstörung Jerusalems und des Tempels durch die römischen Legionen des Titus im Jahre 70. Sie ist zugleich aber auch Träger der eschatologischen Hoffnung der Wiedererrichtung des Tempels. Sie hat als jüdisches Symbol zwei Jahrtausende des Exils und der Diaspora überdauert und wurde 1948 von dem jungen Staat Israel als offizielles Emblem übernommen.

«Mache auch einen Leuchter aus reinem Gold […]. Von seinen beiden Seiten sollen sechs Röhren ausgehen, drei Röhren des Leuchters auf der einen Seite und drei Röhren des Leuchters auf der anderen Seite» (Ex 25,31f.). Der siebenarmige Leuchter (hebr. Menora) zählt zu der von Gott auf dem Berge Sinai verordneten Ausstattung seiner ‹Wohnung›, der Stiftshütte».

Damit die Menora und die anderen Gerätschaften, die Gott für sein Heiligtum vorgesehen hatte, auch genau nach seinen Vorstellungen ausgeführt wurden, zeigte er Moses «Modelle», Abbilder des Leuchters und der anderen Geräte: Die Bundeslade mit den Geboten Gottes (Dekalogtafeln) und einer daraufliegenden massiven Goldplatte (Gnadenstuhl), sowie zwei goldene Cherubime sollten im Allerheiligsten stehen, die Menora, ein Schaubrottisch und ein Rauchaltar im Vorraum, ein Brandopferaltar und ein großes Wasserbecken, das Eherne Meer, im Vorhof. Bezaleel vom Stamm Juda ward von Gott berufen die Arbeiten auszuführen.

Außer der Bundeslade hatte sich wahrscheinlich von den Werken Bezaleels keines mehr bis in die Zeit Salomons erhalten. Im Salomonischen Tempel standen zehn Leuchter vor dem Vorhang (parokhet), der das «Heilige» von dem «Allerheiligsten» trennte, je fünf zu beiden Seiten des Vorhanges «von lauterem Golde, mit güldnen Blumen, Lampen und Schneuzen» (1. Kön. 7, 49). Die Menora aus der Stiftshütte findet keine Erwähnung.

Alle Kultgeräte wurden von dem babylonischen König Nebukadnezar, der Jerusalem und den Tempel zerstörte, nach Babylon entführt (597 und 586 v. Chr.). Welche dieser Tempelgeräte 50 Jahre später durch das Edikt des persischen Königs Kyros an die Juden zurückgegeben wurden, ist in der Bibel nicht erwähnt. Die Bundeslade war verloren, und wahrscheinlich blieb das Allerheiligste des 515 v. Chr. geweihten «Zweiten Tempel» leer. Im Kultraum stand wie in dem Archetypus, der Stiftshütte, neben dem Schaubrottisch und dem Rauchopferaltar nur eine Menora. Diese wurde 169 v. Chr. Opfer der Tempelplünderungen durch den hellenistischen Herrscher Antiochos IV. Epiphanes. Neue Tempelgeräte, einschließlich der Menora, schuf nach dem jüdischen Volksaufstand 164 v. Chr. der hasmonäische Herrscher Judah Makabaeer, die später von Herodes in seinen neu erbauten Tempel überführt wurden.

Bei der Zerstörung des Tempels durch die von Titus geführten römischen Truppen wurden alle Tempelgeräte geplündert und die Menora, der Schaubrotisch und viele der «goldenen Gefäße» in dem von Vespasian erbauten Friedenstempel (Templum pacis, Kaiserforum) zur Schau gestellt. «Der Vorhang vom Allerheiligsten und das Gesetz der Juden», so berichtet Flavius Josephus, wurden in den kaiserlichen Palast gebracht.

Zusammen mit der Entwicklung der Synagoge nach der Zerstörung des Tempels zu einem «Ersatztempel», in dem symbolisch die Tempeldienste fortgesetzt wurden, wuchs der Symbolwert der Menora, die sich in den frühen Synagogen als Steinrelief, als Fresko oder im Mosaikboden dargestellt fand. Häufig zierte die Menora als einzelnes Symbol auch Öllampen, Brotstempel und andere Gegenstände des täglichen Lebens.

Hendrik Budde

Nachbildung der Menora   875
aus dem Herodianischen Tempel in Jerusalem

Rekonstruktion nach der Darstellung des siebenarmigen Leuchters auf dem Relief des Titus-Bogens in Rom, (Orginal: Kalksteinrelief, ca. 220 x 480 cm), um 81, Ausführung Bernd P. Kammermeier, Panasensor, im Auftrag der IFAGE-Filmproduktion
Kunststoff, vergoldet, H. 150; B. 130 cm
Mainz, ZDF

«Beutestücke wurden in Mengen vorbeigetragen, unter denen besonders diejenigen Aufsehen erregten, die man aus dem Tempel von Jerusalem genommen hatte: ein goldener Tisch im Gewicht von mehreren Talenten und ein gleichfalls goldenen Leuchter, aber von ganz anderer Form als bei uns gebräuchlichen. Aus dem Fußgestell erhob sich ein säulenartiger Schaft, von dem schlanke Seitenarme in Form eines Dreizacks ausgingen; an jedem der Arme befand sich oben eine eherne Lampe; davon gab es also sieben, eine Zahl die bei den Judäern als heilig gilt» berichtet der römischen Geschichtsschreiber Flavius Josephus.

Titus hat seinen Sieg über die Juden und seine Eroberung Jerusalems auf zwei Triumpbögen verewigen lassen. Erhalten hat sich nur der nach Titus Tod (81) von seinem Bruder Domitian geweihte, der am westlichen Ende der Via Sacra am Forum Romanum steht. Auf der Innenseite des Bogens ist der Höhepunkt des Triumphzuges dargestellt und zeigt Soldaten, die auf ihren Schultern Beutestücke aus dem Tempel – die Menora und ein Schaubrottisch mit zwei (vier) an ihm befestigten Posaunen – tragen. Dem Bericht des Josephus zufolge wurde als letztes Beutestück das «Gesetz der Juden», sicher eine Torarolle, zur Schau getragen, gefolgt von den dahinter reitenden Vespasian, Titus und Domitian.

Hendrik Budde

Menora   822

Synagoge von Priene, 3. Jh.
Marmor, 60,5 x 61,5 x 8,5 cm
Staatliche Museen zu Berlin, Preußischer Kulturbesitz, Museum für Spätantike und Byzantinische Kunst

Die Darstellung verbindet die Menora mit zwei auf ihrem Fuße liegenden Torarollen als Symbole des Tempels. Lulaw

(Palmenzweig) und Etrog (Zitrusfrucht) sind neben der Menora als Zeichen des Laubhüttenfestes abgebildet.

Hendrik Budde

David Reeb, Bilder

Der israelische Maler David Reeb konzentriert sich in seinen Arbeiten auf das Thema «Grenze». Im von Grenzen durchzogenen Israel spürt er den mentalen und Wahrnehmungsgrenzen nach. David Reeb bearbeitet vor allem Fotografien und zeigt unsere eigenen Grenzen und Tabus. Seine Bilder wollen unsere eigenen Bilder verunsichern und stellen Fragen an unser Einverständnis mit unmenschlichen Verhältnissen.

Wolfgang Dreßen

David Reeb, Pietà

Yael Katz ben Shalom: Video. To see and to die
Zwei Videos parallel abgespielt

Die in Tel Aviv lebende israelische Künstlerin konzentriert sich
in ihren Arbeiten auf das Weiterleben der deutschen Vergangenheit in der israelischen Erinnerung – auf die «offenen
Wunden der Erinnerung» – wie sie schreibt.

Vor einem Piktogramm, «Mann», «Frau», viermal unter-
schrieben mit «arabischer, bzw. jüdischer Mann, bzw. Frau»,
werden Zitate aus der Posener Rede Himmlers verlesen, von
der Künstlerin in deutsch, vom polnischen Botschafter in
Israel hebräisch.

Vergangenheit wird in die Gegenwart geholt, damit die
«Einmaligkeit» der Shoa nicht dazu benutzt wird, diese Vergangenheit nur noch zu beschwören, sie auf diese Weise so
weit von uns zu entfernen, daß wir ihre gefährliche Nähe nicht
mehr wahrnehmen.

Wolfgang Dreßen

Yael Katz, «Mann», «Frau»

5.3.9   Pilgerfahrten nach Jerusalem

Juden, Christen und Muslimen gilt Jerusalem aus jeweils
unterschiedlichen, jedoch auch im Islam nicht zuletzt auf
jüdischer Tradition aufbauenden Gründen in unterschiedlicher Gewichtung als heilige Stadt. Alle drei Religionen kennen daher Pilgerfahrten nach Jerusalem. Die Wallfahrtsan-

denken, oft von den gleichen Jerusalemer Werkstätten mit
lediglich unterschiedlichem Dekor gefertigt, unterscheiden
sich meist kaum voneinander.

Georg Minkenberg

Glaskanne   112
mit Menora

Palästina, 6./7. Jh.
Glas, 13 x 6,6 cm
Antikensammlung, Staatliche Museen zu Berlin, Preußischer Kulturbesitz, Inv. 30219.168

Diese Kannen sind für
jüdische und, mit verän-
derten symbolischen Dar-
stellungen, für christliche
Pilger in palästinensi-
schen Glashütten herge-
stellt worden.

Hendrik Budde

Lit.: Platz-Horster 1976; Kat. Die
Reise nach Jerusalem, Berlin 1995.

112

Glaskanne   117
mit Reliefdekor

Palästina, 6./7. Jh.
Glas, Höhe 10 cm
Antikensammlung, Staatliche Museen zu Berlin, Preußischer Kulturbesitz, Inv. 30219.216

Pilgerampulle   220

Palästina, um 600
Blei-Zinn-Legierung, 5,8 x 4,2 x
4,2 cm
Württembergisches Landesmuseum, Stuttgart, 1980–205b

Die Pilgerampulle, eine
von etwa 20 vollständig
erhaltenen, zeigt auf der
einen Seite die Himmel-
fahrt Christi mit zwei En-   117
geln, Maria und den zwölf Aposteln, die umlaufende Inschrift
lautet «Emanuel, Gott mit uns» (Jes. 7, 14); auf der anderen
Seite oben sind die Kreuzigung Christi mit Sol und Luna, den
beiden Schächern und zwei knienden Pilgern, darunter zwei

Frauen am Grabe, zu sehen. Die Kreuzigungsszene ist ungewöhnlich, da Christus nicht am Kreuz hängt, sondern als Büste
darüber erscheint.

Hendrik Budde

Lit.: Kat. Die Reise nach Jerusalem, Berlin 1995.

220

Pilgerampulle   213
Palästina, um 600
Blei-Zinn-Legierung, 5,8 x 4,2 x 4,2 cm
Württembergisches Landesmuseum, Stuttgart, 1980-205a

Die eine Seite der Ampulle zeigt die Kreuzigung mit den beiden Schächern, Sol und Luna sowie zwei kniende Pilger. Auf
der anderen Seite sind die beiden Frauen am Grab mit der Bei-
schrift «der Herr ist auferstanden» zu sehen. Reste von Leder-
bändern sind an anderen Ampullen in Stuttgart erhalten.

Hendrik Budde

Lit.: Kat. Die Reise nach Jerusalem, Berlin 1995.

Zwei koptische Pilgerflaschen   270
mit Darstellung eines Kamels und einer Palme
Ägypten, 6. Jh.
Ton
Museum für Kunst und Gewerbe Hamburg, 1921.62, 1921.92

213

Pilgerflasche 653

Ägypten, 4.–6. Jh. oder 7.–9. Jh.
Grünes blasiges Glas, Fadendekor aus hellgrünem Glas,
H. 12,9 cm; Dm. 7,6 cm
Museum für Islamische Kunst,
Berlin, Inv.-Nr. I. 4049

Eine genaue Datierung
dieser Flasche bereitet
Schwierigkeiten, da dieser Flaschentyp schon in
vorislamischer Zeit hergestellt, aber in islamischer Zeit weitergeführt
wurde. Der gekniffene Fadendekor unterhalb des
Henkels erinnert an das
Motiv bei Lampen, wo es

653

herabfließendes Wasser symbolisiert. Insofern kann diese
Pilgerflasche entweder für den Transport von Wasser oder
auch von Öl benutzt worden sein. Christen könnten darin
Wasser vom Jordan oder Öl aus dem Heiligen Lande mitgeführt haben, Muslime hätten Öl von verehrten Stätten mitführen können.

Amulett   **821**
Palästina, um 600
Blei-Zinn-Legierung, Dm. 4 cm
Württembergisches Landesmuseum, Stuttgart

821

5.3.10 Die Grabeskirche

Jerusalem ist der Ort, wo sich Himmel und Erde berühren …,
hier liegt das größte gemeinsame Heiligtum der Christenheit:
die Grabeskirche.

   Ihren Besitz teilen sich die Griechisch-Orthodoxen, Arme-
nier, Lateiner (Katholiken), Syrer, Kopten und Äthiopier. Seit
dem «Status quo» von 1852 – noch zur Türkenzeit – ist die
Abgrenzung der einzelnen Besitzansprüche fast auf den Zen-
timeter genau festgelegt und wird von allen Seiten eifrig
überwacht; das Hl. Grab selbst ist gemeinsamer Besitz. Im
Laufe der fast 2000jährigen Geschichte fiel das Bauwerk mehreren Zerstörungen anheim, doch wurde es stets wiederauf-
gebaut, wenn auch mit einschneidenden Veränderungen.
Hieraus resultiert eine komplexe Baustruktur, die manchen
Besucher zunächst verwirrt.

Baugeschichte

Um das Jahr 30 n. Chr. stellte Josef von Arimathäa sein Felsen-
grab für die Beisetzung Jesu zur Verfügung. Gemäß der Lan-

dessitte lag es außerhalb der damaligen Stadtmauer, und gewiß wurde das Grab schon bald zum Ziel frommer Pilger. Um 135 ist das Grab unter Kaiser Hadrian mit einem Tempel der Venus vollständig überbaut worden, als der Herrscher beschloß, auch die letzten Juden aus dem zerstörten Jerusalem zu vertreiben. Hierdurch blieb die Stätte unfreiwillig durch die Römer historisch «markiert». Nachdem Kaiser Konstantin im Jahre 313 den Christen die Glaubensfreiheit gewährt hatte, ließ er den heidnischen Tempel vollständig abreißen und an seiner Stelle als prachtvolles christliches Bauwerk die Grabeskirche errichten (335).

Im Jahre 638 übersteht die Grabeskirche die Eroberung durch den Islam unbeschadet, Kalif Omar hatte ausdrücklich ihre Schonung verfügt. Doch 1009 befiehlt der fanatische Fatimiden-Herrscher al-Hakim aus Kairo ihre völlige Zerstörung – ein einschneidendes Ereignis, das für den Ausbruch der Kreuzzüge mitverantwortlich war. Bereits um 1040 schließt der byzantinische Kaiser den vorläufigen Wiederaufbau ab. Im Jahre 1099 erobern die Kreuzfahrer Jerusalem, zwei Generationen später wird die Grabeskirche nach bedeutenden Erweiterungen unter König Amalrich erneut geweiht (um 1160). Seitdem schließt die Rotunde mit einer oben offenen Kuppel in Kegelform ab. Sie gibt dem Gebäude für mehrere Jahrhunderte ein charakteristisches Aussehen, läßt aber den Innenraum gegenüber den Winterregen ungeschützt.

Unter dieser Kuppel stand die Grabkapelle der Kreuzfahrerzeit, die ihrerseits über den Resten des ursprünglichen Felsengrabes errichtet ist. Verschiedene Anbauten und der mächtige Glockenturm verleihen der Grabeskirche im wesentlichen ihre heutige Gestalt. Die kleine Grabkapelle (sog. Ädikula) aber bildet den architektonischen und spirituellen Mittelpunkt der Gesamtanlage.

1555 findet durch Bonifatius von Ragusa eine Erneuerung der Grabkapelle von Grund auf statt. Die offene Kuppel der Rotunde, 1808 durch einen Brand völlig zerstört, wird durch einen gewölbten, oben geschlossenen Holzbau ersetzt, der nunmehr das Innere vor Witterungseinflüssen schützt. Doch auch diese Kuppel wird bald undicht und baufällig, bis sie 1868 einer stabilen Stahlkonstruktion weicht, die bis heute steht. Die Grabkapelle mit den allmählich aus den Fugen geratenen schweren Marmorplatten wird seit einem Erdbeben 1927 durch ein Korsett aus Eisenträgern zusammengehalten; eine bauliche Erneuerung läßt derzeit noch auf sich warten. Im Zeitraum 1960/1980 erfolgte eine gemeinsame Renovierung des Hauptteils durch alle beteiligten Kirchen, inzwischen ist auch der Glockenturm vollständig eingerüstet. Wenn diese Maßnahmen abgeschlossen sind, tritt der altehrwürdige Bau in eine neue Phase.

Karl Schmitt-Korte

Modell der Grabeskirche   707

Jerusalem, 20. Jh.
Holz mit farbiger Fassung
Christ Church Guest House, Jerusalem

Die Eigentumsverhältnisse der unterschiedlichen christlichen
Gemeinschaften im Umfeld der Grabeskirche sind auf diesem
Modell farbig gekennzeichnet.

Heike Nelsen-Minkenberg

Grundriß der Grabeskirche mit Umgebung   708

Jerusalem, 20. Jh.
Papier, 34 x 46,5 cm
Christ Church Guest House, Jerusalem

Wie auf dem Modell sind auch aus diesem Grundriß die
Eigentumsverhältnisse der unterschiedlichen christlichen
Gemeinschaften an der Grabeskirche und ihrer Umgebung
zu entnehmen.

Heike Nelsen-Minkenberg

Grabstein mit kufischer Inschrift   146

Jerusalem
Marmor, 151 x 42 cm
Franciscan Biblical Museum, Jerusalem

Dieser muslimische Grabstein fand wahrscheinlich bei den
Umbauarbeiten an der Grabeskirche im 12. Jahrhundert als
Baumaterial Verwendung.

Heike Nelsen-Minkenberg

Lit.: Kat. Die Reise nach Jerusalem, Berlin 1995.

Modell der Grabeskirche   002

Jerusalem oder Bethlehem, 17. Jh.   (s. Abb. S. 258)
Olivenholz, Perlmutt, Bein, 40,5 x 53 x 56 cm
Augsburg, Städtische Kunstsammlungen, 10316

Das Modell ist besonders sorgfältig gearbeitet und reich mit
Perlmuttintarsien verziert. Das kegelförmige Dach der Grab-
rotunde zeigt deutlich die große Lichtöffnung, daneben befindet sich die Kuppel über dem Katholikon der Griechen. Eine
architektonische Besonderheit ist der weit über die Kuppeln
ragende Turm, der in dieser Höhe nicht dem Bauzustand
des 17. Jahrhunderts entspricht. Die Dächer sind abnehmbar;
das Modell der kleinen Grabkapelle fehlt. Der Turmuntersatz
zeigt in einem Strahlenkranz das IHS mit Kreuz und drei
Nägeln, dasselbe Zeichen befindet sich auch auf dem Dach
über Golgatha. Die Buchstaben «D M R» (Dominus Mundi
Redemptor) sind auf der korrespondierenden Kapelle intar-

146

siert. Der Vorplatz ist geziert durch das Jerusalemkreuz. Das Ordenszeichen der Franziskaner ist in das Dach der Erscheinungskapelle eingelassen. Der Franziskanerorden war bis zum Anfang des 19. Jahrhunderts der einzige von den Muslimen geduldete Vertreter der römisch-katholischen Kirche im Heiligen Land. Sie übten die «Custodia terrae sanctae» aus und kümmerten sich um die Belange der Pilger aus dem Abendland. Hierzu zählte auch die Produktion von Souvenirs für die Pilger, wie die Modelle der Grabeskirche und der Grabkapelle, die in den Werkstätten Jerusalems und Bethlehems hergestellt wurden.

Hendrik Budde

Lit.: Budde, 1995; Ausst. Kat. München, 1984, Nr. 75; Vandenberghe 1983/84.

002

Grundriß der Grabeskirche   813

Nicolaus de Fer, Paris 1715
Kupferstich 48 x 39,4 cm
Jewish National and University Library, Jer 67

Den Grundriß der Grabeskirche umgibt de Fer mit Szenen
der Kreuzigung, mit einer Karte des Heiligen Landes, einem
Grundriß des Salomonischen Tempels und einem Plan der
Stadt Jerusalem nach der Vorlage von Villapando.

Hendrik Budde

Lit.: Kat. Die Reise nach Jerusalem, Berlin 1995.

5.3.11 Der Kirchenbau

Bedingt durch die Geschichte des Christentums hat vor allem
der römische Basilikatypus die Gestalt der christlichen Kirche
bestimmt. Dennoch hat der Blick auf Jerusalem, vor allem auf
die Grabeskirche, auch zu Zentralbauten wie etwa den Bapti-

sterien geführt, die mit Bezug auf die Taufe bewußt auf den Ort des Todes und der Auferstehung Christi anspielen.

Auch die Aachener Marienkirche Karls des Großen, der heutige Dom, zitiert die Grabeskirche als «Jerusalem in Aachen».

Georg Minkenberg

Architrav der Sergiuskirche   453

Syrien 512
Grauer Basalt, 76 x 305 x 16 cm
Musées Royaux d'Art et d'Histoire, Brüssel, A 1308

453

Der Architrav der Sergiuskirche trägt in griechischer, aramäischer und arabischer Schrift die Worte: «Dies ist ein Heiligtum». Dabei handelt es sich nach neuesten Forschungsergebnissen um das älteste erhaltene epigraphische Zeugnis des Arabischen überhaupt.

Heike Nelsen-Minkenberg

Lit.: Chr. Robin, L'écriture arabe et l'arabie pour l'assience, Dossier Orssery Oct.–Jan. 2002, S. 62–69.

5.3.12 Liturgie

Im Zentrum des christlichen Gottesdienstes steht die Eucharistiefeier, daher ist der Kelch das vornehmste und wichtigste der durch ihren rituellen Gebrauch geheiligten Geräte (vasa sacra).

Während die Schaubrote des jüdischen Tempels als dessen alttestamentliche Präfiguration aufgefaßt wurden, bezieht sich das eucharistische Brot auf Jesus Christus selbst.

Aus dem orientalischen bzw. römischen Umfeld der frühen Liturgie erwachsen, sind einige noch heute übliche – wenngleich nicht unbedingt notwendige – gottesdienstliche Accessoires wie die Weihrauchbrenner. Der aufsteigende Rauch und der Duft des Weihrauchs erfahren dabei symbolhafte Bedeutung.

Georg Minkenberg

Kelch von Kolín 228

Fränkisch, frühes 9. Jh.
Silber, teilvergoldet
Nationalmuseum, Prag, 55 086

Der Kelch von Kolín wurde nach einer Zeichnung des 19. Jahrhunderts teilrekonstruiert. Leider ist nicht mehr eindeutig zu
ermitteln, ob es sich tatsächlich um einen liturgischen Kelch
handelt, er kann auch als «fürstliches» Trinkgefäß ein
Geschenk des Karolingerhofes gewesen sein. Die Ähnlichkeit
mit Kelchen der Zeit ist jedoch nicht von der Hand zu weisen.

Heike Nelsen-Minkenberg

Lit.: Kat. 799 – Kunst und Kultur der Karolingerzeit, Mainz 1999.

Weihrauchfaß 187

Palästina, um 600
Bronze
Museum für Spätantike und Byzantinische Kunst, Staatliche Museen zu Berlin,
Preußischer Kulturbesitz, 15/69

Weihrauchfaß   240

Ägypten, 8./9. Jh.
Bronze
H. 19 cm
Paris, Musée du Louvre, Arts de l'Islam, Inv. E 11707

Weihrauchfaß   268

Syrien oder Palästina, 6./7. Jh.
Bronze
Museum für Kunst und Gewerbe, Hamburg (1921.98)

Die beiden nahezu halbkugeligen Gefäße zeigen an ihrer
Wandung Hochreliefs: Die Verkündigung an Maria, die Geburt
und die Kreuzigung Christi sind auf beiden Gefäßen dargestellt, sie unterscheiden sich in der Darstellungen der Heim-
suchung und der Verkündigung an die Hirten einer- sowie
dem Besuch der Frauen am Grab andererseits. Da solche
Gefäße mit immer wieder ähnlichen Darstellungen im syro-
palästinensischen Raum in großer Zahl gefunden wurden,
geht man heute davon aus, daß man sich bei der Herstellung
der Gußformen häufig der gleichen Bild- und Formmodel
bediente, wobei man deren Zusammensetzung und damit
auch die Abfolge der Szenen variieren konnte. Ähnliche Szenen begegnen auf palästinensischen Pilgerampullen, wo sie
ebenfalls den Bezug zu den heiligen Stätten betonen sollen.
Es ist möglich, daß solche Weihrauchfässer ebenso wie die
genannten Ampullen als Andenken von Pilgern erworben
wurden. Einige wurden auch als Grabbeigabe gefunden.

Heike Nelsen-Minkenberg

Lit.: Kat. Museum für Kunst u. Gewerbe Hamburg, München 1980; Die Reise
nach Jerusalem, Berlin 1995.

Räuchergefäß in Form eines Pinienzapfens   269

Koptisch oder byzantinisch, 6. Jh.
Bronze
Museum für Kunst und Gewerbe, Hamburg, 1967.120

Stempel zur Prägung des Abendmahlbrotes   275

Aschmunein
Holz, Dm. 5,8 cm
Museum für Spätantike und Byzantinische Kunst, Staatliche Museen zu Berlin,
Preußischer Kulturbesitz

Dieser Stempel ist ein spannendes Bindeglied zwischen jüdischer und christlicher Tradition. Auf einem dreifüßigen Untersatz ist eine Menora, ein siebenarmiger Leuchter, dargestellt, der als das markanteste Symbol der jüdischen Religion
gelten darf. Nach Klaus Wessel sind die Zeichen über dem
Untersatz als I und C, die Initialen des Namen Jesus Christus

zu deuten, womit der Stempel zur Prägung des Abendmahlbrotes gedient haben dürfte. In diesem Zusammenhang würde die Darstellung der Menora auf die Schaubrote des jüdischen Tempels hindeuten, die als alttestamentarische Präfiguration des Abendmahles aufgefaßt wurden.

Heike Nelsen-Minkenberg

Lit.: Kat. Synagoga. Jüdische Altertümer Handschriften und Kultgeräte, Frankfurt 1961.

5.3.13 Der Islam in Jerusalem – Der Felsendom

Der Haram asch-scharif

Der seit der Osmanenzeit gebräuchliche Begriff Haram aschscharif (ehrwürdiges Heiligtum) bezeichnet den Jerusalemer heiligen Bezirk, der mit den Hauptgebäuden Felsendom (Qubbat as-sachra) und Aqsa-Moschee (masdschid al-aqsa) sowie mehreren kleineren Bauten auf einer großen trapezförmigen Plattform am süd-östlichen Ende der heutigen Altstadt von Jerusalem liegt. Es wird angenommen, daß diese Plattform den Dimensionen des herodianischen Tempelkomplexes entspricht, jedoch von den Muslimen aufgeschüttet wurde und daher höher als der ehemalige Tempelplatz liegt. Nach byzantinischen und arabischen Überlieferungen ließ Umar, der zweite Kalif (634–644), den von den Christen auf dem Tempelberg angehäuften Schutt und Abfall wegräumen und legte südlich des Felsens, den die Juden seiner Zeit als Ort des Allerheiligsten verehrten, einen Gebetsplatz an. Von einem rechteckigen, nicht genau zu lokalisierenden Bau auf dem Tempelberg, der Raum für 3000 Gläubige bot, berichtet der reisende Bischof Arcuf der 680 nach Jerusalem kam. 691 entstand unter Abd al-Malik der Felsendom, seinem Sohn Walid wird die Aqsa-Moschee zugeschrieben.

Beide Bauten liegen auf einer Achse. Möglicherweise sollte mit dieser Anordnung ein Ensemble geschaffen werden, das analog der Struktur der konstantinischen Grabeskirche auf Golgata aus einem Rundbau, dem Sepulcrum (Memorialbau), und einem gottesdienstlichen Bau, einer fünfschiffigen Basilika, die Martyrium genannt wurde, bestehen sollte. Nach der Zerstörung der Grabeskirche durch Hakim im Jahre 1009 wurde das Martyrium nicht wieder aufgebaut.

Neben diesen beiden Hauptbauten wurden kleinere Heiligtümer errichtet, die in drei Hauptgruppen eingeteilt werden können: Schreine, die der Legende der nächtlichen Reise und Himmelfahrt gewidmet sind; solche, die dem Andenken an jüdische und christliche Propheten, deren Leben mit Jerusalem verknüpft ist, dienen; schließlich diverse minbar (Lesepulte), mihrab (Gebetsnischen), dikka (Sitzbänke) und Brunnen. Viele dieser Bauwerke wurden in der Kreuzritterzeit zerstört.

Der Haram asch-scharif wurde in der Fatimiden-, Aiyubiden-, Mamluken- und Osmanenzeit an seinen südlichen und östlichen Seiten von Mauern umgeben und die Bauten restauriert. Auch an der Westseite gab es Mauern, deren Spuren in der Kreuzritterzeit infolge der Ausdehnung der Stadt verschwunden sind. Eine Ausnahme bildet die herodianische Klagemauer.

Der Heilige Felsen (Sakhra)

Muslimische Vorstellungen verbinden mit diesem Ort die Legende von Muhammads nächtlicher Reise (isra) und Himmelfahrt (miʾradsch); auf dem Felsen wird Muhammads Fußabdruck gezeigt. Wahrscheinlich assozierten die muslimischen Erbauer mit diesem Felsen jüdische Überlieferungen. Im 4. Jahrhundert wird von dem Pilger von Bordeaux beobachtet, daß Juden einmal im Jahr über einem Felsen auf dem Tempelberg Öl ausschütteten und den Verlust des Tempels beklagten. Erstmals wird in einer Mischna-Abhandlung aus dem 3. Jh. (M. Yoma, 5:2) ein Stein aus der Zeit der ersten Propheten (David und Salomon) erwähnt, der als Grundstein des Tempels bezeichnet wird. Aus dieser Andeutung folgt in weiteren Überlieferungen, daß sich die Bundeslade und damit das Allerheiligste direkt über dem Felsen befand.

In mittelalterlichen jüdischen Texten rankt sich eine Fülle von Legenden um den Felsen. Er galt als Nabel der Welt, als Altar, über dem der himmlische Tempel schwebte, als Ort, von dem aus Gott nach der Erschaffung der Welt in den Himmel stieg und Jakob die Himmelsleiter im Traum sah.

Moria ist nach der jüdischen Überlieferung auch der Ort, an dem auf Geheiß Gottes Abraham seinen Sohn Isaak opfern sollte. Möglich ist, daß die Muslime der Erbauungszeit den Felsen mit dieser Tradition assoziierten. Abraham wird als hanif, als Begründer der wahren monotheistischen Religion verehrt, deren Vollender und Siegel Muhammad ist. Während in späteren Zeiten die abrahamitischen Traditionen nach Mekka verlegt wurden und Ismaʾil, Hagars Sohn, in der Opferszene an die Stelle Isaaks trat, war in einem Teil der muslimischen Überlieferung zur Zeit Abd al-Maliks die Opferung noch mit Isaak und Jerusalem verbunden.

Der eigentliche Felsen hat eine Ausdehnung von 18 x 13 m und erhebt sich an seiner höchsten Stelle nur etwa 1 m über das ihn umgebende Niveau. Zwei Steinplatten bedecken Vertiefungen, die mit dem Auffangen des Opferblutes im Salomonischen Tempel in Verbindung gebracht werden. Unter dem Felsens befindet sich eine Höhle, zu der eine Treppe hinabführt. In ihr findet sich eine Öffnung im Fußboden, der

«Seelenbrunnen» (Bir el-Arouah), dessen Öffnung zu einem unter dem Felsen verlaufenden wasserführenden Kanal führt. Der Felsen wird durch einen Riß gespalten, der auf ein Erdbeben im Jahre 1067 zurückgeht. Es wird vermutet, daß es noch weitere Höhlen unter dem Heiligen Felsen gibt, deren Zugänge aber nicht bekannt sind. Dem Heiligen Felsen kommt in der muslimischen Überlieferung große Bedeutung zu. Er ist der Ort, auf dem Gott am Tag des Jüngsten Gerichtes seinen Thron errichten wird. «Du bist mein niedriger Thron, von dir steige ich in den Himmel auf, unter dir habe ich die Erde ausgebreitet, wer immer dich liebt, liebt mich; wer immer dich haßt, haßt mich; für den, der in dir stirbt, ist es so, als sei er im Himmel gestorben… . Du bist meine Vision, ich werde dich nie vergessen. Du bist für mich wie ein Kind. Du enthältst mein Paradies und meine Hölle. Ich werde die ganze Menschheit in dir versammeln. Du enthältst den Ort meiner Gerechtigkeit.» (Ibn al-Faqih, zit. n. Gruber).

Der Felsendom

Nur wenige Jahrzehnte nach der Eroberung Jerusalems veranlaßte der Umaijade Abd al-Malik 691/692 die Errichtung des Felsendomes (Qubbat as-sachra). Dieser älteste erhaltene muslimische Sakralbau ist ein Memorialbau in der Art eines Schreins, der den Heiligen Felsen einfaßt. Er symbolisiert zugleich aber auch den Triumph über das byzantinische und sasanidische Reich. Die Inschriften im Inneren des Felsendomes verkünden das Glaubensbekenntnis und dienen dem propagandistischen Zweck, die Glaubensinhalte der neuen Religion zu bekräftigen, die siegreich die Nachfolge der älteren Traditionen an deren zentralem Ort antritt. Die Zitate der wichtigsten Passagen des Korans, die sich auf das Neue Testament beziehen, sind im wesentlichen Abgrenzungen gegen die Trinitätslehre.

Die Formensprache des Felsendoms knüpft an byzantinische Architektur an, wie sie beispielsweise in Ravenna, Syrien und Jerusalem (Heiliges Grab, Auferstehungskirche) zu finden ist. Das achteckige Heiligtum wird von zwei konzentrisch angelegten Pfeiler-Umgängen gebildet. In seiner Mitte erhebt sich über dem gewachsenen Fels mit einer darunterliegenden Höhle eine durchfensterte Tambourzone. Eine zweischalige Holzkonstruktion trägt die vergoldete Kuppel. Die äußere Fassade wurde seit der Erbauungszeit stark verändert, während der Innenraum mit seinen Mosaiken und Inschriften fast unverändert besteht. Die Inschriften an den inneren Ambulatorien sind die ersten überkommenen Koran-Fragmente.

Neben den im Laufe der Jahrhunderte vorgenommenen Instandsetzungen sind zwei grundlegende Veränderungen hervorzuheben: Alle Decken und die Kuppel wurden in der Zeit der Mamluken und Osmanen neu gestaltet, und das gesamte Äußere wurde im 16. und 17. Jahrhundert mit Fayencen versehen. Zwischen 1956 und 1964 wurde der Felsendom vollständig restauriert mit dem Ziel, jeden Teil des Gebäudes in einen den frühesten Beschreibungen entsprechenden Zustand zu bringen.

Die Aqsa-Moschee

Die erste gottesdienstliche Moschee Jerusalems wurde aus den Trümmern der aus römischer und jüdischer Zeit stammenden Ruinen errichtet. Dieser ursprüngliche Bau wurde mehrmals durch Erdbeben erheblich zerstört und jedesmal in veränderter Form wieder aufgebaut. Der heute erhaltene siebenschiffige, mit glänzenden Mosaiken versehene Mittelteil der Moschee ist das Resultat des Wiederaufbaus von 1033 unter den Fatimiden Zahir und Mustansir. Über dem Hauptportal prangt seitdem Sure 17, Vers 1 über die nächtliche Reise des Propheten zum fernen Heiligtum. Die Kreuzfahrer benutzten die Moschee als Palast und Wohngebäude und Partien der heutigen Ost- und Westfassaden stammen aus dieser Zeit. Nach der Rückeroberung erneuerte Saladin die qibla-Wand und ließ das kunstvolle minbar (Lesepult) aufstellen, das Nur ad-Din für die Moschee hatte anfertigen lassen. (Es wurde bei einem Brandanschlag 1969 vernichtet).

Hendrik Budde

Lit.: Haase (Essay-Bd. II); Dendl, 2002/1995; Busse, 1998, Herschhorn 1995, S. 182ff.; Peters, 1993; Druri, 1989, 105–129; Busse, 1987, 1–27.

Modell des Haram asch-scharif   **005**
(Tempelberg mit Felsendom)   (s. Abb. S. 266/267)
Conrad Schick (1822–1901)
Holz, 50 x 167 x 264 cm
Köln, Deutscher Verein vom Heiligen Lande, Paulushaus Jerusalem

5.3.14 Der Koran

Der Koran spielt im religiösen Leben der Muslime eine zentrale Rolle. Er hat von Anfang an alle Lebensbereiche des islamischen Kulturkreises in einem weit stärkeren Ausmaß geprägt, als dies im christlichen Abendland die Bibel vermocht hat. Nach islamischer Lehre sind im Koran die von Mohammad zwischen 610 und 632 empfangenen göttlichen Offenbarungen enthalten. Erst nach seinem Tod wurde der zunächst mündlich tradierte Text redigiert und unter dem dritten Kalifen Othman (reg. 644–656) in einer allgemein ver-

005

bindlichen Ausgabe festgelegt. Der Koran ist in 114 Suren unterteilt, die sich aus unterschiedlich langen Versen in Reimprosa zusammensetzen. Die Suren sind mit Ausnahme der ersten Sure, die nur sieben Verse zählt, in der Regel nach dem Prinzip der abnehmenden Länge geordnet. Der Koran ist zwar die wichtigste Quelle des islamischen Rechts, doch sind seine Verse eigentlich für die rituelle Rezitation bestimmt, worauf der Name Koran, der «Rezitationstext» bedeutet, hinweist. Bis

heute ist in einigen islamischen Ländern das Auswendiglernen des Korans Ziel der Elementarbildung. In sprachlicher
Hinsicht gilt der Koran bei den Muslimen als unnachahmliches
Wunderwerk Gottes. Nach sunnitischer Überzeugung ist er
das unerschaffene und damit ewig gültige Wort Gottes. Muslime behandeln den Koran – gerade in seiner Gestalt als Buch
– mit großer Ehrfurcht und legten schon immer besonderen
Wert auf die Ästhetik seines äußeren Erscheinungsbildes.

Kufischer Koran   **086**

Arabisch, Kufi, Syrien (?), 9. Jh.
Pergament, 200 f., 24 x 32 cm
Bayerische Staatsbibliothek, Cod. arab. 2569

Da Korankodices des 7.–10. Jahrhunderts im allgemeinen frag-
mentarisch – oft nur als einzelne Blätter – erhalten sind, ist
dieser Koran wegen seines beträchtlichen Umfanges von 200
aufeinanderfolgenden Blättern in einer westlichen Bibliothek
eine außerordentliche Seltenheit. Die aus einer Damaszener
Privatbibliothek stammende Handschrift umfaßt mehr als die
Hälfte des gesamten Korantextes (Sure 3 bis Sure 27).

Der Erhaltungszustand der Blätter ist unterschiedlich. Die
oben aufliegenden Seiten sind durch Tintenfraß löchrig ge-

worden und das Pergament ist teilweise stark gebräunt. Die Versoseiten, die Fleischseiten des Pergaments, sind, wie bei frühen Pergamentkoranen üblich, stärker abgerieben als die Recto- oder Haarseiten.

Wie die Mehrzahl der frühen Korane ist auch die vorliegende Handschrift in Kufi verfaßt. Der Koran ist in schwarzer, jetzt braun wirkender Tinte geschrieben. Die in gleich großem Duktus gehaltenen Surenüberschriften sind mit Goldtinte hervorgehoben und mit feinen Linien konturiert. Goldrosetten dienen als Verszähler. Der tropfenförmige Buchstabe ha², dem im arabischen Alphabet der Zahlenwert «fünf» entspricht, markiert je fünf, ein quadratisches Ornament je zehn Verse. Zur Bezeichnung der in der arabischen Schrift nicht zum Ausdruck gebrachten Kurzvokale a, u und i sind rote und grüne Punkte, gelegentlich auch grüne Schrägstriche hinter die ihnen vorausgehenden Konsonanten gesetzt. Erst in späterer Zeit wurden diakritische Zeichen zur Unterscheidung gleichförmiger Konsonanten nachgetragen. Die Verwendung kursiver Schriften seit dem 10. Jahrhundert hatte zur Folge, daß Kufi schwer lesbar und allmählich unverständlich wurde. Aus diesem Grunde fügte man vermutlich zur leichteren Identifizierung des Textes diese Zeichen nachträglich ein.

Die zeitliche Einordnung früher Korane ist schwierig, da sie entweder äußerst selten oder falsch datiert sind. Kufi wirkte für spätere islamische Gelehrte antiquiert, daher datierten sie frühe Koranhandschriften häufig ins erste Hidschra-Jahrhundert (7. Jh.). Besonders prachtvolle Exemplare schrieben sie gerne der Hand der Kalifen Othman (gest. 656) oder Ali (gest. 661) zu. Der Schriftduktus, die Farbgebung der Vokalisationszeichen, die Goldverzierungen, das Verstrennungssystem und das Querformat des Kodex deuten auf eine Entstehung im 9. Jahrhundert hin. Die Art und Weise der Verszählung in dieser Handschrift läßt Syrien als Herkunftsland annehmen.

Die Verwendung von Gold zur Illumination und die Qualität der Schrift mit ihren besonders ansprechenden, gedehnten Horizontalen weisen auf einen reichen Auftraggeber hin.

Helga Rebhan

Lit.: Das Buch im Orient. München 1982, Nr. 53; F. Déroche: The Abbasid tradition. Qurᶜans of the 8th to the 10th centuries. London 1992; A. Grohmann: Arabische Paläographie 1–2. Wien 1961–1971; Prachtkorane aus tausend Jahren. München 1982, Nr. 1.

Ishaq an-Nisapuri, Qisas al-anbiya   819
(Der Prophet Mohammad mit seinen Gefährten und die Himmelfahrt des Propheten)

Schule von Siraz 1577
Papier, 29,5 x 50 cm
Staatsbibliothek zu Berlin, Preußischer Kulturbesitz, Diez A fol 3, fol. 1a/2

5.3.15 Gottesdienst und Moschee

Die Moschee ist das islamische Gotteshaus, in dem sich die Gläubigen fünfmal am Tag zum Gebet und zum freitäglichen Predigtgottesdienst versammeln. Ihrer Baugestalt liegt letztlich das Haus des Propheten in Medina zugrunde. Daher ist sie zugleich Stätte privaten Gebetes und Versammlungsort. Das Minarett dient dem weit hörbaren Ruf des Muezzin zum Gebet. Weil das Gebet die Reinheit des Beters und des Bodens, auf dem er kniet, verlangt, besitzt jede Moschee Waschmöglichkeiten und werden Schuhe vor dem Betreten der Moschee grundsätzlich ausgezogen. Der Betraum (Haram), der stets eine Predigtkanzel enthält, ist nach Mekka hin orientiert, in der entsprechenden Hauptwand, der Kiblawand, befindet sich die Gebetsnische (Mihrab). Zur Ausstattung gehören weiter Koranständer, Ampeln und Leuchter sowie Teppiche. Den Gottesdienst in der Moschee leitet der Imam.

Von besonderer Bedeutung für die Geschichte des arabischen, islamischen Kultbaues ist der nach der Eroberung Jerusalems durch Abd al-Malik (reg. 685–705) errichtete Felsendom. Die Wertschätzung Jerusalems zeigen auch Bauvorhaben, wie die Anlage einer Straße von Damaskus über den Golan und entlang des Jordantales bis nach Jerusalem.

Georg Minkenberg

Mihrab (Gebetsnische) mit Kufi-Inschrift   423
Ghasni, Afghanistan 1083/84
Marmor, geschnitten, 92,5 x 72,5 x 7 cm
Linden-Museum, Stuttgart, A 35.159 L

Arabische Inschrift aus der Zeit des Abd al-Malik   808
Fund vom See Genezareth, um 693
Basalt, 60 x 53,5 cm
The Israel Museum, Jerusalem, IAA 63-528

Abd al-Malik (reg. 685–705), der Bauherr des Felsendomes, war für seine Bauvorhaben berühmt. Dieser 1962 am See Genezareth gefundene Basalt-Block deutet mit seiner kufischen Inschrift auf ein weiteres Projekt hin, die Anlage einer Straße von Damaskus über den Golan und entlang des Jordantales bis nach Jerusalem. «Im Namen Gottes, des Gütigen, Gnadenreichen. Es ist kein Gott außer Allah! Er hat keinen Gefährten. Muhammad ist der Gesandte Gottes. Die Planung dieses schwierigen Passes hat Abd al-Malik angeordnet, der Herrscher der Gläubigen. Die Arbeit wurde vollbracht mit den beiden Händen des Yaha Ibn al-Hakam im Monat Muharram des Jahres dreiundsiebzig).» Der für den Bau des Gebirgspasses und der Straße verantwortliche Yaha Ibn al-Hakam war der Onkel Abd al-Maliks und Gouverneur Palästinas.

423

5.3.16   Der Weg von Jerusalem nach Aachen

Die Rückkehr des Isaak von Bagdad über Jerusalem nach Aachen bedeutet eine Reise durch drei religiös bestimmte Kulturräume, Islam, Judentum und Christentum, die in Jerusalem kulminieren. Aachen ist aus karolingischer Sicht das neue Jerusalem im Westen, dessen nicht nur künstlerische Identiät daher auch auf Grabeskirche und Felsendom baut.

Igael Tumarkins Jerusalem-Collage versucht eine Identitätsbestimmung Jerusalems aus der Sicht des heutigen Künstlers während Günther Ueckers Installation «Zeichen und Schriften, Dialog» mit Bezug auf das konkrete Ereignis des

11. September 2001 der Frage nach der Schuld oder Unschuld der Religionen Judentum, Christentum und Islam am Unfrieden in der Welt nachspürt.

Georg Minkenberg

Günther Uecker – Zeichen und Schriften, Dialog, 2001   885

Installation ca. 3 x 4 x 6 m
Besitz des Künstlers

Schon seit Jahren ist das Werk von Günther Uecker von einem politischen Engagement begleitet gewesen und so markiert auch seine große Installation «Zeichen und Schriften, Dialog» nur eine konsequente Weiterführung und Zuspitzung der Aussage auf das konkrete Ereignis des 11. Septembers. Ein handschriftlicher Text von Uecker erläutert die Arbeit: «Leinwände beschrieben mit den Friedensgeboten des ‹Alten Testaments› und des ‹Korans› – diese sind im Gegenüber auf zwei Wände gehängt. Leinwandstreifen sind wie Binden um zersplitterte und vernagelte Holzpfähle gewickelt und in schwarzer Farbe mit den Händen aufgetragen, wie ein Wundversorgungsversuch anzusehen. Diese Schmerzensstelen, wie ich sie bezeichne, sind zwischen den gegenüberhängenden Tüchern aufgestellt und mit Sandsäcken beschwert. Die vergleichbaren fundamentalen Aussagen im Judentum, Christentum und in muslimischer Glaubenswelt bilden hier einen lesbaren Dialog». Das verbreitete Mißtrauen gegenüber der Wirksamkeit künstlerischer Symbolik wird bei Uecker aufgehoben durch die unmißverständliche Realität der Texte, deren grundlegender Botschaft sich niemand entziehen kann, wie auch durch die ungeheure Intensität, mit der der Künstler selbst sich geistig und körperlich in die Gestaltung vertieft hat. Es ist das selbst vollzogene Verbinden der spitzen Holzpfähle mit Leinenstoffen, auf welche wiederum Uecker mit eigenen Händen schwarze Teerfarbe aufgestrichen hatte. Ueckers Werk ist nicht der Ausdruck eines künstlerischen Kommentars zu einem Terror-Ereignis, sondern siedelt im Zentrum einer persönlichen Betroffenheit, die sich der Ursachen und der Folgen bewußt ist und die vor der Subjektivität einer Entäußerung nicht zurückscheut. Die Installation wendet sich aber auch gegen jede Art kriegerischer Instrumentalisierung der Schriftgrundlage der großen monotheistischen Religionen. Auf die Wahrnehmungsdifferenzen in Ost und West bezogen, ist hier festzustellen, daß sich für Uecker über die persönliche künstlerische Interpretation hinaus ein religiös-kultureller Konsens nicht mehr abbildhaft, sondern nur noch über die Brücke der vergleichbaren Texte vermitteln konnte.

Adam C. Oellers

885

Igael Tumarkin – Jerusalem, 1978   895
Gouache, Collage
Fotokopie, 56 x 78 cm
Privatsammlung Köln

Als Ort der Konfrontation verschiedener Religionen bedeutet Jerusalem innerhalb der Suche nach künstlerischer Identität eine besondere Herausforderung; es ist ein Ort, in dem für die Künstler aus Ost und West historische Entwicklungen, reale und imaginäre Grenzerfahrungen, religiöse Fragestellungen und heutige Friedenssehnsüchte unter den Bevölkerungsgruppen kulminieren – und dies jenseits nationaler und religiöser Zugehörigkeiten. Der 1933 in Dresden geborene, kurz darauf nach Israel ausgewanderte Bildhauer und Maler Igael Tumarkin, ein Klassiker der israelischen Kunst, führt in seiner Bildidee von Jerusalem die drei Religionssymbole über einer Art Eingangstor programmatisch wieder zusammen. Das Tor wiederum wird von einer mit weißen Farbspritzern und roten Flammenformen übermalten Panoramaansicht der Stadt bekrönt. Außerdem unterschrieb er seine Arbeit in Hebräisch (und nachträglich auch in Deutsch) mit landschaftlichen und evolutionären Grundbegriffen: «Die Erzählung des Steins. Die Kuppel. Der Halbmond. Wasser. Zeichen. Das Kreuz und Magen-David. Jerusalem. Mittelmeer. Wüste. Stein und Licht». Mit diesen Worten und Begriffen korrespondieren auch die skizzierten Menschengruppen: In den Symbolen, dem Tor, den Worten, den Bäumen und den Figuren sucht Tumarkin sich der mythischen Substanz der Stadt zu nähern und sie zu einer überkulturellen Vision zu erheben.

Adam C. Oellers

3050

Rula Halawani, Fotos   3050

Die in Ostjerusalem lebende palästinensische Künstlerin hat
Fotos aus den besetzten Gebieten zur Kenntlichkeit verfrem-
det. Der Alltag unter der Besetzung wird aus der Bilderflut
herausgehoben und zur Warnung vor einem politischen Prozeß, der einen Frieden kaum zuläßt. In ihrer Arbeit verbindet
sich subjektives Leiden mit einer politischen Anklage.

Eyal Sivan, Installationen: Checkpoints

Der in Paris lebende israelische Künstler, bekannt geworden
durch seine Filme über das Jerusalemsyndrom und über den
Eichmannprozeß, hat im letzten Jahr, zusammen mit einem
Palästinenser, einen Film über die Grenzen von 1967 gedreht.
Er zeigt die palästinensischen und israelischen Blickwinkel auf
die Grenze. Seine «Checkpoints» werden «Grenzen» erlebbar
machen: Grenzen zwischen den Landesteilen und zwischen
den Menschen.

Emily Jacir, Wechselnde Diaprojektionen: (im)mobility
Arbeit zur mentalen und räumlichen Zersplitterung in Israel / Palästina

Die in New York lebende palästinensische Künstlerin berichtet in ihren Collagen von einer Reise. Mit ihrem amerikanischen Paß ist es ihr möglich, alle Gebiete Israels bzw. Palästinas zu bereisen. Palästinenser unterschiedlichen Alters
und Herkunft haben ihr unterschiedliche Reiseaufträge gegeben: Eine Kerze am Strand von Haifa zu entzünden, in der
Grabeskirche zu beten oder eine bestimmte Frucht aus dem
Gazastreifen zu bringen. Den jeweiligen Palästinensern ist es
verboten, diese Reise zu unternehmen. Die sehr ruhigen Bild-
Text-Collagen erzählen eine Geschichte der Trennungen.

Texte zu Halawani, Sivan, Jacir: Wolfgang Dreßen

5.4   Aachen

5.4.1   Aachen und Jerusalem

Daß die Gestalt der Marienkirche Karls des Großen in Aachen nicht ohne die Kenntnis der Grabeskirche und des Felsendoms in Jerusalem erklärbar ist, gehört zu jenen wissenschaftlichen Erkenntnissen der Vergangenheit, die in den letzten Jahrzehnten zugunsten einer fast ausschließlich auf Rom und Byzanz ausgerichteten Blickrichtung bis zur Ablehnung in Vergessenheit gerieten. In der Ausstellung wird daher der erste Blick des Besuchers in die Aachener Kirche Karls des Großen – «Jerusalem in Aachen» begleitet durch einen Blick auf eines der schönsten alten Modelle der Grabeskirche.

Georg Minkenberg

Modell der Grabeskirche   **571**
Jerusalem oder Bethlehem, 17. Jh.   (s. Abb. S. 276)
Olivenholz, Perlmut, Bein, H. 40,5 cm; B. 53 cm; T. 56 cm
Karl Schmitt-Korte

Beschreibung des Modells

Das Modell der Grabeskirche besteht aus dunklem Holz, es umfaßt den Vorhof (Parvis), den Glockenturm, den Hauptbau mit der Rotunde und der charakteristischen kegelförmigen Hauptkuppel (Anastasis), den Hauptaltar (Katholikon) mit der kleineren runden Kuppel sowie den abschließenden Chorumgang (Perambulatorium). Auch die neben dem Eingang außen angebaute Frankenkapelle (Schmerzenskapelle) ist dargestellt, nicht jedoch die unter dem Straßenniveau gelegene Helena-Kapelle sowie die noch tiefere Grotte der Kreuzesauffindung. Hinter der Kirche, also im Norden, ist weiterhin die Erscheinungskapelle (Franziskanerkapelle) angefügt, heute das wichtigste Eigentum der Lateiner (in der Abbildung nicht sichtbar).

Das kunstvolle Werkstück ist über und über mit Perlmutt-Intarsien verziert. Hier finden sich in feinster Ausführung Rosetten, Rauten, Kreuzblumen, Sterne, wellenförmige Ornamente, stilisierte Pflanzen und Früchte, eingravierte Kreise

571

u. a. m. Alle Fensterbögen wurden mit Perlmuttrahmen ausgelegt und sogar winzige Türen eingesetzt, die voll beweglich
sind. Den oberen Rand umrahmen Schmuckleisten aus Bein,
in die wiederum feine Kreuzblumen aus Perlmutt eingelassen
wurden. Derzeit sind etwa zwei Dutzend solcher Modelle
bekannt, sie zeigen alle dieselbe Architektur, unterscheiden
sich aber nach Art und Grad der Verzierung, wobei das vorliegende Exemplar zu den aufwendigsten gezählt werden kann.
In dem Modell sehen wir auf dem Vorplatz das Wappen mit
dem fünffachen Kreuz (Jerusalem-Kreuz), das auf die Kreuzfahrer hinweist, während der Glockenturm einen Stern mit
den verzierten Buchstaben IHS, darüber ein Kreuz und darunter die drei Kreuzesnägel zeigt, das Emblem der Jesuiten.

Zwischen den beiden Kuppeln ist die Himmelsrichtung
«Occidens» (Westen) eingelegt. Die drei oberen Deckplatten
zeigen den «Oriens» (Osten) mit einem Marien-Monogramm,
«Septentrio» (Norden) mit der Sonne und «Meridies» (Süden)
mit dem Mond. Das Dach über der Kapelle der Lateiner trägt
das Franziskaner-Wappen: zwei gekreuzte Arme mit Palm-
wedeln und dazwischen das sog. Krückenkreuz.

Das Modell gleicht einer Puppenstube, beide Kuppeln und
der Turm sowie alle horizontalen Deckplatten sind abnehmbar und geben den Blick auf die Innenarchitektur frei, wo Säulen, Bögen, Bänke, Chorschranken und Türen nachgebaut

sind, nicht jedoch die verschiedenen Altäre. Die wichtigen Stellen innerhalb der Grabeskirche kennzeichnen kleine eingravierte Nummern, die bis zur Ziffer 40 reichen. Doch die zugehörige Beschreibung hat sich offenbar nirgends erhalten.

Die Grabeskirche – von den Orthodoxen zutreffender «Auferstehungskirche» (Anastasis) genannt – vereinigt unter ihrem Dach mehrere heilige Stätten, die alle in dem Modell gekennzeichnet sind:

– die Adams-Kapelle mit dem «Haupt Adams»
– der «Nabel der Welt» als Mittelpunkt des Glaubens
– das Gefängnis Christi, wo er auf seinen Prozeß warten mußte
– die Geißelungs-Säule, an der die Folterung Jesu stattfand
– der Kalvarienberg mit dem Felsen Golgatha («Schädelstätte»), auf dem die Kreuzigung erfolgte
– den Salbungsstein, auf dem der Leichnam zur Bestattung vorbereitet wurde
– die Reste des Felsengrabes, in dem Christus bis zur Auferstehung ruhte
– die Stelle, wo der Auferstandene den Frauen erschien
– das spätere Grab des Joseph von Arimathäa.

Vollkommen separat und herausnehmbar ist bei dem Modell die Grabkapelle (Ädikula) unter der großen Kuppel. Der laternenartige Aufsatz ist abnehmbar, die Deckplatte läßt sich ebenfalls lösen. Zum Vorschein kommt der Vorraum des Hl. Grabes (Engelskapelle) mit einer winzigen Tür sowie die eigentliche Grabkammer. Hier ist die Marmorplatte über dem Grab Christi durch ein feines Perlmuttplättchen dargestellt.

Die Holzteile des Modells haben sich trotz des Alters nicht verzogen, die feinen Haltestifte der Kuppeln passen auch nach 300 Jahren noch exakt in die Bohrlöcher. Doch es scheint, daß vielleicht die gesamten Aufbauten von der Bodenplatte abgehoben werden konnten, um auch den Grundriß offenzulegen; die Paßgenauigkeit aller Teile ist aber zu prekär, um einen solchen Versuch zu wagen. Das Abschlußprofil des Turmes fehlt wie bei den meisten Modellen, an einigen weiteren Stellen sind Teilchen der Perlmuttauflage abgefallen und die kleine Kuppel trug wahrscheinlich noch ein Kreuz.

Datierung

Das Modell vereinigt die Ädikula des Mittelalters (ab 1555) mit der Kuppelform der Kreuzfahrerzeit (bis 1808), d. h. seine Herstellung liegt zwischen diesen beiden Daten. Der Glockenturm, 1167 von den Kreuzfahrern errichtet, trug über dem

massiven Unterbau und einem Zwischengeschoß ursprünglich drei Obergeschosse mit ihren schlanken Arkadenfenstern
und war außerdem noch von einer Turmhaube bekrönt.
Durch ein Erdbeben 1556 verlor der Turm seine Haube, die
beiden oberen Stockwerke wurden dabei so stark beschädigt, daß sie schließlich 1719 abgetragen werden mußten.
Seitdem weist der Turm nur noch ein Arkadengeschoß auf
und ist niedriger als die Kuppel. Dies bedeutet, daß das
Modell vor 1719 entstanden sein muß.

Weitere Anhaltspunkte für die Datierung liefern einige
andere Modelle, deren Erwerb bekannt ist: Moskau 1653 (Vorbild für Novo Jerusalimski), Zeist in Holland 1669, Kopenhagen 1674, London um 1675.

Über die Werkstatt dieser Modelle ist erstaunlicherweise
fast nichts bekannt, es handelt sich aber aufgrund des Wap-
pens offenkundig um ein Atelier der Franziskaner, zumal dieser Orden lange Zeit unter der Türkenherrschaft (ab 1517) die
Aufsicht über die Heiligen Stätten innehatte. Das Nebeneinander der drei verschiedenen Wappen kann ohnehin nur auf
eine westliche Trägerschaft deuten, wobei der Bezug zu dem
Emblem der Jesuiten unklar bleibt. Die unterschiedliche und
äußerst fein gearbeitete Dekoration spricht dafür, daß jedes
Modell individuell von einer Hand hergestellt wurde, wobei
eine erste Schätzung davon ausgeht, daß die Anfertigung
eines solchen Kunstwerkes ein ganzes Jahr in Anspruch
nahm. Die Modelle entsprechen einem Maßstab von unge-
fähr 1 : 200, die zugrunde liegenden Maße stammen offenbar von Fra Bernardino Amico, einem Franziskaner-Mönch,
der 25 Jahre in Jerusalem lebte. Hier widmete er sich der
Architektur-Aufnahme und Vermessung der wichtigsten Heiligen Stätten Palästinas, seine Pläne und Skizzen – darunter
insbesondere die Grabeskirche – wurden in den «Trattato
delle Pianti et Imagini dei Sacri Edificii di Terra Santa» (1609
bzw. 1620) veröffentlicht. Dabei war es gewiß von zusätz-
lichem Wert, daß Fra Amico eine Zeitlang selbst Vorsitzender
der Custodia di Terra Santa war. Er veranlaßte unter anderem
die Herstellung von steinernen «Krippen» und «Gräbern» als
Andenken, so daß wir in ihm wohl auch den Initiator für die
Holzmodelle vermuten können. Als Herstellungsort kommen
Bethlehem oder Jerusalem in Betracht, wobei ersterem der
Vorzug zu geben ist, da hier bereits seit der Kreuzfahrerzeit
das Kunsthandwerk der Perlmuttverarbeitung bestand – ein
traditionsreiches Gewerbe, das bis heute dort ausgeübt wird.
Auffällig ist die Häufung der datierbaren Modelle in der zweiten Hälfte des 17. Jahrhunderts; es ist deshalb wohl nicht
verfehlt, das hier gezeigte Modell um 1680/1700 anzusetzen.

Karl Schmitt-Korte

Lit.: Jürgen Krüger: Die Grabeskirche zu Jerusalem. Geschichte – Gestalt –
Bedeutung. Regensburg 2000 (mit ausführlicher Bibliographie); Martin
Biddle et. al.: Die Grabeskirche in Jerusalem. Stuttgart 2000.

5.4.2   Der weiße Elefant

Der Elefant erscheint seit dem frühen Mittelalter in Darstellungen der Schöpfung und des irdischen Paradieses. Aus biblischen, v. a. alttestamentarischen Szenen dem Namen nach bekannt, sind die meisten westlichen Darstellungen des Elefanten von der Kenntnis anderer Tiere und aus der Phantasie inspiriert. Entsprechendes Aufsehen mußte die Ankunft des Abul Abbas in Aachen erregen. Naturgetreue Darstellungen des Elefanten gelangten sonst nur durch orientalische Stücke, wie byzantinische oder arabische Seidenstoffe, in den Westen.

Heike Nelsen-Minkenberg

Kopie des Areobinduselfenbein   141
Original: Konstantinopel, 506   (s. Abb. S. 280)
Elfenbein, H. 36 cm; B. 13 cm
Schweizerisches Landesmuseum, Zürich

Die Darstellungen auf den beiden Teilen des Diptychons sind nahezu identisch. Gezeigt wird der Konsul Areobindus in typischer Amtstracht auf einem mit Löwenpfoten und -köpfen bestückten Thron sitzend. Sein Szepter ist mit Adler, Kranz und einer kleinen mit Speer und Schild bewaffneten Figur verziert. Die untere Bildebene zeigt den Kampf zwischen Menschen und wilden Tieren im Zirkus. Über seinem Haupt befindet sich eine Inschrift mit Namen und Titel des Konsuls. Von den beiden Stücken ist die Tafel A in gutem, die Tafel B in schlechtem Zustand.

Martina Topp

Lit.: W. F. Volbach: Elfenbeinarbeiten der Spätantike und des frühen Mittelalters, Mainz 1952, S. 25, Nr. 8.

Textilfragment (Elefant)   468
Persien oder Byzanz , 9.–10. Jh.
Seidensamit, 25 x 17 cm; 25 x 38 cm
Schatzkammer der Kathedrale, Lüttich, Inv. 436

Das Muster vereint die Merkmale byzantinischer und persischer Seiden: gegenüberstehende Elefanten neben einem Lebensbaum in einem mit Herzblättern geschmückten Medaillon.

Monica Paredis-Vroon

Reliquienburse mit Elefant   470
Byzanz, 9.–10. Jh.   (s. Abb. S. 281)
Seidensamit, 14,5 x 9–10,5 cm
Kerkfabriek Onze-Lieve-Vrouw Tenhemelopneming, St. Truiden

141

470

Textilfragment, sog. Elefantenstoff 242

Persien, 7.–9. Jh.
Seidensamit, 11,2 x 13 cm
Siegburg, St. Servatius

242

Das Muster von ohne Rahmung einander gegenüberstehenden Elefanten mit Löwentatzen, fächerartig stilisierten Ohren und verziertem Zaumzeug ist ein Beispiel für die persischen Elefantenstoffe, deren Musterfundus von den byzantinischen Webern übernommen wurde – wie beim Aachener Elefantenstoff.

Monica Paredis-Vroon

Olifant – Sogenanntes Jagdhorn Karls des Großen 239

Sarazenisch (Unteritalien), um oder nach 1000
Elfenbein, geschnitten, Riemen aus dunkelrotem Samt, H. 13 cm; B. 58 cm; T. 13 cm
Domschatzkammer, Aachen

Dieser Olifant wird in legendärer Weise mit Karl dem Großen in Verbindung gebracht: In der Aachener Lokaltradition gilt das aus der Spitze eines Elfenbeinstoßzahnes geschnittene Signalhorn als Stoßzahn des Elefanten Abul Abas. Das Aachener Horn gehört zu den ersten der drei von E. Kühnel zusammengestellten Gruppen sogenannter Olifante, bei denen die Hauptzone glatt gelassen und der Schnitzdekor auf Tier- u. Rankenfriese beschränkt ist.

Isabel Kutsch

Lit.: Grimme 1973, S. 17–18; Kat. Karl der Große 1965, S. 499–500, Nr. 679.

Olifant – Signalhorn 456

Sizilien, Anfang des 13. Jhs.
Elfenbein, Montierung mit Bändern und einer Kette aus vergoldetem Eisen
H. 72 cm; B. 12 cm
Staatliche Museen zu Berlin, Preußischer Kulturbesitz, Kunstgewerbemuseum

456

Die Hauptzone dieses Olifanten ist oben und unten von eingeritzten pseudokufischen Schriftzeichen gerahmt, wie sie etwa ab dem 11. Jahrhundert im Abendland als Dekor verwendet wurden. Die übrige Ausschmückung besteht aus Rankenwerk sowie Menschenköpfen und Tierszenen. Die technisch hervorragende Schnitzarbeit ist stilistisch von den islamisch-orientierten Olifanten Unteritaliens entfernt. Dennoch ist das Stück mit seiner glatt belassenen, leicht gekanteten Hauptzone vergleichbar mit dem Aachener Olifanten.

Isabel Kutsch

Lit.: Kat. Europa und der Orient, S. 538, Nr. 3/13.

Physiologus Bernensis   **414**
Pergament, H. 25 cm; B. 18 cm   s. Abb. S. 284
Burgerbibliothek Bern

Der Physiologus Bernensis stammt aus der Sammlung Bongarsiana, einer Büchersammlung, die der französische Gelehrte Jacques Bongars (1554–1612) zusammengetragen hat.

Der Physiologus ist eine in der Spätantike entstandene, gerade auch im Frühmittelalter beliebte Literaturform zu Lehrzwecken und zur geistigen Erbauung. Die transzendente Bedeutung der sichtbaren Natur wird im metaphysischen, moralischen und mystischen Sinn interpretiert. Als Zeugnis frühmittelalterlich-christlicher Spiritualität zeigt er die Natur als Kosmos von Zeichen, in dem sich Gott den Menschen offenbart.

Zu den im Physiologus symbolisch gedeuteten Tieren zählt auch der Elefant.

Martina Topp

Lit.: C. von Steiger und O. Homburger, Physiologus Bernensis, Basel 1964.

Bergkristallelefant mit Salzfaß 518

Schliff: Indisch, spätes 15. Jh.; Fassung: Lissabon, 1550
Bergkristall, Gold, Email, H. 7,3 cm; B. 9,4 cm; T. 4,9 cm
Kunsthistorisches Museum Wien, Kunstkammer

Der ursprünglich aus Indien stammende Bergkristallelefant wurde 1550 von Katharina von Österreich, Königin von Portugal, in Lissabon gekauft. Mit der Umarbeitung beauftragte sie den Goldschmied Francisco López, von dem Katharina das Objekt auch erworben hatte. Ab 1750 ist er in Wien in der Schatzkammer nachweisbar.

In dem kunstgewerblichen Meisterwerk vereinten sich für die Königin mehrere Bedeutungsebenen. Einerseits bezeugte der Elefant die portugiesischen Eroberungen in Indien, andererseits war er Beispiel für die Orientmode der Zeit. In diesem Zusammenhang darf auch die herrschaftliche Symbolik des Tieres nicht vergessen werden, das für Stärke, Souveränität und Macht steht.

Martina Topp

Lit.: Kat. Die Portugiesen in Indien, KHM Wien 1992, S. 156.

5.4.3   Die Reise des Isaak

Die Ankunft Isaaks in Aachen am 20. Juli 802 war für die Zeitgenossen – dem Eintrag in den Karolingischen Reichsannalen zufolge – ein Staatsereignis. Der Grund dafür, daß Karl der Große Isaak mit der Begleitung der fränkischen Delegation beauftragte, wird in der Fremdsprachenkompetenz des Isaak und in dem Netzwerk jüdischer Verbindungen, auf daß er zurückgreifen konnte, gelegen haben. In den Gesta Karoli des Notker Balbulus ist allerdings auch literarisch das Vertrauensverhältnis zwischen Karl dem Großen und einem dort nicht namentlich genannten jüdischen Kaufmann bezeugt.

Heike Nelsen-Minkenberg

Modell eines Lastkahns   **570**

Um 802
Holz, Maßstab ca, 1 : 10
L. 147 cm; B. 24,7 cm; H. 5 cm
Axel Peiß

Der Lastkahn ist der Nachbau eines Originals, das zufällig bei Hafenausschachtungen im linksrheinischen Kalkar/Niedermörmter gefunden wurde. In dem Kahn befanden sich noch ein Schädel und mehrere Tuffsteine.

Das Gefährt diente wahrscheinlich zum Lasten- und Warentransport, oder wurde als Fähre über den Rhein genutzt. Das Original steht heute im Rheinischen Landesmuseum Bonn.

Martina Topp

5.4.4   Die Geschenke des Kalifen an Karl den Großen 807

«… der Gesandte des Perserkönigs (Harun ar-Raschid) mit dem Namen Adella erschien mit den Mönchen Georg und Felix aus Jerusalem, die im Auftrag des Patriarchen Thomas kamen … vor dem Kaiser und überbrachte die Geschenke, die der obengenannte König dem Kaiser geschickt hatte, nämlich ein Zelt und verschiedenfarbige Vorhänge für den Vorhof von ungemeiner Größe und Schönheit; es war nämlich alles aus feinstem Leinen, die Vorhänge sowohl als die Schnüre dazu, bunt gefärbt. Außerdem bestanden die Geschenke des Königs in vielen und kostbaren seidenen Gewändern, in Wohlgerüchen, Salben und Balsam. Auch ein höchst kunstvoll

aus Messing gearbeitetes Uhrwerk war dabei, in dem der Lauf der zwölf Stunden nach einer Wasseruhr sich bewegte mit ebensoviel ehernen Kügelchen, die nach Ablauf der Stunden herunterfielen und dadurch ein darunter liegendes Becken erklingen ließen, ferner waren darin zwölf Reiter, die am Ende der Stunden aus zwölf Fenstern herauskamen und durch ihre Bewegung ebensoviele zuvor offenstehende Fenster schlossen; noch vieles andere befand sich an dieser Uhr, was jetzt aufzuzählen zu weitläufig wäre. Außerdem befanden sich unter den Geschenken zwei Messingleuchter von ausgezeichneter Größe und Form. Das alles wurde in der Pfalz zu Aachen vor den Kaiser gebracht.»

(Reichsannalen, zit. n. Rau 1962, S. 86f.)

Kopie des sogenannten Säbels Karls des Großen 182

Kopie: frühes 20. Jh.
Holz, Gold, Silber, Stahl, L. 90,5 cm
Stadt Aachen

Die Legende besagt, daß zu den Besitzern dieser Prunkwaffe der Kriegsgott Mars und der Hunnenkönig Attila zählten. Einer anderen Überlieferung zufolge soll der Säbel als Geschenk Harun ar-Raschids in die Hände Karls des Großen gelangt sein. Als Otto III. im Jahre 1000 n. Chr. das Grab des Frankenherrschers öffnen ließ, soll sich – der Sage nach – neben der Stephansburse und dem Krönungsevangeliar auch das Original dieses Säbels befunden haben.

Als Karlsreliquie diente er bei den Aachener Krönungen zur Gürtung des Königs.

Stilistisch zählt er zu den Prunkwaffen, die seit dem 10. Jahrhundert bei den osteuropäischen Steppenvölkern nachzuweisen sind. Das Original befindet sich heute in der Schatzkammer in Wien.

Martina Topp

Lit.: H. Fillitz: Die Schatzkammer in Wien, Wien 1964, S. 140.

Gobelet de Charlemagne 132

Syrien, 2. Hälfte des 12. Jhs.
(Fassung: Frankreich, 13./14. Jh.)
Goldemailglas, Fuß aus vergoldeter Bronze, H. 24 cm
Musée des Beaux-Arts de Chartres, Chartres

Jahrhundertelang wurde dieser syrische Emailglasbecher als Geschenk Karls des Großen an die Abtei La Madeleine in Châteaudun angesehen. Dererlei legendäre Zuweisungen geschahen im Mittelalter nicht selten, um das Ansehen der aufbewahrenden Institution zu erhöhen. Tatsächlich ist das Glas ein lange nach dem Tod Karls in Syrien geblasener Becher.

132

Zahlreiche syrische Goldemailgläser gelangten im Zuge der
Kreuzzüge oder als Souvenir von Pilgerreisen nach Europa.
Bodenfunde erhärten die Vermutung, daß solche Gläser auch
als Handelsobjekte fungierten.

Isabel Kutsch

Lit.: Kat. Europa und der Orient, S. 532, Nr. 3/5.

Sieben Schachfiguren aus Bergkristall   725

Fatimidisch, 10.–12. Jh.
Bergkristall, H. 5,3 cm; B. 3,8 cm; T. 3,8 cm
Domschatzkammer Osnabrück

Dieses Schachspiel soll der Überlieferung zufolge Karl dem
Großen gehört haben. Heute werden die Figuren allerdings in
das 10.–12. Jahrhundert datiert.

725

In der Ausstellung werden der König, die Dame, ein Bauer, zwei Türme, ein Läufer (Elefant) und ein Springer gezeigt. Die kunsthandwerkliche Verarbeitung des Bergkristalls zeigt Parallelen zur Elfenbeinschnitzerei.

Martina Topp

Lit.: Kat. Schätze der Kalifen. Islamische Kunst zur Fatimidenzeit, Kunsthistorisches Museum Wien, Wien 1999, S. 134.

Nachbau   003
einer spätantiken Orgel

Aquincum (Ungarn), aus dem Jahr 228
Originale Bronzepfeifen auf Plexiglas
montiert, H. 62 cm; B. 50 cm; T. 50 cm
Aquincum Museum, Budapest

Das Modell zeigt die Rekonstruktion einer spätantiken Orgel unter Einbeziehung von 52 originalen Bronzepfeifen. Aufgrund der erhaltenen Widmungstafel kann das Instrument auf das Jahr 228 datiert werden. Der Fund aus Aquincum gilt als eine der ältesten erhaltenen Balg-Orgeln der Welt. Als Erfinder der Orgel wird ein im 3. Jahrhundert v. Chr. lebender Mechaniker namens Ktesibios genannt. Das Instrument erfreute sich bald großer Beliebtheit und wurde technisch rasch weiterentwickelt. Volltönende Wasserorgeln erklangen z. B. bei Theateraufführungen und Gladiatorenkämpfen. Die kleineren Balg-Orgeln wurden als Luxusobjekte für den Privatgebrauch gehandelt.

Die erste nachantike Orgel des Westens war ein Geschenk Kaiser Konstantins V. an Pippin den Kleinen im Jahre 757. Eine Gabe von hoher politischer Bedeutung, da die kostbaren Instrumente im byzantinischen Reich als kaiserliches Machtsymbol angesehen wurden.

Karl der Große ließ sich in Aachen von byzantinischen Spezialisten eine Orgel errichten. In diesem Zusammenhang berichtet Notker, daß fränkische Handwerker den Orgelbau durch Zusehen erlernt hätten. Durch den Nachbau der prestigeträchtigen Instrumente glaubte man sich dem Ostreich ebenbürtig.

Im arabischen Herrschaftsgebiet wurden lauttönende Orgeln zu Signalzwecken genutzt. Kunstvolle orgelähnliche Musikautomaten dienten zur Unterhaltung der Oberschicht.

Martina Topp

Lit.: Kat. 799 – Kunst und Kultur der Karolingerzeit, Bd. II, Mainz 1999, S. 862–865.

Leinenstickerei als Reliquienhülle   499

West-Europa, 9.–10. Jh.
Leinen in Leinwandbindung mit Seidenstickerei, 38,5 x 22 cm
Basiliek Onze-Lieve-Vrouw Geboorte, Tongeren

Um Stoffe aufwendig zu mustern, konnte der Westen sich mit dem webtechnisch hoch entwickelten Osten nur mittels Stickerei messen. Die zwei gestickten biblischen Szenen lassen sich als ehemaliger Teil eines größeren Ganzen kaum bestimmen. Aus welchem Zusammenhang das später als Reliquienhülle genutzte Textil ursprünglich stammt, ist nicht ersichtlich: Eine vergleichbare Stickerei im Kölner Domschatz hat die Größe einer kleinen Fahne, die wohl etwas jüngere Tappiserie de Bayeux ist über 70 Meter lang.

Monica Paredis-Vroon

Reliquienhandschuhe,   497
sog. Handschuhe des hl. Germanus von Paris

Westeuropa, 7. Jh.
Leinen mit eingelegtem Muster, H. 56 cm; B. 16 cm
Aachen, Domschatzkammer, Inv. Nr. T00015

Die weiß in weiß gemusterten übergroßen Handschuhe gelten als Reliquien des 576 verstorbenen Bischofs Germanus von Paris, der in der Merowinger- und Karolingerzeit große

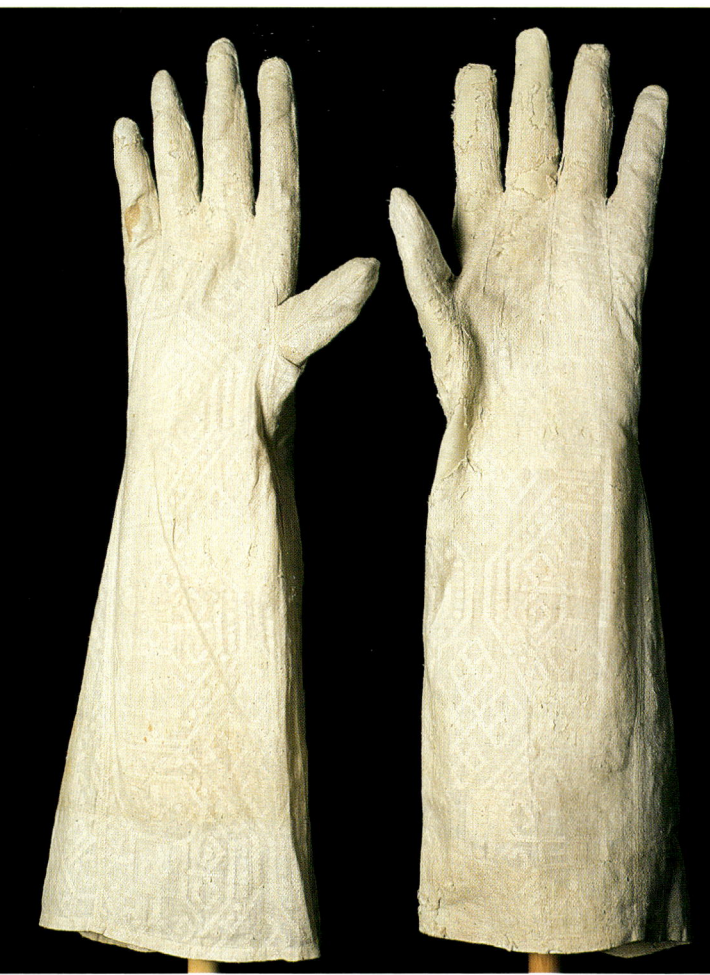

497

Verehrung genoß. Karls Vater Pippin ließ im Beisein seines Sohnes am 25. August 754 die Gebeine des Heiligen erheben und in die große gleichnamige Basilika vor der Stadt Paris übertragen. Da der Dom zu Aachen auch Gebeinreliquien dieses Heiligen besitzt, ist anzunehmen, daß die Gebeine, vielleicht in die Handschuhe verpackt, damals entnommen worden sind.

Nach D. De Jonghe, der die Technik der Handschuhe untersuchte, wurde das Muster während des Webens eingelegt und nicht nachträglich gestickt. Die Achtecke mit Perlenrand scheinen eine Nachahmung der seidenen Medaillonstoffe zu sein, obwohl man sich bei der Füllung der Mitten an einfache geometrische Motive und abstrahierte vegetabile Muster hielt.

Der Ursprung des mit Z-gedrehten Kett- und Schußfäden gewebte Stoff muß eher in Europa gesucht werden.

Monica Paredis-Vroon

824

Abasidische Münzen aus Haithabu   824

807/808
5 Münzen, Zinn-Blei-Legierung
Archäologisches Landesmuseum / Wikinger Museum Haithabu in der Stiftung
Schleswig-Holsteinische Landesmuseen, Schloß Gottorf

In den zahlreichen Münzfunden von Haithabu, dem Haupt-
handelsplatz der dänischen Könige, wurden 1980 im Bereich
des Hafens auch eine große Zahl der wertvollen islamischen
Dirhams aus der Zeit Harun ar-Raschids entdeckt. Eine auf-
fallende Ähnlichkeit in der Technik von neun Münzen – exakt
gleiche Prägeformen, Reste von Gußzapfen an den Rändern
sowie der billigere Materialersatz – lassen jedoch darauf
schließen, daß die Dirhams in einer einfacheren Version vor
Ort nachgegossen worden sind. Möglicherweise sind diese
Münzen von Geldfälschern hergestellt worden oder aber zum
Zwecke von Schmuckanhängern, was wiederum einen gewis-
sen Bekanntheitsgrad und Schauwert arabischer Münzen
voraussetzen würde.

Adam C. Oellers

Sog. Zingulum des hl. Lebuinus   464

Westeuropa, um 800
Bandgewebe, Seide, 154 x 2,5 cm
Utrecht, Rijksmuseum Het Catharijneconvent, OKM st. 00082a

Dieses rote Band mit weißem Rand war wohl kaum tatsächlich
das Zingulum, mit dem der hl. Lebuinus, der um 777 in Deventer starb, seine Albe umgürtete. Das Seidenband wurde auf
einem Bandwebstuhl gefertigt. Dieses Instrument war überall
verbreitet. Das Zingulum könnte also sowohl in China wie in
Persien oder aus importierter Seide in Deventer angefertigt
worden sein.

Monica Paredis-Vroon

464

Lampentisch 519

Transoxanien, Buchara, um 1000
Bronze, H. 110 cm
Linden-Museum, Stuttgart

Das Objekt zeigt einen Lampentisch mit dazugehöriger Öllampe. Die aufwendige Verarbeitung, das kostbare Material und die außergewöhnliche Höhe von 110 cm lassen darauf schließen, daß das Ensemble aus einem höfischen Haushalt stammte.

Zu den Geschenken, die Karl dem Großen von der abassidischen Gesandtschaft im Jahre 807 übergeben wurden, zählten nach der Reichschronik auch zwei «Messingleuchter von ausgezeichneter Größe».

Martina Topp

Lit.: Kat. Erben der Seidenstraße, Linden-Museum, Stuttgart 1995.

519

Lampentisch   **631**

Ägypten, 9.–10. Jh.
Bronze, H. 56; Dm. 38 cm
Museum für Islamische Kunst, Berlin, Inv.-Nr. I. 5683

Die zum Abstellen von Öllampen dienende runde Tischplatte
zeigt in der Mitte einen Sechsstern aus zwei verschränkten
Dreiecken, ein Symbol mit mystischem Hintergrund. Typisch
für die frühislamische Zeit ist die einfache Verzierung durch
eingedrehte Kreisaugen, die meist in Gruppen erscheinen
und das friesartig gegliederte Umfeld des Mittelsterns markieren. Der Fuß des Tischchens umfaßt einen Schaft mit
sechskantigem gerippten Mittelstück und beiderseitigen gekanteten Knäufen sowie einen von drei Füßchen getragenen
gewölbten Sockel mit zwölffach gezacktem Rand. Ziertische
dieser Form waren im östlichen Mittelmeerraum verbreitet,
wie Funde aus Qus und Caesaraea marittima zeigen.

Almut v. Gladiss

Zierblech   **633**
für eine Säule

Syrien, Ar-Raqqa (?), 9. Jh.
Bronze, getrieben,
L. 65 cm; Dm. 16 cm
Museum für Islamische Kunst, Berlin,
Inv.-Nr. I. 1965

Das Bronzeblech zeigt ein
Rapportmuster aus reihen-
weise versetzten Palmetten,
die einem Spitzovalnetz ein-
gebunden sind. Zugrunde
liegt das Einzelmotiv der Palmette mit herzförmiger Bo-
genrahmung. Die fortlaufenden Muster finden sich im
frühabbasidischen Stuckdeko-
kor, wie er aus Samarra bekannt ist. Das Bronzeblech
ist säulenartig gewölbt und
könnte demnach zur Verklei-
dung und Aufwertung eines
Holzpfostens gedient haben,
z. B. an einem Thron oder
einem Herrscherzelt.

Almut v. Gladiss

Textilfragment   **475**
mit Rauten

Persien, 7.–8. Jh.
Seidensamit, 37 cm x 205,5 cm
Musée National du Moyen Age, Paris,
CL 22756

Die islamischen Stoffe gelangten wohl zur Zeit Karls des
Großen nach Europa.

Textilfragment, Rauten mit Rosetten   476

Byzanz, 9.–10. Jh.
Seidensamit, 7,6 cm x 20 cm
Musée National du Moyen Age, Paris, CL 13280

Der byzantinische Prachtseidenstoff stammt aus dem Aachener Dom, die beiden Teile des Stoffes (Nr. 476 und 485) sind in
der Ausstellung erstmals wieder in Aachen vereint.

Georg Minkenberg

Textilfragment, sog. Rauten und Rosettenstoff   485

Byzanz, 9.–10. Jh.
Seidensamit, 7,6 x 30 cm
Aachen, Domschatzkammer, Inv. Nr. T 00111

Stoff mit Löwenbändiger   477

Byzanz, 8. Jh.
Seidensamit, 10 x 12 cm
Musée National du Moyen Age – Thermes de Cluny, CL 13274

Die Seide ist das Gegenstück eines sich im Besitz des Aachener Domes befindenden Fragmentes (Nr. 480).

Sog. Löwenjagdstoff   480

Byzanz, 8. Jh.
Seidensamit, 12 x 23 cm
Aachen, Domschatzkammer, Inv. Nr. T 00103

Die Seide ist ein typisches Beispiel für die rotgrundigen
Medaillonstoffe, die um das Mittelmeer gewebt wurden. Von
der Jagdszene ist leider nur ein Teil erhalten. Das Motiv ist sym-

480

metrisch aufgebaut und kann im Vergleich zu anderen Beispielen wahrscheinlich um speerwerfende Krieger, die einen
Löwen bekämpfen, ergänzt werden. Den Kreis komplettier-
ten wahrscheinlich Pflanzenmotive im oberen und unteren
Bereich. Das Muster der Zwickel ist leider nicht zu erkennen.
Weitere Teile dieser Seide sind im Musee de Cluny, Paris, und
im Kirchenschatz von St. Servatius, Maastricht, erhalten.

Monica Paredis-Vroon

Sog. Pfauenstoff   **492**
Persien, 7.–8. Jh.
Seidensamit, 11 x 8,2 cm
Aachen, Domschatzkammer, Inv.-Nr. T 00112

Diese feine gewebte Seide, die eine sehr detaillierte Zeichnung aufweist, ist ein hervorragendes Beispiel der sog.
Antinoe-Seiden.

Monica Paredis-Vroon

492

Lutz Dammbeck, Installation: Der Schrecken der Moderne
Geschlossene Installation mit Videos

Dammbeck baut ein «Hexenhaus» der Moderne, voll gestapelt mit unseren Bildern eines 20. Jahrhunderts, das nicht enden will. Dammbeck läßt keinen Ausweg: Die Flucht in die Mythologie verstrickt nur noch enger in eine Moderne, die auf der Opferung all dessen besteht, das nicht mehr funktioniert. Gezeigt wird ein Endpunkt der Wissenschaftsentwicklung, an dem Rationalität selber in Mythologie umschlägt, in eine Bildproduktion, die Unterwerfung verlangt.

Wolfgang Dreßen

Thomas Locher, Buchstabenbilder:
«Menschenrechte» oder «Das neue Subjekt»
© VG Bildkunst

In seinen sehr «strengen» Buchstabenbildern dokumentiert Locher die im doppelten Sinne «verabschiedeten» Menschenrechte des 20. und 21. Jahrhunderts: beschlossen und ad acta gelegt. In diesem Zwiespalt konstituiert sich ein neues Subjekt, ein «homo sacer» (Agamben), außerhalb des Rechts und frei gegeben zur Opferung. *Wolfgang Dreßen*

Thomas Locher

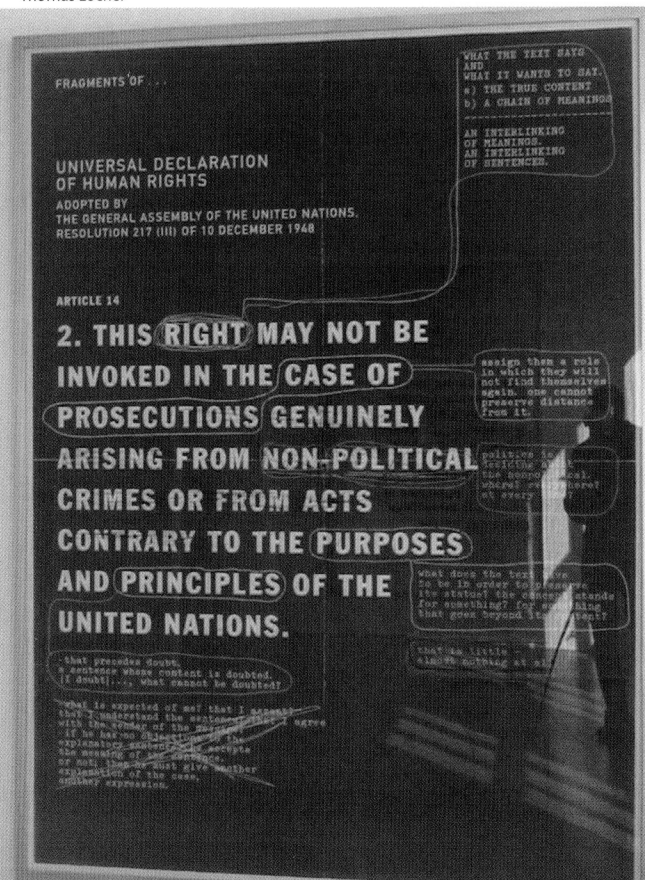

5.4.5 Juden im Karolingerreich

Die Existenz und genaue Anzahl jüdischer Gemeinden im
Karolingerreich ist in der aktuellen Forschungsdiskussion
stark umstritten, doch mehren sich – auch archäologische –
Hinweise auf die dauerhafte Anwesenheit jüdischer Familien
an etlichen Orten des Reiches. Anders wären auch die rechtlichen Vorschriften Karls des Großen, die sich auf den Umgang
mit Juden beziehen, nicht zu erklären. Während noch wenige
Jahre vor ebenso wie wenige Generationen nach Karl zahlreiche Schmähungen gegenüber Juden begegnen, scheint die
Herrschaftszeit Karls des Großen in dieser Beziehung eine Art
«goldenes Zeitalter» gewesen zu sein. Besonders interessant
ist, daß laut den Kapitularien Karls des Großen der Schwur
eines Juden auf die Tora dieselbe Rechtskraft haben soll wie
der Schwur eines Christen auf die Bibel.

Heike Nelsen-Minkenberg

Jan Carlier – De wandeleende Jood /   844
Der ewige Jude, 1989
Installation, verschiedene Materialien, 210 x 57 x 60 cm; 160 x 160 cm
Sammlung des belgischen Staates, SMAK Gent

Der belgische Bildhauer faßt das alte mythische Thema des
«ewigen Juden», seine immerwährende, ruhelose Wanderschaft in eine sehr hintergründige und verschlüsselte, ab-
strakt-symbolische Installation. Die Bestandteile des Werkes
von Carlier sind einfach – ein auf die Schmalseite gekippter
Tisch, darauf ein Küchenstuhl, auf dem wiederum ein Brot und
ein Glas Wasser zu sehen sind, seitlich daran befestigt ein Spa-
zierstock. Die karge Ding-Symbolik des Wanderns, des
Rastens und des Essen und Trinkens wird überformt durch die
starke Schräglage des fast schon anthropomorphen Gebil-
des. Der schwankende Zustand zwischen Vertikalität und
einem Zur-Seite-Fallen wird noch verstärkt durch das von der
Stuhllehne herabhängende Senkblei, welches gegenüber der
kippenden Figur allein sein aufrechtes Maß behält. Vor der
Arbeit ist auf dem Boden ein breites Kreuz ausgelegt, wie eine
Wegespur, die einerseits in ein Zentrum führen kann, umge-
kehrt aber auch von einer Zerstreuung in alle vier Himmels-
richtungen kündet. Nirgends ist ein Ort der Ruhe und Heimat
zu finden. Für den stark in philosophischen und geschicht-
lichen Bildern denkenden Künstler markierte diese kippende
Situation auch einen Grenzbereich zwischen Leben und Tod,
eine Konfrontation, welche zusammen mit der Richtungs-
losigkeit hier zu einer Charakterisierung des jüdischen Volkes
auf der Wanderschaft benutzt worden ist. Bemerkenswert ist,
daß Carlier sich dabei einer verweisenden, reale Bilder erset-

zenden künstlerischen Sprache bedient, was nicht zuletzt wiederum als ein Charakteristikum der jüdischen Geisteswelt bezeichnet wird.

Adam C. Oellers

Jüdischer Grabstein   160
Venusa, Italien, 829
Hebrew University of Jerusalem, Institute of Archaeology

Der jüdische Grabstein stammt aus dem Jahre 829 und ist eines der ältesten erhaltenen jüdischen Grabzeugnisse auf europäischem Boden.

Heike Nelsen-Minkenberg

Lit.: Michael Grant, Morgen des Mittelalters, 1981.

5.4.6   Konflikte im Karolingerreich

Wie Rudolf Schieffer kürzlich nachweisen konnte, war die Expansionspolitik Karls des Großen keineswegs so zielgerichtet, wie ihr Ergebnis, das karolingische Großreich, vermuten lassen könnte. Eine Vielzahl von Einzelkonflikten, aus unterschiedlichen politischen Beweggründen begonnen oder aus kleineren Grenzscharmützeln unwillentlich erwachsen, wie der Jahrzehnte dauernde Sachsenkrieg, addierten sich durch die militärische Durchsetzungskraft der Heere Karls des Großen zu einem außenpolitischen Großerfolg, dem trotz der erheblichen und planvollen Bemühungen Karls des Großen nie eine angemessene innere Stabilisierung folgen konnte.

Heike Nelsen-Minkenberg

Sturmaxt Franziska	**778**
Schildbuckel	**779**
Konischer Schildbuckel	**780**
Wurfspitze	**781**
Lanzenspitze	**782**
Lanzenspitze	**783**
Lanzenspitze mit Schafthülse	**784**
Lanzenspitze	**786**
Schwert	**788**

fränkisch   (s. Abb. S. 300)
Eisen
Mittelrhein-Museum, Koblenz

Die Expansion des Karolingerreiches war von mehreren kriegerischen Auseinandersetzungen begleitet. Karl der Große führte zahlreiche Feldzüge, zum Beispiel gegen die Langobarden, das islamische Spanien, gegen die Sachsen und

778, 788, 782–784

gegen die Awaren. Die ausgestellten Waffen stehen in der Ausstellung stellvertretend für die vielfältigen Konflikte im Karolingerreich.

Derartige Funde befanden sich häufig als Beigaben in Männergräbern.

Martina Topp, Heike Nelsen-Minkenberg

Rekonstruktion des Helms aus Niederstotzingen   536

Niederstotzingen, 7. Jh.
Eisen, Dm. 16 cm
Württembergisches Landesmuseum, Stuttgart

Bei diesem Exponat handelt es sich um die Rekonstruktion eines alamannischen Helmes, der in einem Männergrab gefunden wurde. Diese im sasanidischen Raum entwickelte, orientalische Helmform gelangte durch Reitervölker, wohl durch die Awaren, nach Westeuropa.

Isabel Kutsch

Lit.: Roth 1979, Nr. 267.

Riemenende   194

Westfränkisch, 2. Drittel des 9. Jhs.
Goldblech, H. 7,9 cm; B. 4,3 cm
Musée National du Moyen Age, Thermes de Cluny, Paris

Diese Riemenzunge mit reicher Filigran- und Granulationsornamentik war wahrscheinlich Teil der Schwertgarnitur eines königlichen Repräsentationsornats. Eine Seite zeigt vier halb-

536

plastisch getriebene Löwen. Schwänze, Zungen und markante Körpergliederungen der Tiere werden von Filigrandrähten gebildet. Abgesehen von der technischen Ausführung entspricht das Löwenmotiv dem des «Seeheimer Schmuckstücks».

Isabel Kutsch

Lit.: Kat. 799 – Kunst und Kultur der Karolingerzeit, Mainz 1999, S. 752–753.

Riemendurchzug 231

Lothringen, 2. Drittel des 9. Jhs.
Goldblech, H. 3,03 cm; B. 2,33 cm; T. 0,85 cm
Hessisches Landesmuseum, Darmstadt

Der Riemen war Teil einer kostbaren, goldenen Sporengarnitur, die zu den ganz seltenen Ausstattungsteilen des bewaff-

231

neten und berittenen karolingischen Hochadels und den
Bestandteilen des königlichen Herrscherornats gehörte. Vermutlich ist das Stück Bestandteil der verlorenen Bestattung
Ludwigs des Deutschen. Die Ausführung der reich profilier-
ten Grundplatte und des untergelöteten Rechteckbügels ist
detailgenau und von vorzüglicher Feinheit.

Isabel Kutsch

Lit.: Kat. 799 – Kunst und Kultur der Karolingerzeit, Mainz 1999, S. 752.

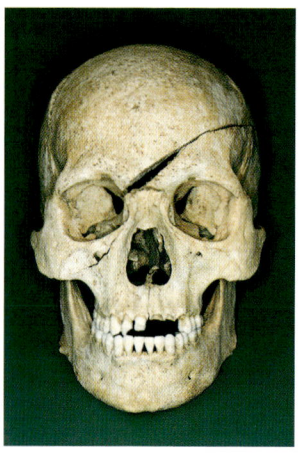

Schädel
mit Hiebverletzung   008
Eschwege (Hessen), 2. Hälfte 8.–9. Jh.
Knochen
Westfälisches Museum für Archäolo-
gie, Museum in der Kaiserpfalz,
Paderborn

Der Schädel stammt von einem Mann im Alter von ca.
20–25 Jahren. Die tiefen
Schwertstreiche wurden dem
Getöteten von einem An-
greifer, einem Rechtshänder,
zugefügt, der ihm frontal
gegenübergestanden hatte.
Die starken Verletzungen lassen darauf schließen, daß der Tod
sofort nach dem Ausfall lebenswichtiger Gehirnfunktionen
eingetreten ist.

Martina Topp

Lit.: Kat. 799 – Kunst und Kultur der Karolingerzeit, Mainz 1999, S. 281.

Goldschatz von Nagyszentmiklós – Stierkopfschale 332

Persisch (?), 7.–9. Jh.
Gold, H. 10,6 cm; B. 13 cm
Kunsthistorisches Museum Wien, Antikensammlung

Der Goldschatz von Nagyszentmiklós ist der größte bisher bekannte Schatzfund des frühen Mittelalters. Er besteht aus 23 Goldgefäßen mit einem Gesamtgewicht von annähernd 10 kg. Die Fundstücke zeigen die unterschiedlichsten kulturellen, stilistischen und religiösen Merkmale. Eine Zuordnung in den spätawarisch-ungarisch-bulgarischen Kunstkreis erscheint so wahrscheinlich.

Bei der ausgestellten Schale sind die drei Beine als Tierpfoten gestaltet, während der Kopf am Schüsselrand die Form eines Stierkopfes aufweist. Zwischen den Goldstegen des Palmettenbandes war rotes Email eingelassen, das heute fast vollständig verloren gegangen ist. Der Schatz beherbergt insgesamt drei dieser Stierkopfschalen.

Die ausgestellten Objekte sollen an den riesigen Awarenschatz, den Karl der Große erbeutete, erinnern.

Martina Topp

Lit.: Das kunsthistorische Museum Wien, Wien 1978, S. 54–55.

332

Goldschatz von Nagyszentmiklós – Griffschale 836

Persisch (?), 7.–9. Jh.
Gold, B. 13,2 cm
Kunsthistorisches Museum Wien, Antikensammlung

Schale und Griff des Objekts wurden getrennt gefertigt und später miteinander verlötet. Die getriebene Schale ist mit Ornamenten in Treibziseliertechnik verziert. Zu dem Objekt existiert ein fast identisch gefertigtes Gegenstück.

Der Schalenboden wird durch Hohlrippen gegliedert. Im Zentrum befindet sich ein Löwendrachenmedaillon. Das Relief zeichnet sich durch einen hohen Grad an ornamentaler Verfremdung aus, die auch bei anderen Stücken des Schatzes zu erkennen ist. Die zungenförmige Griffplatte ist auf der Oberseite mit einem Rankenmotiv versehen. Die Unterseite wurde, bis auf fünf runenartige Zeichen, glatt belassen.

Die Gefäße des Schatzes tragen zum Teil griechische, runenartige und turksprachige Inschriften, die noch nicht vollständig entschlüsselt werden konnten.

Martina Topp

Lit.: Ung. Kat., Budapest, S. 35, Nr. 16.

836

Goldschatz von Nagyszentmiklós – Schale mit Schnalle 837

Persisch (?), 7.–9. Jh.
Gold, H. 2,5 cm; Dm. 12 cm
Kunsthistorisches Museum Wien, Antikensammlung

Die Schale aus dem Goldschatz von Nagyszentmiklós ist schön gearbeitet. Sie wurde aus einem Stück getrieben. Die Schale ist eigens gefertigt und eventuell erst später angesetzt worden. Es sind in dem Fund noch drei weitere Schalen dieser Art erhalten.

837

Im Inneren der Schale ist ein Greif mit Adlerkopf und geflügeltem Löwenkörper zu erkennen. Seine rechte Pranke ist erhoben. Die Darstellung des Fabelwesens zeigt sich teilweise ornamental stilisiert. Der Schalenrand wird außen und innen durch einen Schmuckfries abgeschlossen.

Die qualitätvolle handwerkliche Ausarbeitung der einzelnen Stücke des Goldschatzes läßt auf mindestens vier verschiedene Werkstätten schließen, die über einen längeren Zeitraum tätig waren.

Martina Topp

Lit.: Ung. Kat., Budapest, S. 40, Nr. 20.

Beschlaggarnitur einer Schwertaufhängung   196

Lothringen, 2. Drittel 9. Jh.
Silber
Nationalmuseum, Prag, 55087 bis 55090

Aus einer reich ausgestatteten Doppelbestattung konnten diese Teile einer karolingischen Schwertaufhängung geborgen werden. Bei dem Verstorbenen könnte es sich um einen Angehörigen der Oberschicht eines der im 9. Jahrhundert in Böhmen ansässigen slawischen Völker handeln. Nach der Zerschlagung des Awarenreiches durch Karl den Großen konnten sie in das Machtvakuum vorstoßen und sich in teilweiser Abhängigkeit von den Karolingern etablieren, deren feudale Hofhaltung sie zu kopieren suchten.

Heike Nelsen-Minkenberg

Lit.: Kat. 799 – Kunst und Kultur der Karolingerzeit, Mainz 1999.

5.4.7 Handel im Karolingerreich

In der Forschung der letzten Jahrzehnte konnte die These des Henri Pirenne, die u. a. von einem Erliegen des Handels zwischen Europa und dem Nahen Osten durch die Arabische Expansion ausgeht, aufgrund archäologischer Funde in vielen Punkten widerlegt werden. Der Fernhandel, aber auch der Handel innerhalb Europas, beispielsweise mit Friesen und Wikingern, spielte eine nicht unwesentliche ökonomische Rolle.

Gerta K. Dohd

Dirham Abd al-Rahman I.   3009
756–788
Silber, Inv.-Nr. 4988

Dirham Hixam I.   3010
788–796
Silber, Inv.-Nr. 4843

Dirham al-Hakam I.   3011
796–822
dat. 187 H. 809/810
Silber, Inv.-Nr. 4951

Dirham Abd ar-Rahman II.   3012
822 –852
dat. 226 H. 848/849
Silber, Inv.-Nr. 11141
Museo Arqueológico y Etnológico de Córdoba

Die ebenso wie im Osten bildlosen Herrschermünzen der omaijadischen Emire in Córdoba, angefangen von dem Begründer Abd al-Rahman I., welcher 750 der Vernichtung seiner Dynastie durch die Abassiden entflohen war, bis zu den Zeitgenossen Karls des Großen, markieren den wirtschaftlichen und kulturellen Aufschwung des Emirates, das später als Kalifat von Córdoba größten Einfluß auf das christliche Europa nehmen wird. Als Erbauer der Moschee von Córdoba verbinden sie importierte, orientalische mit einheimischen, u. a. westgotischen Stilen zu einer eigenen Formensprache. Die spanischen Kriegsunternehmungen Karls des Großen, der eine lokale Opposition gegen Córdoba stark überschätzt hatte, blieben erfolglos und beschränkten sich später auf die Anlage von Grenzmarken, um arabische Kriegszüge nach Norden verhindern zu können. Im Gegensatz zu den nicht unterbrochenen Handelsbeziehungen sind diplomatische Annäherungen erst im 10. Jahrhundert unter den Ottonen nachweisbar.

Adam C. Oellers

Münzfund aus Córdoba 3013

Karolingische Münzfragmente mit Bezeichnung: CARL. (Inv.Nr. 11363);
LUDOVICUS (Inv.Nr. 11360); Tolosa (?) (Inv.Nr. 11364); A. LUDO (Inv.Nr.11366).
Münzen aus al-Andalus: Dirham Hixam I. (Inv.Nr. 11014); Dirham Hixam I.
(Inv.Nr. 11017); Dirham al-Hakam I. (Inv.Nr. 11013)
Museo Arqueológico y Etnológico de Córdoba

Der Ende des 9. Jahrhunderts verborgene Münzschatz, der
1950 auf dem Campo de la Verdad in Córdoba entdeckt wurde, enthält neben den überwiegenden Stücken aus der Zeit
des omayadischen Emirates Córdoba auch mehrere Münzfragmente karolingischen Ursprungs. Mit diesem bisher noch
unpublizierten Schatzfund wird deutlich, daß trotz der politischen Frontstellung zwischen den Franken und den Arabern
in Spanien auch zu Zeiten Karls des Großen die Handelsbeziehungen weiterbestanden haben.

Adam C. Oellers

Goldschatz von Hon 334

Hon, 2. Hälfte 9. Jh.
Gold, Silber, Niello, Halbedelsteine, Glas
Etnografisk Museum, Oslo

Der größte Teil des Schatzes besteht aus Hals- und Armreifen
sowie Anhängern aus Münzen, die allesamt wahrscheinlich
im fränkischen Reich erworben wurden.

Trichterbecher aus Birka 126

Birka (Uppland, Schweden), 9. Jh.
Glas, hellgrün, kaum Verwitterungsspuren, H. 16 cm; B. 10 cm
Statens Historiska Museum, Stockholm

Gefäße wie dieser Trichterbecher aus dem schwedischen
Birka waren zum größten Teil Bestandteil von Frauenbestat-
tungen. In karolingischer Zeit sind derartige Grabbeigaben
nur aus den nicht christianisierten Regionen nördlich des
Karolingerreiches bekannt, in denen die Sitte der Grabbeigaben noch fester Bestandteil des Bestattungsrituals war. Der
hellgrüne Glasbecher wird durch aufgeschmolzene, wellenförmige Fäden aus dem gleichen Material dekoriert.

Isabel Kutsch

Lit.: Kat. 799 – Kunst und Kultur der Karolingerzeit, Bd. I, Mainz 1999, S. 169.

Schale mit Reticella-Verzierung aus Valsgärde 127

Valsgärde (Uppland, Schweden), Mitte des 8. Jhs. (?)
Glas, grün, mit gelber Reticella-Verzierung, H. 6,8 cm; B. 14 cm; T. 14 cm
Statens Historiska Museum, Stockholm

Die Schale wurde 1931 bei Ausgrabungen im Bootsgrab 6 des
Bootsgräber-Friedhofs bei Valsgärde gefunden. Es handelt

sich um das am vollständigsten erhaltene Objekt, welches mit Fragmenten aus Dorestad u. a. vergleichbar ist. Der untere Bereich ist mit 48, am Boden sternförmig verlaufenden Fäden versehen, die mit zwei gelben Fäden umwunden sind (Replik aus Stockholm, Original in Upsalla).

Isabel Kutsch

Lit.: Kat. 799 – Kunst und Kultur der Karolingerzeit, Bd. I, Mainz 1999, S. 170–171.

Traubenbecher aus Birka   116

Birka (Uppland, Schweden), 9. Jh.
Glas, dunkelgrün, aus mehreren Stücken zusammengesetzt
H. 13,8 cm; B. 12,5 cm
Statens Historiska Museum, Stockholm

Dieser teilweise mit Buckeln verzierte Traubenbecher aus einem Frauengrab in Birka stellt eine Besonderheit dar: Das gesamte Gefäß besteht aus einer kräftig grün gefärbten Glasmasse, die im 9. Jahrhundert sonst nur für Gefäßteile und nicht für ein vollständiges Glas erscheint. Eine deutliche Spur auf Boden und Wandung zeugt von der Verwendung zweier Formhälften.

Isabel Kutsch

Lit.: Kat. 799 – Kunst und Kultur der Karolingerzeit, Bd. I, Mainz 1999, S. 170.

Reliefbandamphore   041

Birka (Uppland, Schweden), 9. Jh.
Irdenware, gelb, gebrannt, H. 45 cm; max. B. 54 cm
Statens Historiska Museum, Stockholm

Aus Teilen zusammengesetzte und stark ergänzte Amphore aus gelber, gebrannter Irdenware. Die Amphore zeigt die Größe solcher Gefäße im Vergleich zu den kleinteiligen Überresten aus Paderborn. In den 30er Jahren wurde das Exponat bei Grabungen im Bereich der Siedlung Birka geborgen.

Isabel Kutsch

Lit.: Kat. 799 – Kunst und Kultur der Karolingerzeit, Bd. I, Mainz 1999, S. 150–151.

5.4.8   Karl der Große als christlicher Herrscher

Das Herrschaftsverständnis Karls des Großen ist religiös bestimmt. Gemeinsam und in Konkurrenz mit dem Papst sieht er sich als Sachwalter der Kirche auf Erden. Er ist in einem typologischen Sinne unter Bezugnahme auf das Alte Testament der «neue David» und der «neue Salomo».

Georg Minkenberg

Thron 1103

Aachen, karolingisch, um 800 (s. Abb. S. 310)
Parischer Marmor, Kalkstein, 243 x 109 x ca. 210 cm
Aachen, Dom

Der Thron im oberen Umgang der Aachener Marienkirche ist neuesten Forschungsergebnissen zufolge an die Wende vom 8. zum 9. Jahrhundert und damit in die Herrschaftszeit Karls des Großen zu datieren. Sechs, teils aus einer antiken Säule geschnittene Stufen führen zum Thronsitz empor. Gemeinsam mit den vier Pfeilern, auf denen die Plinthe des Thrones ruht, erinnert dieser Aufbau an die biblische Beschreibung des Thrones Salomons. Die von karolingischen Bronzeklammern gehaltenen Platten des eigentlichen Thrones aus parischem Marmor zeigen zahlreiche Einritzungen auf, unter anderem breite Längsstreifen und darüber verschiedene Mühlespiele. Die Marmortafeln sind also mindestens in dritter Verwendung am Thron angebracht worden. Der ursprüngliche Herkunftszusammenhang der Marmorplatten muß so bedeutend sein, daß man deswegen deren Nachteile, wie die verschiedenen Graffitis und die unterschiedliche Stärke der Platten, in Kauf nahm. Da sich in der Grabeskirche in Jerusalem Marmortafeln ähnlicher Gestalt und Provenienz befinden, ist hier auch die Herkunft der Aachener Platten zu vermuten.

Jedenfalls verehrten die Aachen-Pilger diesen Thron als Reliquie, indem sie unter ihm durchkrochen, so wie unter dem ebenfalls auf Pfeilern stehenden Schrein Karls des Großen. Wie die Reliquienschreine war der Thron mit einem hölzernen Schutzgehäuse umschlossen, das nur an hohen Festtagen und während der Wallfahrten geöffnet bzw. bei den Krönungen entfernt wurde. Seit der ersten Krönung in Aachen 936 (Otto I.) bestieg der König während der Krönungszeremonie den Thron und ergriff damit Besitz von der Herrschermacht (Inthronisation).

Georg Minkenberg,
Heike Nelsen-Minkenberg

Lit.: Kat. Krönungen, Aachen 2000.

Tatinger Keramikfragmente 044

Dorestad, 8./9. Jh.
Irdenware mit Zinnfolie, 6,6 x 7,8 x 0,5 cm
Rijksdienst voor het Oudheidkundig Bodenonderzoek, Amersfoort, WbD 627

Die Tatinger Kannen aus Dorestad zeigen sehr anschaulich, daß die Verzierung mit Zinnfolie, die bei diesen Fragmenten sehr gut erhalten ist, nicht durchgängig vorkam. Der Fundkomplex aus Dorestad dürfte einer der umfangreichsten sein, der überhaupt bekannt geworden ist: Ein Indiz dafür, daß der friesische Handelsort als Umschlagplatz für diese begehrten Stücke zu gelten hat.

1103

Nachbau einer Tatinger Kanne der Zeit um 800   036
Kiel, 1998/1999
Hartgips mit schwarzem Überzug, Zinnfoliendekor aufgeklebt
H. 24 cm; B. 11 cm; T. 17 cm
Westfälisches Museum für Archäologie, Museum in der Kaiserpfalz, Paderborn

Der Nachbau einer Tatinger Kanne wurde angefertigt durch
das Archäologische Landesmuseum der Christian-Albrechts-
Universität Kiel in Schloß Gottorf. Er zeigt die ursprüngliche
Schönheit der meist nur in Fragmenten erhaltenen grauen
bis schwarzen Drehscheibenkeramik mit ihrer freilich nicht
durchgängig vorkommenden eindrucksvollen Verzierung
aus aufgeklebter silbern schimmernder Zinnfolie. Die auf-

036

wendig gestalteten Kannen mögen nicht nur dem fürstlichen Haushalt, etwa in den Pfalzen, zuzurechnen sein, sondern, wie etwa bei dem Nachbau aufgrund des Dekors naheliegend, auch liturgisch-sakralen Zwecken gedient haben. Sie waren zudem eine beliebte Handelsware.

Georg Minkenberg

Lit.: Kat. 799 – Kunst und Kultur der Karolingerzeit, Mainz 1999, S. 147.

Tatinger Kanne   830
Keramik
Statens Historiska Museum, Stockholm

Bei den sogenannten Tatinger Kannen, auch friesische Kannen genannt, handelt es sich um einen typischen frühmittelalterlichen Keramiktyp. Der Name leitet sich von den ersten Fundplätzen ab.

Kennzeichnend für diese Keramikgattung ist die bauchige Kanne mit steilem Rand, schwarzem Überzug, tiefliegendem Ausguß und Zinnfoliendekor. Ausgrabungsfunde u. a. im Mittel- und Niederrheingebiet, Westfalen, Südnorwegen, Süd-

und Ostschweden und an der Ostküste Englands dokumentieren die weitläufigen Handelsverbindungen der damaligen
Zeit.

Martina Topp

Lit.: Kat. 799 – Kunst und Kultur der Karolingerzeit, Mainz 1999, S. 147.

Bildnisdenar Karls des Großen   014
Frankfurt, nach 800

Silber, 1,71 g, 19,9 mm
Münzkabinett der Staatlichen Museen zu Berlin

Auf dem Avers die nach rechts gewandte Büstendarstellung
Karls des Großen mit der Umschrift KAROLVS IMP(ERATOR)
AUG(USTUS), darunter der Buchstabe F. Auf dem Revers über
zwei Stufen eine kreuzbekrönte Kirchenfassade mit von vier
Säulen mit Basen und Kapitellen getragenem Dreiecksgiebel,
in dessen Mitte ebenfalls ein Kreuz erscheint. Die Umschrift
lautet XPICTIANA RELIGIO.

Dieser Bildnisdenar gilt als schönste aller «Porträtmünzen»
Karls des Großen. Die nach der römischen Kaiserkrönung 800
entstandene Münze zeigt den Herrscher mit dem kaiserlichen
Lorbeer bekrönt. Er trägt das Paludamentum, den auf der
rechten Schulter zusammengehaltenen römischen Reiter-
mantel. Der Buchstabe F wird auf Frankfurt als Münzstätte
bezogen.

Die programmatische Inschrift der Rückseite setzt sich aus
griechischen und lateinischen Buchstaben zusammen. Die
vier den Giebel tragenden Säulen mögen nicht ohne Grund
an Kanontafeln karolingischer Evangeliare erinnern, bilden
doch die vier Evangelien zusammen das eine Evangelium Jesu
Christi. Wenigstens hypothetisch sei die Frage gestellt, ob die
Kirchenfassade nicht auch eine Reminiszens an die Jerusalemer Grabeskirche birgt.

Georg Minkenberg

Lit.: Gariel 1884, S. 277, Nr. 55; Grierson 1965, S. 501–536, Taf. II/III, 28; Kat.
Aachen 1965, S. 39, Nr. 15 (P. Berghaus); Morrison/Grunthal S. 1967, Nr. 319;
Lafaurie S. 1978, Nr. 19; Schramm 1983, S. 150, Nr. 6.2b (P. Berghaus); Depeyrot
1993, Nr. 1168/1103; Kat. 799 – Kunst und Kultur der Karolingerzeit, Mainz 1999,
S. 66–67.

5.4.9 Aachen als kulturelles und religiöses Zentrum

Das durch mangelnde Infrastrukturen unabdingbare Reise-königtum des frühen Mittelalters konnte eine Residenzbil-dung, wie sie aus der Territorialisierung des späten Mittel-ters bekannt ist, nicht zulassen. Dennoch wurde Aachen, schon architektonisch durch den Bau der Marienkirche aus-gezeichnet, für wenige Jahre zu einem Hauptort des karolin-gischen Reiches, auch erklärbar durch die altersbedingte dau-erhafte Anwesenheit Karls des Großen in den ersten Jahren des 9. Jahrhunderts. Die Etablierung der Hofschule an diesem Ort machte Aachen zu einem Knotenpunkt im Netz der Bil-dungseinrichtungen des Karolingerreiches, wo der Bau sowie die Ausstattung der Marienkirche und der übrigen Pfalzge-bäude schon die herausragendsten Künstler des Reiches ver-sammelt hatte und zu unglaublichen Leistungen wie den Bronzegittern oder der Tür des heutigen Domes führten.

Heike Nelsen-Minkenberg

Elfenbeintafel mit Introitus   159

Lothringen (Metz?), spätes 10. Jh. oder um 800 (?)
Elfenbein, geschnitzt, H. 33,3 cm; B. 11,6 cm
Fitzwilliam Museum, Cambridge

Die Elfenbeintafel zeigt die liturgische Szene des ersten Adventssonntags, die von einem umlaufenden Akanthusfries gerahmt wird. Die Zentralfigur steht in einer halbrunden, mit einem Muschelbogen verzierten Zentralnische, die den Kir-chenraum andeuten soll. Sie trägt Pallium, Albe und Stola und gibt somit eine Bischofsdarstellung wieder. Ein interessanter Aspekt des Stücks besteht in der guten Lesbarkeit der im Buch der Zentralfigur geschriebenen Bibelstelle.

Isabel Kutsch

Lit.: Kat. 799 – Kunst und Kultur der Karolingerzeit, Bd. II, Mainz 1999, S. 829.

Textilfragment, sog. Reliquie des hl. Alberich   463

Persien, Anfang 9. Jh.
Seidensamit, 26 x 16 cm
Utrecht, Rijksmuseum Het Catharijneconvent, ABM st00853a

Der Stoff kommt aus dem Amelbergakloster in Susteren und stammt der Tradition nach von den Gewändern des hl. Albe-rich, der 784 in Susteren bestattet wurde. Auch Geistliche tru-gen seidenverbrämte Gewänder.

Die Seide zeigt geflügelte Pferde, die einander gegenüber stehen. Die Tiere, wiewohl nicht sehr realistisch dargestellt, gehören zum persischen Musterfundus.

Monica Paredis-Vroon

Reservegemustertes Textilfragment   495

Zentralasien, 9.–10. Jh.
Seide in Leinwandbindung, 13,9 x 27,2 cm
Domschatzkammer Aachen, Inv.-Nr. T 00117

Reservegemustertes Textilfragment   478

Zentralasien, 9.–10. Jh.
Seide in Leinwandbindung
Musée National du Moyen Age, Paris, CL 13283

Der Pariser Stoff ist das Gegenstück eines sich noch heute im Aachener Domschatz befindlichen Stofffragmentes (Nr. 495). Die beiden Teile des Stoffes (Nr. 495 und 478) sind in der Ausstellung erstmals wieder in Aachen vereint.

Georg Minkenberg

Textilfragment, sog. Davidseide   472

Westeuropa?, um 800
Seidensamit, 88 x 58 cm
St. Catharinakirche, Maaseik, Belgien

Dieser Stoff ist Teil einer Zusammensetzung mittelalterlicher Stoffe, die als Casula der heiligen Harlindis und Relindis bekannt sind und in die Zeit um 800 datieren. Die in Samittechnik gewebte Seide ist bemustert mit Medaillons, in denen jeweils ein abstrahierter Herrscher auf einem Thron sitzt, rechts neben ihm ist in römischen Versalien der Name DAVID eingewebt. Bislang sind keine lateinischen Webzentren aus dieser Zeit bekannt, doch kann der Stoff des Bilderverbotes zwischen 726 und 843 wegen weder in Byzanz noch in der islamischen Welt entstanden sein.

Karl der Große wurde am Hof in Aachen im Kreis der versammelten Wissenschaftler mit dem alttestamentarischen Namen David angesprochen, für Alkuin war Karl der neue David.

Monica Paredis-Vroon

Sog. Quadrigastoff   201

Byzanz, um 800
Seidensamit, 67,3 x 64 cm
Aachen, Domschatzkammer, Inv.-Nr. T 00101

Der dunkelblaue Stoff mit der Darstellung eines siegenden Quadrigalenkers ist die Hälfte einer Seide, die angeblich aus dem Grab Karls des Großen stammt. Die Geld auswerfenden Knaben, das großformatige Medaillon und die Purpurnachahmung verstärken die Annahme, daß die Seide in Byzanz entstand. Die Steinböcke in den Zwickeln mit Ihren königlichen Halsbändern zeigen die damalige Allgemeingültigkeit persischer Motive.

Monica Paredis-Vroon

201

Die karolingische Pfalzanlage von Aachen 3007

Leo Hugot, 1981
Modell: M 1:200, 229 x 169 cm
Museum Burg Frankenberg, Aachen

Von grundlegender Bedeutung für die mittelalterliche Reichs-
verwaltung und für die königliche Herrschaftssicherung
waren die königlichen Pfalzen. Der Name leitet sich von pala-
tium, dem antiken stadtrömischen Palastbezirk auf dem Pala-
tin, her. Zunächst übernahmen die Karolinger mit ihrem Herr-
schaftsantritt 751 die Pfalzenorganisationen der Merowinger,
die sich wiederum zunächst an den alten Amtssitzen der
römischen Statthalter angesiedelt hatten. Erst unter Karl dem
Großen wurde der Pfalzneubau in neuem und großem Maße
wieder aufgenommen, was in vorausgegangener Zeit offenbar außer acht gelassen worden war. Aus Einhards «Vita
Karoli Magni» wissen wir von Karls bedeutendsten Pfalzneu-
bauten in Aachen, Nimwegen und Ingelheim. Zudem berichten die Schriftquellen von der Pfalz in Paderborn. Der Herr-
schaftsschwerpunkt des fränkischen Reiches verlegte sich
also mit dem Machtwechsel von 751 an Rhein und Maas. Die
Karolinger hatten hier ihren Familienbesitz, außerdem waren
die Sachsen- und Friesenlande Gebiete der Expansions-
bestrebungen.

3007

In Aquis Granni, dem römischen Militärbadeort des 1.–4. Jahrhunderts, befanden sich im Gebiet der heutigen Großköln-, Jacob- und Kockerellstraße, Klostergasse und Kleinmarschierstraße auf einer fast quadratischen Fläche von rund 20 ha zwei Thermenanlagen sowie Kult- und Verwaltungsbauten. Hier ließ bereits Pippin, der Vater Karls des Großen, seinen Königshof (villa regia) innerhalb einer ehemaligen Therme errichten, von dessen Altarstelle bei Grabungen 1910–14 Fundamente im östlichen Feld des heutigen karolingischen Sechzehnecks gefunden wurden. An dieser Stelle ließ Karl in westöstlicher Ausrichtung, und somit um 38° vom römischen Straßenraster abweichend, seine neue Pfalz erbauen. Auf dem Grundriß eines quadratischen Planschemas – dem Vorbild der Antike folgend – wurden Bauten der Funktionsbereiche Wohnen, Repräsentation, Kult, Ökonomie, Verwaltung, Rechtsprechung, Bildung und Unterhaltung errichtet. Die durch die veränderte karolingische Ausrichtung über dem alten römischen Straßensystem hervorgerufenen Überschneidungen führten zu den geometrischen Grundstrukturen des Dreiecks und des Quadrates, die dem Bezirk noch heute seine charakteristische Form verleihen. Bezeichnenderweise liegen ebenso der Grundrißidee des Oktogons der Pfalzkapelle Dreieck und Quadrat zugrunde.

Kaiserliches Wohnen und Repräsentation lagen in einem Gebäudekomplex, der Königshalle (aula regia), Portikus, Solarium und Granusturm umfaßte. Die Königshalle an der Nordseite besteht aus einem rechteckigen Saal von 47,42 m äußerer Länge, 20,76 m äußerer Breite und etwa gleicher Höhe mit einer Hauptapsis nach Westen, die als Thronsitz fungierte. An der Mitte der Längsseiten fanden sich je zwei weitere kleinere Absiden. Der spätantike Hallenraum wurde von zwei übereinanderliegenden Fensterreihen belichtet, die von

einer umlaufenden Holzgalerie getrennt wurden. Südlich war die Portikus als Eingangshalle vorgelagert, über dem sich mit dem Solarium das Wohngeschoß befand, das durch den Granusturm erreichbar war. Dieser Wohnturm bestand aus drei übereinanderliegenden überwölbten Räumen, die durch unregelmäßig in ein zweischaliges Mauerwerk verlegte Treppenläufe miteinander verbunden und mit Warmluftheizung und Latrine ausgestattet waren.

An der Südseite des Pfalzhofes befanden sich die Kultgebäude in Anordnung eines lateinischen Kreuzes mit der Pfalzkapelle im Schnittpunkt. Das Oktogon mit sechzehneckigem Umgang war nach Osten mit einem 24 Fuß breiten, leicht trapezförmigen doppelstöckigen Chorbau geschlossen. Das Obergeschoß des Westbaus hatte die gleiche Grundform mit einem 12 Fuß breiten und 10 Fuß nach Westen vorragenden Untergeschoß. Das Modell zeigt den Rekonstruktionsversuch einer Eingangszierarchitektur. An die Pfalzkapelle schlossen sich nördlich und südlich doppelstöckige Annexbauten an. Das Oktogon war mit einer Zeltdachspitze auf einer Höhe von 36 m bekrönt. Dem gesamten Komplex liegt ein einheitliches Konzept nach dem Zwölfermaßsystem des pes druhianus = 33,3 cm zugrunde. Außen war die Pfalzkapelle mit einem schmucklosen roten Putz überzogen, mit Ausnahme des Tambours, der mit vorspringenden Pfeilern und Kapitellen geschmückt war. Von der Darstellung auf dem Karlsschrein wissen wir, daß die acht Traufecken Kugeln und die Zeltdachspitze einen goldenen Apfel trugen.

Dem Westbau vorgelagert ist ein längsrechteckiges Atrium. Aula und Pfalzkapelle mit Atrium wurden mit einem langgestreckten Gebäudetrakt, der principa, die mit einem großen Torhaus überbaut war, verbunden. Das Obergeschoß des Verbindungsbaus diente als Gebäude der Hofschule. Im

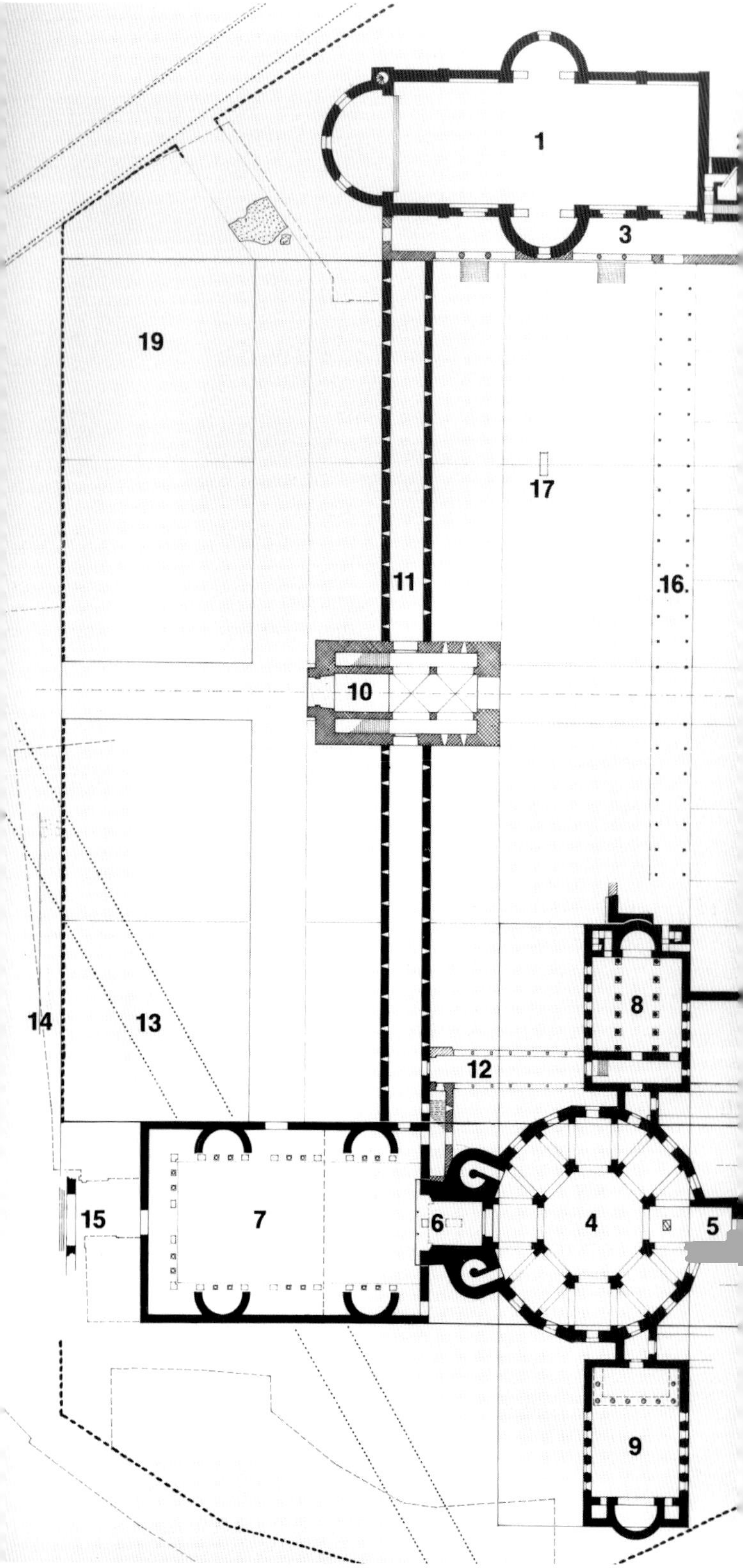
1
3
19
17
11
16
10
8
14
13
12
15
7
6
4
5
9

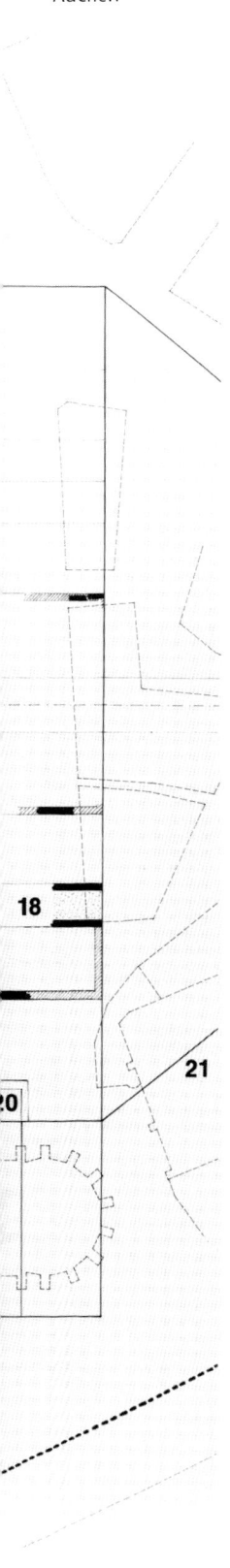

Plan
der Aachener Pfalzanlage

*Erhaltene oder durch Forschung
gesicherte Bauteile*

1. Königshalle
   (aula regia)
2. Wohnturm
   (Granusturm)
3. Zweigeschossiger Bau
   (Portikus und Wohnräume/
   Solarium)
4. Pfalzkapelle
   (Oktogon mit zweigeschossigem
   Sechzehneck)
5. Ehem. Chor der Pfalzkapelle
6. Westbau
   (dreigeschossig)
7. Atrium mit 4 Exedren und Brunnen
8. Nördlicher Annexbau
   (dreischiffig)
9. Südlicher Annexbau
   (Halle mit Empore)
10. Torhaus
    (Torhalle, Obergeschoß
    Gerichtssaal?)
11. Verbindungsbau
    (Erdgeschoß Garnison?,
    Obergeschoß Hofschule?)
12. Verbindungsbau
    (Portikus?)
13. Römische Straße mit seitlichem
    Kanal
14. Karolingischer Wallgraben

Nicht gesicherte Bauteile

15. Torhalle zum Atrium
16. Portikus lignea
    (hölzerner Verbindungsgang
    von den Wohngemächern zur
    Pfalzkapelle)
17. Theoderichstandbild
18. Innere Pfalzbauten
19. Äußere Pfalzbauten (Holzhäuser)
20. Verbindungsportikus und Curia
21. Anschluß zu den römischen
    Thermen

Untergeschoß des tonnengewölbten, mit Schlitzfenstern versehenen Ganges war möglicherweise nach alttestamentlichen und byzantinischen Vorbildern eine Garnison untergebracht. Im Obergeschoß des Torhauses befand sich der Gerichtssaal. In der äußeren Pfalz, der Torhalle vorgelagert, wohnten die Bediensteten in Fachwerkbauten.

Von den königlichen Hauptgebäuden sind bis heute das Oktogon der Pfalzkapelle sowie die Grundmauern des Palastes im Kellergewölbe und der Granusturm erhalten. Nicht erhaltene Bauteile wurden durch Grabungen identifiziert. Obwohl die Quellenlage nicht eindeutig ist, stimmt die Forschung heute überein, daß die Pfalz im letzten Jahrzehnt des 8. Jahrhunderts erbaut wurde. Die Aachener Pfalzanlage ist in ihrer Verbindung von Kultbau und herrschaftlichem Repräsentationspalast einmalig und wurde wegweisend für die spätere Entwicklung der Architektur des Mittelalters. Als Vorbilder kommen bedeutende Bauwerke unterschiedlicher Typologie und Funktion in Betracht. Die Einflüsse erstrecken sich u. a. von der römischen Basilika in Trier über die oströmischen und byzantinischen Zentralbaukirchen von San Vitale in Ravenna und Hagios Sergios und Bacchus in Konstantinopel bis zur Rotunde der Grabeskirche in Jerusalem.

Anke Volkmer

Lit.: Leo Hugot: Das Modell der Aachener Pfalz, in: Karl der Große. Werk und Wirkung, Düsseldorf 1965, S. 395–400; Leo Hugot: Die Pfalz Karls des Großen in Aachen. Ergebnis einer topographisch-archäologischen Untersuchung, in: Karl der Große. Lebenswerk und Nachwirkung, hg. v. Wolfgang Braunfels, 5 Bde., Düsseldorf 1965–1968, III, S. 534–572; Werner Jacobsen: Die Pfalzkonzeptionen Karls des Großen, in: Karl der Große als vielberufener Vorfahr. Sein Bild in der Kunst der Fürsten, Kirchen und Städte [= Schriften des Historischen Museums Bd. 19], hg. v. Liselotte E. Saurma-Jeltsch, Sigmaringen 1994, S. 23–48; Walter Kaemmerer: Die Aachener Pfalz Karls des Großen in Anlage und Überlieferung, in: Karl der Große. Lebenswerk und Nachwirkung, hg. v. Wolfgang Braunfels, 5 Bde., Düsseldorf 1965–1968, I, S. 322–348.

Der Musterklosterplan aus St. Gallen   3008

Modell von Walter Horn und Ernest Born in Zusammenarbeit mit der University of California in Berkeley, 1965
Modell: 222 x 164,5 cm (entspricht der vierfachen Größe des Original-Plans von 77,5 x 112 cm [30 x 40 karolingische Fuß], St. Gallen, Stiftsbibliothek, Ms. 1092]
Museum Burg Frankenberg, Aachen

Der Klosterplan von St. Gallen ist ein einzigartiges Dokument der Architekturgeschichte. Er gibt Einblick in die bauliche Organisation eines karolingischen Benediktinerklosters, von dem wir sonst bis zum 12. Jahrhundert nur sehr fragmentarische Vorstellungen auf Grund von ausgegrabenen Fundamentresten haben. Das zur Karlsausstellung 1965 angefertigte Modell des St. Gallener Klosterplans setzt eine um 830 auf Reichenau angefertigte Kopie um, die von Bischof Haito von Basel an Abt Gosbert von St. Gallen anläßlich seines Klosterneubaus übersandt wurde. Der Plan gilt als der älteste erhaltene Bauriß des Mittelalters. Das Original des Plans ist wohl noch im Skriptorium Karls des Großen in der Aachener Palastschule angefertigt worden. Im karolingischen Reich entstanden über 400 neue Klöster, an über 800 frühchristlich-merowingischen wurde weitergebaut. Der in der Stiftsbibliothek von St. Gallen liegende, 77,5 x 112 cm große Klosterplan zeigt – aufgebaut wie eine regelmäßige Stadt aus einzelnen Häusern oder wie ein Orientierungsplan für ein Neubauprojekt – auf einem Hauptblatt und drei angesetzten Stücken Pergament die Musteranlage eines karolingischen Klosters. Auf der geglätteten Seite sind in roter Tinte die Grundrisse der Gebäude aufgezeichnet, die für das Leben nach den Regeln des hl. Benedikt sowie für Verwaltung und Bewirtschaftung eines vorbildhaften Klosters notwendig sind. Durch 340 Beischriften sind die Gebäude und ihre Nutzung eindeutig bezeichnet.

Im Jahre 529 gründete Benedikt von Nursia das Kloster Monte Cassino und stellte klare Regeln des mönchischen Lebens auf. Dazu gehören eine feste Gottesdienstordnung, gemeinsame Mahlzeiten im Refektorium und gemeinsamer Schlaf im Dormitorium. Durch Ludwig den Frommen wurde die Benediktinerregel zur einzigen Norm des mönchischen Lebens im Frankenreich erklärt. Mit der Abtssynode von Inda leitete Benedikt von Aniane im Jahre 817 eine der wichtigsten Reformen ein. Das reformatorische Gedankengut einer verbindlichen Lebensregel für alle Mönche wird im St. Gallener Musterplan in die architektonische Ordnung einer Klostersiedlung übertragen. Im karolingischen Dom zu Köln und in der Klosteranlage Inda im heutigen Kornelimünster, in den Klosterbauten der Reichenau aber auch in St. Gallen selbst lassen sich Beziehungen zum St. Gallener Musterplan genau nachvollziehen.

Der Regel des Benedikt zufolge hatten sich die Mönche nicht nur geistlichen Übungen, wissenschaftlichen Studien und caritativen Aufgaben hinzugeben, sondern sie sollten auch körperlich arbeiten und für ihren Unterhalt selbst sorgen. So sind südlich der Kirche die Klausur, östlich das Noviziat und das Hospital, nördlich das Gästehaus, die Pilgerherberge und die Schule sowie Werkstätten, Ökonomiegebäude und Gartenanlagen, ferner Abtritte und Heizanlagen dargestellt. Die Anweisung des hl. Bendikt, daß ein Kloster «Vorkehrungen zu treffen habe, damit alles Notwendige wie Wasser, Mühlen, Gärten und die Werkstätten der Handwerker innerhalb des umfriedeten Bezirks sich befinde» (Regula cap. 66), machte die monastische Gemeinschaft zu einem autarken Gemeinwesen, angewiesen jedoch auf Hilfe zahlreicher Laien. Wie seit der Antike nicht mehr und für das Mittelalter erstmalig, entstand hier das Ideal eines umfassenden sozialen Organismus. Das Wissen der Zeit, Ausdruck eines theokratischen Kosmos, wurde in ein architektonisches System übertragen.

Das Modell setzt die Maßangaben des Plans getreu um. Der Plan zeigt keine Mauerdicke: Einzelheiten wie Stützen und Öffnungen sind durch Signaturen gekennzeichnet. Besondere Aufrißgliederungen, wie Kreuzgangarkaden oder Abtshausportikus, sind in die Zeichenebene geklappt dargestellt. Hatte ein Gebäude mehrstöckig zu sein, hat der Zeichner dies mit den beschreibenden Tituli infra (unten) und supra (oben) kenntlich gemacht.

Dem St. Gallener Plan liegt der karolingische Fuß zugrunde. Die Mitte des Planes nimmt die Kirche, das Oratorium, ein. An die dreischiffige Säulen- oder Pfeilerbasilika schließen im Westen eine gestelzte Apsis mit Ringatrium und freistehenden Rundtürmen, im Osten Querhaus, Vorchorjoch mit Stollenkrypta – einer Gallus-Confessio – und gestelzte Apsis an. Die Baumaterialien der einzelnen Gebäude sind nicht bezeichnet. Für Kirche, Klausur und östlich gelegenes Noviziat und Hospital darf mit Sicherheit Steinbau, sonst wohl zumindest teilweise Holzbau angenommen werden. Ein Dachstuhl der Gebäude aus Holz ist anzunehmen, als Material für die Dachdeckung karolingischer Kirchen kommen Ziegel oder Blei wie im Falle der Aachener Pfalzkapelle in Betracht.

Anke Volkmer

Lit.: Günther Binding, Köln – Aachen – Reichenau. Bemerkungen zum St. Galler Klosterplan von 817–819 (= Kölner Universitätsreden 58), Köln 1981; Werner Jacobsen, Der Klosterplan von St. Gallen und die karolingische Architektur, Berlin 1992.

Brustreliquiar   212
Maasländisch (Maaseik?), 8. Jh.
Kupferblech, vergoldet mit getriebenem bzw. gepreßtem Flechtbandmuster
H. 4 cm; max. B. 3 cm
Schatzkammer der St. Catharinenkirche, Maaseik

Das kleine Exponat hat die Form eines schmal nach oben zulaufenden Walmdaches. Ein unterer Schiebeboden verschloß den ursprünglichen Inhalt, möglicherweise Sekundärreliquien. Seitliche Ösen deuten darauf hin, daß das Objekt um den Hals getragen oder im Raum aufgehängt wurde. Derartige Reliquiare dienten als Amulette zur Abwehr dämonischer oder schädlicher Einwirkungen.

Isabel Kutsch

Lit.: Kat. 799 – Kunst und Kultur der Karolingerzeit, Bd. II, Mainz 1999; S. 529–530; Kat. Karl der Große, 1965, S. 135, Nr. 226.

Großes Bursenreliquiar   232
Westfalen (?), 9.–10. Jh.
Holzkern mit Kupferblech, Stein- und Perlenbesatz in Kantenfassungen, H. 21,4 cm; B. 22,4 cm; T. 7,8 cm
Kath. Kirchengemeinde St. Cornelius und Cyprianus, Metelen

232

Die mit je zwei Steinen besetzten ausfahrenden Kreuzenden auf diesem mittelalterlichen Bursenreliquiar verweisen – wie bei zeitgenössischen Stücken beliebt – auf das Motiv des Lebensbaumes. Das Zentrum des Kreuzes bildete vermutlich ein bedeutender Stein als Symbol Christi, der in der Barockzeit durch ein Kristallmedaillon mit unterlegtem Kupferstich der Gottesmutter mit Kind ersetzt wurde. Die Reliquien waren durch einen Schiebedeckel im Boden des Stückes zugänglich.

Isabel Kutsch

Lit.: Kat. 799 – Kunst und Kultur der Karolingerzeit, Bd. II, Mainz 1999, S. 532–533.

Merowingisches Reliquienkästchen   **184**
Burgund, spätes 7. Jh.   s. Abb. S. 325
Kupferguß, H. 4,6 cm; B. 6 cm; T. 2,9 cm
Museum Het Catharijneconvent, Utrecht

Gestalt, Verarbeitung und Schmuck des kleinen, hausförmigen Kästchens lassen auf eine Verwendung als eucharistisches Chrismale schließen. Das frühmittelalterliche Chrismale ist ein dem Reliquiar verwandtes Gefäß zur Aufbewahrung und Mitführung der Eucharistie. Es bestand häufig auch aus Stoff oder Leder.

184

Das Kästchen zeigt Merkmale burgundischer und fränkischer Zierkunst. Seinen Weg in die Niederlande fand es wahrscheinlich über die alte Handelsstraße der sogenannten Rheinschiene.

Martina Topp

Lit.: Kat. 799 – Kunst und Kultur der Karolingerzeit, Bd. II, Mainz 1999, S. 528.

Weihrauchbrenner　　　　　　　　　　　　　　　792

Osteuropa
Bronze
Musée National du Moyen Age, Thermes de Cluny, Paris

Weihrauch besteht aus dem eingetrockneten Wundsaft des Boswellia-Baumes, der u. a. auf der südarabischen Halbinsel, im Jemen, an der somalischen Küste, sowie in Äthiopien wächst. Die gelbliche, harzähnliche Substanz wird teilweise noch mit Zusatzstoffen, z. B. Myrrhe, versehen. Verbrannt verbreitet sie einen balsamisch-narkotischen Duft.

In den Ostkirchen breitete sich die liturgische Verwendung des Weihrauchs seit dem 4. Jahrhundert von Syrien und Palästina her aus. Vor allem bei Prozessionen, der Osterfeier und der Bereitung der Opfergaben kam das Harz zum Einsatz.

Im Westreich war das Verbrennen von Weihrauch im Gottesdienst zunächst als heidnischer Brauch verpönt, zur Luftverbesserung im Privatbereich allerdings gebräuchlich. Erst mit dem wachsenden Einfluß und der zunehmenden öffentlich-rechtlichen Stellung des Papstes, wurden diesem und dem Evangeliar Weihrauch vorangetragen. Im fränkischen Reich hüllte man die Gaben der Eucharistie bei der Messe in Weihrauch.

Martina Topp

Albe des hl. Odulphus   465

Westeuropa, 8. Jh.?
Leinen, 82 x 100 cm
Utrecht, Rijksmuseum Het Catharijneconvent, OKM st. 00086a.

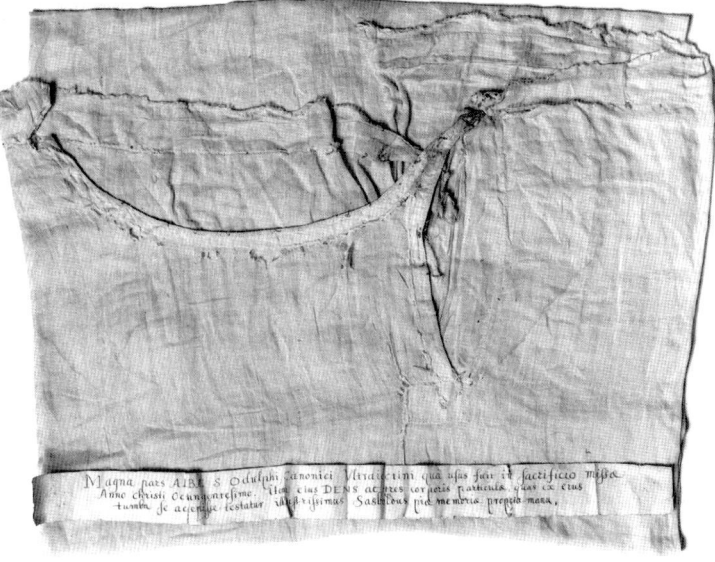

465

Das Fragment ist der obere Teil einer Albe, die mit dem hl. Odulphus, der Mitte des 9. Jahrhunderts in Utrecht bestattet wurde, in Verbindung gebracht wird. Der runde Halsausschnitt mit Schlitz an der linken Seite kann durch Knopf und Öse verschlossen werden. Am Halsausschnitt entlang befinden sich Reste einer rotbraunen Seide von den ursprünglichen Schmuckbesätzen der Albe.

Monica Paredis-Vroon

Codex Carolinus   092

Pergament
Österreichische Nationalbibliothek, Wien

Der Codex Carolinus enthält eine Sammlung wichtiger Korrespondenzen zwischen den Frankenkönigen und den römischen Päpsten und ist so eine der wichtigsten Quellen zum päpstlich-karolingischen Verhältnis.

Aus der Zeit Pippins ist ein Eintrag enthalten, der besagt, daß Papst Paul I. liturgische Gesangbücher ins Frankenreich geschickt habe. Daraus läßt sich schließen, daß die fränkische Kirche zwar eigenständige Meßordnungen besaß, aber an einer Annäherung an die römische Liturgie, besonders im Bereich des Psalmengesanges, stark interessiert war.

Martina Topp

Lit.: Kat. 799 – Kunst und Kultur der Karolingerzeit, Mainz 1999, S. 774.

Lebuinus-Kelch 793

Aachen, Hofschule, Anf. 9. Jh. (14. Jh.)
Elfenbein, Silber vergoldet, H. 11,8 cm; Dm. 10 cm; mit Ergänzung H. 18 cm
Museum Catharijneconvent Utrecht (Leihgabe Lebuinusparochie Deventer)

Der Lebuinus-Kelch ist der jüngste der drei karolingischen Kelche (neben Liudger- und Tassilokelch) und erinnert an den in Deventer verehrten angelsächsischen Missionar, der seit 780 in Diensten Bischof Gregors von Utrecht stand. Die Kuppa ist vollständig mit einem reichen Dekor aus Elfenbein, einem der kostbarsten Handelsgüter aus dem Orient, überzogen. Der später gerissene Elfenbeinbecher wurde im 14. Jahrhundert dann mit einem teilvergoldeten Silberrahmen gefaßt und zum Meßkelch erhöht; im neuen Fuß wurde die historisch ungenaue Inschrift angebracht: *CAL*(ix) *LAIFVINI EPISC*(opi) *DAV*(entriensis). Die bedeutenden Elfenbeinschnitzereien zeigen eine an der Aachener Hofschule gebräuchliche Ornamentik und weisen engste Bezüge zu den «klassizistischen» Bronzegittern in der Pfalzkapelle auf. Die kleinteiligen, floralen und stark reliefhaften Motive des oberen Registers erscheinen wie ein umlaufendes Band, während die untere

Zone mittels teilweise durchkreuzter Gitterformen abwechselnd gegliedert ist.

Adam C. Oellers

Lit.: Kat. Aachen 1965; Kat. Der Weg zum Himmel, Utrecht 2001, S. 182f.

Fensterscheiben – Fragmente 873

Ende 8./Anf. 9. Jh.
Glas (grün, blau, rauchrötlich), 4,9–0,7 cm; Stärke 1,5–2,5 mm
Westfälisches Museum für Archäologie, Museum in der Kaiserpfalz, Paderborn

Parallel zu den omayadischen Stucktransennen mit farbigem, bemaltem Glas entstand im Westen in der Karolingerzeit wieder eine Glasmalerei nach antiker Tradition. Da figurale Zeugnisse erst im 10. Jahrhundert (Lorscher Christuskopf) erhalten sind, bilden die Paderborner Glasfragmente die frühesten Realien. Die große Zahl und Streuung der Glasfunde läßt vermuten, daß zahlreiche Gebäude der Pfalz mit Glasfenstern versehen waren. Die Stücke aus grünem Fensterglas zeigen rechtwinklig und gebogen geschnittene Kanten; auch Reste von Bleiruten wurden hier entdeckt. Neben dieser einfachen Fensterverglasung mit geometrischen Ornamenten weisen geringe Reste von verschiedenen farbigen Glasplättchen auch auf Ansätze einer buntfarbigen Fenstergestaltung hin.

Adam C. Oellers

Lit.: Kat. 799 – Kunst und Kultur der Karolingerzeit, Bd. 1, Mainz 1999, Nr. III.66.

Fensterscheibenfragmente 874

Paderborn (Pfalz), 8./9. Jh.
Westfälisches Museum für Archäologie, Museum in der Kaiserpfalz, Paderborn

Die Glasscheibenfragmente stammen aus der Kaiserpfalz in Paderborn.

Es sind unterschiedliche Farben, darunter u. a. mehrere Grüntöne, Hellblau und rauchiges Rot vertreten. Die Scheibenstückchen wurden mit dem Kröseleisen in die gewünschte rechteckige, rautenförmige, runde oder halbrunde Form geschnitten. Mittels Bleiruten fügte man sie schließlich zusammen.

Die Glasmasse bestand aus einem Gemenge von Quarzsand und Asche, bzw. Soda, wobei letztere Zusammensetzung bessere Ergebnisse ergab. Dazu kamen noch färbende Bestandteile.

Die ausgewählten Stücke ermöglichen einen repräsentativen Überblick über die Glasproduktion der Zeit. Die große Anzahl der Fundstücke zeigt, daß weite Teile der Pfalz mit verglasten Fenstern versehen war.

Martina Topp

Lit.: Kat. 799 – Kunst und Kultur der Karolingerzeit, Bd. I, Mainz 1999, S. 165.

Wandputzfragmente mit Sternornament   172

Um 800
Kalkmalerei auf einlagigem Putz, D. (rek.) ca. 30 cm
Westfälisches Museum für Archäologie, Museum in der Kaiserpfalz, Paderborn

Gegenüber dem Südalpenraum, Italien und Frankreich sind karolingische Wandmalereien im Norden selten erhalten. Für die Aachener Pfalz lassen sie sich nicht nachweisen, während in Paderborn einige ornamentale Felder rekonstruiert werden konnten. Aus den vorliegenden drei Resten (gefunden südlich der Ikenberg-Kapelle) läßt sich ein achtstrahliger Stern mit konzentrischen Ringen, Perlreif und Ranken in den Zwickeln rekonstruieren. Die rot-grau aufgeteilte Auffächerung des Sterns betont die Mitte und erweckt den Eindruck von Plastizität und rotierender Bewegung. Das Fehlen einer einheimischen Produktion läßt an eine Herstellung durch Kunsthandwerker aus dem südlichen Alpenraum (Müstair, Naturns) denken.

Adam C. Oellers

Lit.: Kat. 799 – Kunst und Kultur der Karolingerzeit, Mainz 1999, Nr. III.22.

Sudarium, sog. Panni beati Stephani   498

Europäisch?, spätantik
Leinen in Leinwandbindung weiß-blau kariert, ca. 300 x 150 cm
Aachen, Domschatzkammer, Inv.-Nr. T 00012

Dieses weiß-blau karierte Tuch wurde als Stephanusreliquie verehrt. Stephanus starb im Jahre 35, dem widerspricht die Webtechnik dieses Textils jedenfalls nicht, denn Leinwandbindung ist die einfachste und auch damals allgemein verbreitete Bindung. Es ist deshalb sehr schwierig, dieses Objekt zu datieren oder zu lokalisieren. Den einzigen Hinweis gibt die Drehweise der Fäden. Die vielen in der ägyptischen Wüste aufgefundenen Textilien sind mit links- oder S-gedrehten Fäden gewebt. Das Stephanustuch zeigt rechts- oder Z-gedrehte Fäden.

Monica Paredis-Vroon

5.4.10 Der Tod des Abul Abbas

Die Tatsache, daß Abul Abbas überhaupt in der Lage war, den Weg von Bagdad nach Aachen zurückzulegen und auch im für ihn rauhen Klima Westeuropas mehrere Jahre überlebte, deutet darauf hin, daß das sehr pflegeintensive Tier von einem sog. Mahout, einem ausgebildeten Elefantenführer, begleitet wurde.

Über den Tod des Abul Abbas wird berichtet, daß er im Jahr 810, also immerhin acht Jahre nach seiner Ankunft in Aachen, in Sachsen verschied.

Heike Nelsen-Minkenberg

Johannes Brus – Elefant und Kokille, 2001 **894**

Tonmodell für eine Rauminstallation, ca. 2 x 1 m
Besitz des Künstlers

Am Ausgang der Ausstellung begegnet uns wieder der Elefant, diesmal in Form eines Modellentwurfes von Johannes Brus für eine große Installation. Der Elefant scheint hier als Kopffragment allmählich im Boden zu versinken – umgeben von restlichen Trümmern einer vergangenen Kultur, während das statische Monument einer stählernen Kokille als Denkmal des Industriezeitalters seinen neuen Platz behauptet. Zeugnisse aus Natur und Industrie werden somit assoziativ zu skulpturalen Antipoden – die rostige Stahlgußform (Kokille) erhebt sich wie ein Festungsturm inmitten einer Trümmerlandschaft aus gipsernen Gußteilen; der Elefantenkopf gegenüber ist von Elektroden, Kurbelwellenresten und stählernen Fehlgußblöcken umgeben, die an antike Säulentrommeln erinnern. «Kokille und Elefant sind die Antagonisten. So begegnen sich Abend und Morgen, der Okzident und der Orient. Der Elefantenkopf ist im Begriff zu versinken. Ihm gegenüber behauptet die Kokille ihren Stand, wie ein Gebilde, das sich gerade aus seinen Schalen befreit hat. Rudimentäre Positionen auf der einen Seite, eine Art Phoenix aus der Asche auf der anderen.» (Klaus Gallwitz). Der Elefant, jenes von Brus immer wieder ausgeformte, anachronistische Tier, das Fremdheit, Intelligenz, Stärke und Güte symbolisiert, scheint hier seinen Weg durch die Geschichte beendet zu haben; der neue Heros ist der starre Klotz aus Stahl, an dem alle Form zu Schutt zerschellt. Mythos, Phantasie und Leben kontrastieren hier mit der Härte und Gewalt einer seelenlosen Technik.

Adam C. Oellers

Literaturverzeichnis

À l'ombre d'Avicenne. La médecine au temps des califes, Ausst.-Kat. Paris, Institut du monde arabe, Paris 1996

A la rencontre de Sindbad. La route maritime de la soie, Ausst.-Kat. Paris, Musée de la marine, 1994

Arts de l'Islam des origines a 1700 dans les collections publiques françaises, Ausst.-Kat. Paris, Orangerie des Tuileries 1971, Paris 1971

Art of Islam. Heavenly art-Earthly beauty, Ausst.-Kat., De Nieuwe Kerk, hrsg. von Mikhail B. Piotrovyky und John Vrieze, Amsterdam, 1999/2000

Awaren in Europa. Schätze eines asiatischen Reitervolkes, 6.–8. Jh. Ausst.-Kat., Ministeriums für Kultur u. Bildung d. VR Ungarn, hrsg. von Walter Meier-Arendt, Frankfurt am Main: Museum für Vor- u. Frühgeschichte, 1985

Awaren und Slawen in Südwest-Ungarn, Ausst.-Kat. Gäubodenmuseum Straubing in Zusammenarbeit mit dem Archäeologischen Institut der Ungarischen Akademie der Wissenschaften und den Museen des Komitats Zala, Straubing 1994

Baer, Eva, Metalwork in Medieval Islamic Art, New York 1983

Bálint, Csanád, Die Archäologie der Steppe: Steppenvölker zwischen Volga u. Donau vom 6. bis zum 10. Jh., Wien, Köln 1989

Becher, Matthias, Karl der Große, 2., durchges. Aufl. München 2000

Begegnungen zwischen Christentum und Judentum in Antike und Mittelalter: Festschrift für Heinz Schreckenberg, hrsg. von Dietrich-Alex Koch, Göttingen 1993

Bernus-Taylor, Marthe L'art en terres d'islam, Teil: 1: Les premiers siècles, Paris 1988

Book of Gifts and Rarities (Kitab al-Hadaya wa al-Tuhaf), übers. aus dem Arabischen und wissenschaftl. Barbeitung Ghada al Hijjawi al-Qaddumi, (Harvard Middle Eastern monographs; 29) Cambridge, Mass. 1996

Bloom, Jonathan / Blair, Sheila, Islamic Arts, 1997

Borgolte, Michael, Der Gesandtenaustausch der Karolinger mit den Abbasiden und mit den Patriarchen von Jerusalem (Münchener Beiträge zur Mediävistik und Renaissance-Forschung, 25) München 1976

Brentjes, Burchhard (Hrsg.), Islamische Kunst in Museen und Sammlungen der DDR, Halle (Saale) 1990

Brentjes, Burchhard, Zur Reflexion der Herrschaftsidee in der Frühislamischen Kunst, in: Syrien. Von den Aposteln zu den Kalifen, Ausst.-Kat. Linz, Stadtmuseum Nordico, Linz 1993, S. 336–346

Busse, Heribert, Chalif und Großkönig. Die Buyidden im Iraq (945–1055), Beirut 1969

Byzantium. Treasures of Byzantine Art and Culture from British Collections, Ausst.-Kat. British Museum London, hrsg. von David Buckton, London 1994

Byzanz, Das Licht aus dem Osten. Kult und Alltag im Byzantinischen Reich vom 4. bis 15. Jahrhundert, Ausst.-Kat. Erzbischöfliches Diözesanmuseum Paderborn, hrsg. von Christoph Stiegemann, Mainz 2001

Catalogue du Musée national de Damas, publié à l'occasion de son Cinquantenaire (1919–1969) hrsg. von M. Abu-l-Faraj Al-Ush u. a., Damaskus 1969

Chevaux & Cavaliers Arabes dans les arts d'orient et d'occident, Ausst.-Kat. Paris, Institut de monde arabe, Paris 2002

China eine Wiege der Weltkultur, Ausst.-Kat. Hildesheim, hrsg. von A. Eggebrecht, Hildesheim, Mainz 1994

Contadini, Anna, Islamic Ivory Chess Pieces, Draughtsmen and Dice, in: Islamic Art in the Ashmolean Museum, P. 1, hrsg. von James Allan, Oxford, New York 1995

Continuity and change in Northern Mesopotamia from the Hellenistic to the early Islamic period: proceedings of a colloquium held at the Seminar für Vorderasiatische Altertumskunde, Freie Universität Berlin, 6th–9th April, 1994 (Berliner Beiträge zum Vorderen Orient; 17) hrsg. von Karin Bartl und Stefan R. Hauser, Berlin 1996

Cradle of Christianity, Ausst.-Kat. The Israel Museum, Jerusalem, hrsg. von Yael Israeli u. David Mevorah, Holon 2000

Culture and Art of Ancient Uzbekistan, Ausst.-Kat. Moskau 1991

Da Bagdad a Isfahan: pittura e calligrafia islamica dall'Accademia Russa delle Scienze, San Pietroburgo, Ausst.-Kat. Musée du Petit Palais, Paris 1994/95, Mailand 1995

Daim, Falko, «Byzantinische» Gürtelgarnituren des 8. Jahrhunderts, in: Die
    Awaren am Rand der byzantinischen Welt. Studien zu Diplomatie, Handel
    und Technologietransfer im Frühmittelalter (Monographien zur Frühge-
    schichte und Mittelalterarchäologie; 7) Innsbruck 2000, S. 77–205

Das arabische Buch, Ausst.-Kat. Chester Beatty Library, Dublin im Museum für
    Kunst und Gewerbe, Hamburg, hrsg. von David James, Hamburg 1983

Das Buch im Orient, Ausst.-Kat. Bayerische Staatsbibliothek München, Wies-
    baden 1983

Das Vermächtnis des Islams, hrsg. von Josaph Schacht u. C. E. Bosworth, 2 Bde,
    München 1983

Davids Samling Islamisk Kunst, Kat. Kopenhagen 1975

Die arabische Welt und Europa, Ausst.-Kat. Handschriften- u. Inkunabelsamm-
    lung d. Österreichischen Nationalbibliothek, hrsg. von Tarif al-Samman u.
    Otto Mazal, Graz 1988

Die Awaren am Rand der byzantinischen Welt. Studien zu Diplomatie, Handel
    und Technologietransfer im Frühmittelalter hrsg. von Falko Daim u. Júlia
    Andrási, Innsbruck 2000

Die Erzählungen aus den tausendundein Nächten. Vollständige deutsche Aus-
    gabe, Übersetzung nach der Calkuttaer Ausgabe 1839 von Enno Littmann,
    Bd. 1, Wiesbaden 1976

Die Gärten des Islam, Ausst.-Kat. Haus der Kulturen der Welt, hrsg. von Her-
    mann Forkl, Johannes Kalter, Thomas Leisten, Margarete Pavaloi, Berlin 1993

Die Reise nach Jerusalem. Eine kulturhistorische Exkursion in die Stadt der
    Städte. 3000 Jahre Davidsstadt, Ausst.-Kat. 9. jüdische Kulturtage in der
    Großen Orangerie Schloß Charlottenburg Berlin, hrsg. von Hendrik Budde
    u. Andreas Nachama, Berlin 1996

Die Welt der Araber in Büchern einer alten Bibliothek, Ausst.-Kat. Herzog
    August Bibliothek Wolfenbüttel und der Katholischen Akademie Hamburg
    anläßlich des Europäisch-arabischen Symposiums über die Beziehungen
    zwischen beiden Kulturen. 1983, bearb. von Wulf Piper, Wolfenbüttel 1983

Der Schatz von San Marco, Ausst.-Kat. Römisch-Germanisches Museum der
    Stadt Köln u. Società Olivetti, bearb. von Hansgerd Hellenkemper, Mailand
    1984

Déroche, François/von Gladiss, Almut, Der Prachtkoran im Museum für Isla-
    mische Kunst: Buchkunst zur Ehre Allahs, Berlin, Museum für Islamische
    Kunst, 1999

Dodge, Bayard (Hrsg.), The Fihrist of al-Nadim, a tenth-century survey of
    Muslim culture, New York 1970

Du Ry, Carel J., Die Welt des Islams, Baden-Baden 1970

Eder, A. J. Manfred (Redak.), Arabisch-islamische Schachfiguren, Ausst.-Kat.
    Wiesbaden 1997

Edwards, Holly/Signell, Karl, Patterns and precision; The arts and sciences of
    Islam, to accompany the exhibition The heritage of Islam. [Katalog.] (Nat.
    Committee to Honor the Fourteenth Centennial of Islam) 1982

El-Hibri, Tayeb, Reinterpreting Islamic historiography: Harun ar-Rashid and
    the narrative of the Abbasid caliphate, Edinburgh [u.a.O] 1999

Elbern, Viktor H., Wie im Himmel so auf Erden. Der christliche Bilderkreis in 150
    Kunstwerken, Staatliche Museen Preußischer Kulturbesitz, Berlin 1990

Enderlein, Volkmar, Islamische Kunst, Dresden 1990

Entlang der Seidenstraße. Frühmittelalterliche Kunst zwischen Persien und
    China in der Abegg-Stiftung (Riggisberger Berichte, 6) hrsg. von Karel
    Otavsky, Beitr. von: Sheila S. Blair, Riggisberg, 1998

Erben der Seidenstraße-Usbekistan, Ausst.-Kat. Stuttgart Linden-Museum,
    hrsg. von Johannes Kalter u. Margareta Pavaloi, Stuttgart/London 1995

Erdmann, Hanna, Iranische Kunst in deutschen Museen; (In Zsarb. mit Inter
    Nationes, Bad Godesberg) hrsg. von Hanna Erdmann unter Verwendg d.
    Nachlasses von Kurt Erdmann. Mit e. Vorw. von Annemarie Schimmel, Wies-
    baden 1967

Erdmann, Kurt, Die Kunst Irans zur Zeit der Sasaniden, Durchges. Neuausg.,
    Mainz 1969

Ettinghausen, Richard, From Byzantium to Sasanian Iran and the Islamic world,
    (The L[eo] A[ry] Mayer memorial studies in Islamic art and archaeology; 3),
    1972

Europa und der Orient. 800–1900, Ausst.-Kat. Berliner Festspiele GmbH, 4. Festivals der Weltkulturen Horizonte '89 im Martin-Gropius-Bau, Berlin, hrsg. von Hendrik Budde u. Gereon Sievernich, München 1989

Europa und der Orient. 800–1900, LeseBuch hrsg. von Hendrik Budde u. Gereon Sievernich, Berlin 1989

Europas Mitte um 1000, Ausst. Kat. 27. Europaratsausstellung, hrsg. von Alfried Wieczorek, Hans-Martin Hinz, Stuttgart 2000

Farmer, Henry George, Islam (Musikgeschichte in Bildern, hrsg. von Heinrich Besseler u. Max Schneider, Bd. 3), Leipzig 1966

Fehérvári, Géza, Islamic metalwork of the eighth to the fifteenth century in the Keir Collection; The Keir Collection, London 1976

Finster, Barbara, Frühe iranische Moscheen: vom Beginn des Islam bis zur Zeit salguqischer Herrschaft (Deutsches Archäologisches Institut, Berlin – Abteilung Tihråan), Berlin 1994

Finster, Barbara/Fragner, Christa/Hafenrichter, Herta (Hrsg.) Bamberger Symposium. Rezeption in der islamischen Kunst: 26. 6.–28. 6. 1992, Beirut, Stuttgart 1999

Flecker, Michael, A ninth-century AD Arab or Indian shipwreck in Indonesia: first evidence for direct trade with China, in: World Archaeology 32, S. 335–353

Folsach, Kjeld von, Art from the World of Islam. The David colection, Kopenhagen 2001

Garam, Éva, Katalog der awarenzeitlichen Goldgegenstände und der Fundstücke aus den Fürstengräbern im Ungarischen Nationalmuseum, hrsg. von Tibor Kovács (Catalogi Musei Nationalis Hungarici. Seria archaeologica) Budapest 1993

Geisel, Christof, Die Juden im Frankenreich. Von den Merowingern bis zum Tode Ludwigs des Frommen, Frankfurt am Main; Berlin [u.a.O.] (Freiburger Beiträge zur mittelalterlichen Geschichte; 10) 1998

Germanen, Hunnen und Awaren. Schätze der Völkerwanderungszeit; Ausst.-Kat. German. Nationalmuseum, Museum für Vor- und Frühgeschichte d. Stadt Frankfurt am Main, hrsg. u. bearb. von Wilfried Menghin, Nürnberg 1987

Gil, Moshe, A History of Palestine 634–1099, Cambridge 1992

Gläser der Antike; Ausst.-Kat. Sammlung Erwin Oppenländer. Museum für Kunst u. Gewerbe Hamburg, Römisch-Germanisches Museum, Köln, bear. von Axel von Saldern; Erwin Oppenländer, Hamburg 1974

Gladiss, Almut von, Schmuck im Museum für Islamische Kunst, Berlin, (Veröffentlichungen des Museums für Islamische Kunst, Staatliche Museen zu Berlin Preußischer Kulturbesitz, 2), 1998

Glass of the Sultans, Ausst.-Kat. The Metropolitan Museum of Art/The Corning Museum of Glass, hrsg. von Stefano Carbori u. David Whithouse, New York 2001

Goed Gezien. Tien eeuwen wetenschap in handschrift en druk, Ausst.-Kat. Universitätsbibliothek Leiden, Rijksmuseum van Oudheden, Leiden 1987

Goitein, S. D., A Mediterranean society: the Jewish communities of the Arab world as portrayed in the documents of the Cairo Geniza , Teil: 1: Economic foundations, Berkeley, Calif. [u.a.O] 1967

Grabar, Oleg, The Formation of Islamic Art, New Haven u. London, 1973

Grimme, Guenter, Der Aachener Domschatz, 2. Aufl., 1973

Haase, Claus-Peter, Madinat al-Far. The regional late antique tradition of an early islamic foundation, in: Continuity and change in Northern Mesopotamia from the Hellenistic to the early Islamic period, hrsg. von Karin Bartl und Stefan R. Hauser, Berlin 1996, S. 165–168

Härtel, Herbert / Auboyer, Jeannine, Indien und Südostasien, Propyläen Kunstgeschichte, 21, Berlin 1985

Harrauer, Hermann, Papyri, Pergament und Papiere als Zeugnisse des Alltags, in: Syrien. Von den Aposteln zu den Kalifen, Ausst.-Kat. Linz, Stadtmuseum Nordico, Linz 1993, S. 365–389

Hasson, Rachel, Schmuck der islamischen Welt: Ausst.-Kat. L. A. Mayer Memorial Museums Jerusalem/Israel; Museum für Kunsthandwerk Frankfurt am Main, Frankfurt am Main 1988

Hattstein, Markus/Delius, Peter (Hrsg.), Islam: Kunst und Architektur, Köln 2000

Hägermann, Dieter, Karl der Große: Herrscher des Abendlandes; Biographie. – 2. Aufl., Berlin [u.a.O] 2000

Heer, Friedrich, Karl der Große und seine Welt, Wien, München, Zürich 1978

Herzfeld, Ernst, Geschichte der Stadt Samarra (Die Ausgrabungen von Samarra; Bd. 6) Hamburg u. Berlin 1948

Herzfeld, Ernst, Die Malereien von Samarra, (Die Ausgrabungen von Samarra; Bd. 3) Berlin 1927

Herzfeld, Ernst, Der Wandschmuck der Bauten von Samarra und seine Ornamentik (Die Ausgrabungen von Samarra; Bd. 1) Berlin 1923

Hodges, Richard u. Whitehouse, David, Mohammed, Charlemagne & the origins of Europe. Archaeology and the Pirenne thesis, London 1983

Hein, Wilhelm, Frühe islamische Keramik im österreichischen Museum für angewandte Kunst in Wien, Graz, Wien (Österr. Akad. d. Wiss. Denkschriften. Philos.-hist. Kl.; Bd. 83), Köln 1963

Hofkunst van de Sassanieden. Het Perzische rijk tussen Rome en China (224–642), Ausst.-Kat. Brüssel, Koninklijke Musea voor Kunst en Geschiedenis, 1993

Huff, Dietrich, Qual'a-ye Dukhtar bei Firuzabad. Ein Beitrag zur sasanidischen Palastarchitektur, Berlin 1971

Ibn al-Nadim, The Fihrist of al-Nadim: a tenth-century survey of Muslim culture übers. u. bear. Bayard Dodge, New York 1970

Ibn al Nadim, Kitab al-Fihrist, mit Anm. hrsg. von Gustav Flügel (Johannes Roediger u. August Mueller), Verfasser: Abu-'I-Farag Muhammad Ibn-Is.haq Ibn-an-Nadim al-Bagdadi, Leipzig 1871

Islam. Konst och Kultur (Art and Cultur), Ausst.-Kat. schwed. u. engl. Statens Historika Museum, Stockholm, Borås 1985

Islamic art in the Keir Collection, bear. von Basil W. Robinson, London [u.a.O] 1988

Islamische Buchkunst aus 1000 Jahren, Ausst.-Kat. Staatsbibliothek Preußischer Kulturbesitz, Berlin 1980

Islamische Kunst. Verborgene Schätze, Ausst.-Kat. Museum für Islamische Kunst Berlin; Selm, Schloß Cappenberg, Berlin 1986

Islamische Kunst. The arts of Islam. Meisterwerke aus d. Metropolitan Museum of Art, New York. Ausst.-Kat. Museum für Islamische Kunst Staatliche Museen Preußischer Kulturbesitz, bearb, von Richard Ettinghausen u. a. Berlin 1981

Islamische Kunst. Losebl.-Katalog unpublizierter Werke aus dt. Museen/hrsg. von Klaus Brisch, Teil 2: Berlin: Staatliche Museen Preußischer Kulturbesitz, Museum für Islamische Kunst: Metall, Stein, Stuck, Holz, Elfenbein, Stoffe, Mainz 1985

Islamische Kunst aus privaten Sammlungen in Deutschland, Ausst.-Kat. Bayerisches Armeemuseum Ingolstadt 2000

Jüdische Handschriften – restaurieren – bewahren – präsentieren, Ausst.-Kat. Staatsbibliothek zu Berlin – Preußischer Kulturbesitz, bearb. von Petra Werner, Berlin 2002

Jüdische Lebenswelten. Jüdisches Denken und Glauben, Leben und Arbeiten in den Kulturen der Welt, Ausst.-Kat. Berlin, Berliner Festspiele, hrsg. von Andreas Nachama u. Gereon Sievernich, Frankfurt am Main 1991

Karl der Große und sein Nachwirken – 1200 Jahre Kultur und Wissenschaft in Europa (Kongreß Aachen: Colloquium Carolus Magnus), Bd. 1, Wissen und Weltbild, hrsg. von Paul Leo Butzer, M. Kerner u. W. Oberschelp, Turnhout 1997

Kerner, Max, Karl der Große: Entschleierung eines Mythos, 2. Aufl., Köln [u.a.O] 2001

Kitab al-Fihrist, mit Anm. hrsg. von Gustav Flügel (Johannes Roediger u. August Mueller), Abu-'I-Farag Muhammad Ibn-Is.haq Ibn-an-Nadim al-Bagdadi, Leipzig 1871

Kluge-Pinsker, Antje, Schach und Trictrac. Zeugnisse Mittelalterlicher Spielfreude in Salischer Zeit, Sigmaringen 1991

Koechlin, Raymond, Les céramiques musulmanes de Suse au Musée du Louvre (Mémoires de la mission archéologique de Perse, T. XIX) Paris 1928

Kramer, Martin, The Jewish discovery of Islam: studies in honor of Bernard Lewis / The Moshe Dayan Center for Middle Eastern and African Studies, Tel Aviv University, hrsg. von Martin Kramer (Kongress: Conference entitled The Jewish Discovery of Islam (Tel Aviv), Tel Aviv 1999

Kröger, Jens, Vom Flügelpaar zur Flügelpalmette. Sasanidische Motive in der islamischen Kunst, in: Bamberger Symposium: Rezeption in der Islamischen

Kunst (hrsg. von B. Finster, C. Fragner, H. Hafenrichter 1992), Beirut 1996, S. 201 ff.

Kröger, Jens, Sasanidischer Stuckdekor. Ein Beitrag zum Reliefdekor nach den Ausgrabungen von 1928/29 u. 1931/32 in d. sasanidischen Metropole Ktesiphon (Iraq) u. anderer Fundorte, (Deutsches Archäologisches Institut, Abt. Baghdad. Baghdader Forschungen; 5) Mainz 1982

Kröger, Jens, Glas, (Islamische Kunst, Loseblattkatalog unpublizierter Werke aus deutschen Museen, hrsg. von K. Brisch), Bd. 1, Berlin, SPKM, Museum für Islamische Kunst, Berlin 1984

Kühnel, Bianca (Hrsg.), The real and ideal Jerusalem in Jewish, Christian and Islamic art. Studies in honor of Bezalel Narkiss on the occasion of his seventieth birthday, (Jewish Art ; 23/24), Jerusalem 1998

Kühnel, Ernst, Samarra (Bilderhefte der Islamischen Abteilung, H. 5) o. J. (um 1935)

L'apparence des cieux. Astronomie et Astrologie en terre d'Islam, Ausst.-Kat. Paris, Musée du Louvre, hrsg. von Sophie Makariou, Paris 1998

L'art du livre arabe du manuscrit au livre d'artiste, Ausst.-Kat., Paris Bibliothèque nationale de France, hrsg. von Marie-Geneviève Guesdon u. Annie Vernay-Nouri, Paris 2001

L'Asie des steppes d'Alexandre le Grand à Gengis Khan, Ausst.-Kat. Barcelona, Paris, Madrid 2000/01

La Neustrie. Les pays au nord de la Loire de Dagobert à Charles le Chauve (7.–9. siècles), Ausst.-Kat. Musées et Monuments départementaux de Seine-Maritime, hrsg. von Patrick Périn , Rouen 1985

Lamm, Carl Johannn, Les verres trouvés a Suse, Paris 1931

Lassner, Jacob, The topography of Baghdad in the early Middle Ages. Text and studies, Detroit 1970

Lassner, Jacob, The shaping of Abbasid rule, (Princeton studies on the Near East) Princeton, N.J. c1980

L'Etrange et le merveilleux en terre d'Islam, Ausst.-Kat. Paris, Musée du Louvre, 2001

L'Islam dans les collections nationales, Ausst.-Kat. Paris, Réunion des musées nationaux, 1977

Les Andalousies – de Damas à Cordue, Ausst.-Kat. Institut du monde arabe, Paris 2001

Lewis, Bernard, Die Juden in der islamischen Welt. Vom frühen Mittelalter bis ins 20. Jh. München 1987

Lewis, Bernard, die Welt der Ungläubigen. Wie der Islam Europa entdeckte, Frankfurt/M., Berlin, Wien 1983

Lombard, Maurice, L'Islam dans sa première grandeur (VIIIe-XIe siècle), Paris 1971

Ludwig, Dieter, Struktur und Gesellschaft des Chazaren-Reiches im Licht der schriftlichen Quellen, Münster (Westfalen), Univ., Philos. Fak., Diss 1982

Magische Götterwelten. Werke aus dem Museum für Indische Kunst, Berlin, Kat. Staatliche Museen von Berlin – Preußischer Kulturbesitz, Museum für Indische Kunst, Bearb. Marianne Yaldiz u.a., Potsdam 2000

Marschak, Boris, Silberschätze des Orients. Metallkunst des 3.–13. Jh. u. ihre Kontinuität, Leipzig 1986

Marzolph, U. Re-locating the Arabian Nights, in: Philosophy and arts in the Islamic world: held at the Katholieke Universiteit Leuven, hrsg. von U. Vermeulen, Leuven 1998, S. 155–163

Meinecke, Michael, Die frühislamischen Kalifenresidenzen. Tradition oder Rezeption?, in: Continuity and change in Northern Mesopotamia from the Hellenistic to the early Islamic period, hrsg. von Karin Bartl und Stefan R. Hauser, Berlin 1996, S. 139–161

Memorias do Imperio Árabe, Ausst.-Kat. Santiago de Compostela, Auditorio de Galicia, Santiago de Compostela 2000

Morgenländische Pracht. Islamische Kunst aus deutschem Privatbesitz, Ausst.-Kat. Museum für Kunst und Gewerbe Hamburg, hrsg. von Claus-Peter Haase, Jens Kröger u. Ursula Lienert, Bremen 1993

Müller, Paul Johannes, Miniatures arabes, Paris 1979

Museum für Islamische Kunst Berlin, Kat. Staatliche Museen Preußischer Kulturbesitz, Berlin 1971

Museum für Islamische Kunst Berlin, Kat. Staatliche Museen Preußischer Kulturbesitz, hrsg. von Klaus Brisch, 2. überarb. u. erw. Aufl., Berlin 1979

Museum für Islamische Kunst Berlin, Kat. Staatliche Museen zu Berlin – Preußischer Kulturbesitz, Mainz 2000

Noonan, Thomas S., The Islamic world, Russia and the Vikings, 750–900: the numismatic evidence, (Variorum collected studies series; 595), Aldershot [u.a.O] 1998

Northedge, Alastaire, Sammarra. Residenz der Abbasidenkalifen, Ausst. Eberhardt-Karls-Universität Tübingen-Orientalisches Seminar, Ausst. im Haspelturm, 1990

Orientalische Buchkunst in Gotha, Ausst.-Kat. Gotha, Forschungs- und Landesbibliothek, Gotha 1997

Ornamenta ecclesiae. Kunst und Künstler der Romanik in Köln, Ausst.-Kat. Schnütgen-Museums in der Josef-Haubrich-Kunsthalle; hrsg. von Anton Legner, Teil: 2, Köln 1985

Otavsky, Karel (Hrsg.), Entlang der Seidenstraße: frühmittelalterliche Kunst zwischen Persien und China in der Abegg-Stiftung (Riggisberger Berichte; 6), Riggisberg 1998

Oxenstierna, Eric Graf, Die Wikinger, 2. neubearb. Aufl., Stuttgart u.a.O., 1966

Papadopoulo, Alexandre, Islamische Kunst ([L'art et les grandes civilisations, deutsch] Ars antiqua; [2,5]), Freiburg, Basel, Wien 1977

Pellat, Charles, Arabische Geisteswelt. Ausgewählte und übersetzte Texte von Al-Gahiz (777–869), Zürich/Stuttgart 1967.

The Persian presence in the Islamic world: [Giorgio Levi DellaVida Conferences, thirteenth conference, University of California, Los Angeles, May 10–12, 1991] hrsg. von Richard G. Hovannisian and Georges Sabagh, Cambridge [u.a.O] 1998

Philosophy and arts in the Islamic world: held at the Katholieke Universiteit Leuven ; (September 3–September 9, 1996) hrsg. von U. Vermeulen (Orientalia Lovaniensia analecta ; 87), Leuven 1998

Platz-Horster, Gertrud, Antike Gläser; Ausst.-Kat. Antikenmuseum Berlin Staatl. Museen Preuß. Kulturbesitz, Berlin 1976

Roth, Helmut, Kunst der Völkerwanderungszeit, Propyläen-Kunstgeschichte, Suppl. 4, Frankfurt a.M., Berlin, Wien 1979

Rougeulle, Axelle, Medieval trade networks in the Western Indian Ocean (8–14th centuries). Some reflections from the distribution pattern of Chinese imports in the islamic world, in: Tradition and Archaeology, New Delhi 1996, S. 159–176.

Ruehrdanz, Karin, Das alte Bagdad, Hauptstadt der Kalifen, 2. Aufl., Leipzig, Jena, Berlin 1991

Sarre, Friedrich, unter Mitw. von Ernst Herzfeld u. Hans Arnold, Die Keramik von Samarra. (Die Ausgrabungen von Samarra; Bd. 2) Berlin 1925

Sasoon, David Salomon, A History of the Jews in Bagdad, Letchworth 1949

Schätze der Kalifen. Islamische Kunst zur Fatimidenzeit, Ausst.-Kat. Wien, Kunsthistorisches Museum, hrsg. von Wilfried Seipel, Wien 1999

Seipel, Wilfried (Hrsg.), 7000 Jahre persische Kunst: Meisterwerke aus dem Iranischen Nationalmuseum in Teheran, Ausst.-Kat. Kunsthistorisches Museum Wien und Iranisches Nationalmuseum in Teheran, Wien [u.a.O] 2001

Shalem, Avinoam, Islam Christianized. Islamic Portable Objects in the Medieval Church Treasuries of the Latin West (Ars Faciendi. Beiträge und Studien zur Kunstgeschichte, 7) Frankfurt/M., Berlin u.a.O. 1996

Shalem, Avinoam, Islamic Rock Crystal Vessels – Scent or Ampullae? In: Finster, Barbara/Fragner, Christa/Hafenrichter, Herta (Hrsg.) Bamberger Symposium: Rezeption in der islamischen Kunst: 26. 6.–28. 6. 1992, Beirut, Stuttgart 1999, S. 289–299

7000 Jahre Kunst in Iran, Ausst.-Kat. Villa Hügel Essen, Essen 1962

Splendeur des Sassanides (Hofkunst van de Sassanieden. Het Perzische rijk tussen Rome en China (224–642), Ausst.-Kat. Brüssel, Koninklijke Musea voor Kunst en Geschiedenis, 1993

Splendeur et Majesté. Corans de la Bibliothèque Nationale, Ausst.-Kat. Paris 1987

Strohmaier, Gotthard, Denker im Reich der Kalifen, Leipzig, Jena, Berlin 1979

Sultan, Shah and Great Mughal. The history and culture of the Islamic world, Ausst.-Kat., The National Museum Kopenhagen, hrsg. von Kjeld von Folsach, Torben Lundbaek u. Peter Mortensen, o.O. 1996

Sumer – Assur – Babylon. 7000 Jahre Kunst und Kultur zwischen Euphrat und Tigris, Ausst.-Kat. Hildesheim, Roemer- und Pelizaeus-Museum 1978

Syed, Renate, Kanauj, die Maukharis und das Caturanga. Der Ursprung des Schachspiels und sein Weg von Indien nach Persien, Kelkheim/Ts. 2001

Syrie, Mémoire et Civilisation, Ausst.-Kat. L'Institut du Monde Arabe, Paris 1993/94

Syrien. Von den Aposteln zu den Kalifen, Ausst.-Kat. Linz, Stadtmuseum Nordico, Linz 1993

The Art of Islam, Ausst.-Kat. Hayward Gallery, The Art Council of Great Britain, London 1976

The Arabian journey. Danish connections with the Islamic world over a thousand years; Ausst.-Kat. Prehistoric Museum Moesgård, hrsg. von Kjeld von Folsach, Århus, 1996

Tayeb El-Hibri, Reinterpreting Islamic historiography: Harun ar-Raschid and the narrative of the Abbasid caliphate, Edinburgh [u. a.] 1999

The Fihrist of al-Nadschim. A tenth-century survey of Muslim culture; in two volumes / hrsg. u. übers. von Bayard Dodge, Verf. Mu.hammad ibn Is.haq Ibn al-Nadschim (Records of civilization: sources and studies; 83), New York 1970

The world of Islam. Faith, People, Culture, hrsg. von Bernard Lewis, London 1976

Tradition and archaeology: early maritime contacts in the Indian Ocean; proceedings of the international seminar, techno-archaeological perspectives of seafaring in the Indian Ocean, 4th cent. B.C.–15th cent. A.D., New Delhi, February 28 – March 4, 1994 / hrsg. von Himanshu Prabha Ray; Jean-François Salles. National Institute of Science, Technology & Development Studies (NISTADS), New Delhi, Maison de l'Orient méditerranéen, Lyon, Centre de Sciences Humaines, New Delhi 1996

Trésors d'Orient, Ausst.-Kat. Bibliothèque Nationale, Paris 1973

Treasures of the Holy Land: ancient art from the Israel Museum, Ausst.-Kat. The Metropolitan Museum of Art, hrsg. von Bradford D. Kelleher, New York 1986

Treasures from Central Asia, Islamic art objects in the State Museum of Oriental Art, Moscow, London, 1998

Tous les savoirs du monde. Encyclopédies et bibliothèques, du Sumer a XXe siecle, hrsg. von Roland Schaer, Ausst.-Kat., Paris, Bibliothèque nationale de France, 1996/97

Unger, Heinz Josef, Metallgegenstände des 9. bis 20. Jahrhunderts aus dem ostiranischen, afghanischen und indischen Raum (Ducumenta Historiae 3), München 1997

Ward, Rachel, Islamic Metalwork, London 1993

When silk was gold. Central Asian and Chinese textiles, Ausst.-Kat. the Cleveland Museum of Art and at The Metropolitan Museum of Art, bearb. von James C. Y. Watt u. Anne E. Wardwell, New York 1997

Welt der Wikinger, Ausst.-Kat. Statens Historiska Museum, Stockholm. In Zsarb. mit d. Museum für Vor- u. Frühgeschichte, Staatl. Museen Preuß. Kulturbesitz Berlin u.d. Staatl. Vertrauensmann für d. kulturgeschichtl. Bodenaltertümer d. Landes Berlin, im Langhansbau Schloß Charlottenburg, Berlin 1972

Wikinger, Waräger, Normannen. Die Skandinavier und Europa 800–1200; Ausst.-Kat. Altes Museum, Museum für Vor- und Frühgeschichte, Staatliche Museen zu Berlin – Preußischer Kulturbesitz, bearb. von Arnold Muhl, Berlin 1992

Wendell, Charles, Baghdad: Imago mundi and other fundation-lore, in: International Journal of Middle East Studies, 2, 1971, S. 99–127

Wichmann, Hans u. Siegfried, Schach. Ursprung u. Wandlung d. Spielfigur in 12 Jh., München 1960

Wilkinson, Charles Kyrle, Nishapur; Pottery of the early Islamic period, New York Metropolitan Museum of Art, 1973

Wissen – verarbeiten, speichern, weitergeben. Von der Gelehrtenrepublik zur Wissensgesellschaft, Ausst.-Kat. 7 Hügel – Bilder und Zeichen des 21. Jahrhunderts, VI, hrsg. von Hendrik Budde und Gereon Sievernich, Berlin 2000

Zick-Nissen, Johanna, Rezeption der Astronomie und beigeordneter künstlerischer Gestaltungen unter gewandelten Aspekten im abbasidischen Kalifat, in: Finster, Barbara / Fragner, Christa / Hafenrichter, Herta (Hrsg.) Bamberger Symposium: Rezeption in der islamischen Kunst: 26. 6.–28. 6. 1992, Beirut, Stuttgart 1999, S. 315–338

Impressum

Lenkungsausschuß

Marina Ahlbrecht, Ministerium für Städtebau und Wohnen, Kultur und Sport des Landes Nordrhein-Westfalen, Düsseldorf

Dompropst Dr. Hans Müllejans, Aachen

Beigeordnete Isabel Pfeiffer-Poensgen, Dezernentin für Kultur und Soziales der Stadt Aachen

Prof. Dr. Hans-Joachim Krause, Fachhochschule Düsseldorf

Regina Wyrwoll, Generalsekretärin der Stiftung Kunst und Kultur des Landes Nordrhein-Westfalen, Düsseldorf

Kuratoren

Prof. Dr. Wolfgang Dreßen, Dr. Georg Minkenberg, Dr. Adam C. Oellers, Herbert Zantis

Katalogführer zur Ausstellung

herausgegeben von Wolfgang Dreßen, Georg Minkenberg und Adam C. Oellers

Katalogkonzept und wissenschaftliche Leitung

Dr. Hendrik Budde, Dr. Georg Minkenberg

Text- und Bildredaktion

Heike Nelsen-Minkenberg

XVI, 338 Seiten mit 223 Farb- und 33 Schwarzweißabbildungen

Bibliographische Information der Deutschen Bibliothek

Die Deutsche Bibliothek verzeichnet diese Publikation in der Deutschen Nationalbibliographie; detaillierte bibliographische Daten sind im Internet über <*http://dnb.ddb.de*> abrufbar.

© 2003 Domkapitel Aachen, Fachhochschule Düsseldorf, Stadt Aachen und Verlag Philipp von Zabern, Mainz am Rhein
ISBN 3-8053-3270-X

Satz und Gestaltung: Peter Winkelmann, Wiesbaden
Printed in Germany by Aumüller Druck KG, Regensburg
Printed on fade resistant and archival quality paper (PH 7 neutral) · tcf